KB212179

예수와 함께 본 영화

예수와 함께 본 영화
스물일곱편의
영화 속에서
예수님을 만나다!
영화 속 이야기를 통해 인간다운 삶과 진정한 신앙의 세계를 찾아가는 희망의 메시지
for
book

예수와 함께 본 영화

2010년 12월 1일 초판 1쇄 인쇄
2010년 12월 10일 초판 1쇄 발행

지은이 | 곽건용
펴낸이 | 김우연, 계명훈
기획 | 이종호
편집 | 손일수
마케팅 | 함송이
인쇄 | 미래프린팅
펴낸곳 | forbook
주소 | 서울시 마포구 공덕동 105-219 정화빌딩 3층
등록 | 2005년 8월 5일 제2-4209호
판매 문의 | 02-753-2700(에디터)

값 | 15,000원
ISBN | 978-89-93418-27-9 (03230)

글머리에

제가 처음으로 영화관에 가서 영화를 봤던 때는 1969년, 초등학교(그때는 국민학교) 3학년 학생이었습니다. 당시 제 아버지께서 경상북도 예천의 한 은행에 근무하셨기 때문에 우리 남매는 그곳에서 방학을 보내곤 했습니다.

제가 본 첫 영화는 한 여름에 선풍기 하나 없는 예천의 시골 극장에서 상영된 1967년 작 「월하의 공동묘지」였습니다. 어린 나이에 처음 본 영화가 괴기영화라는 사실이 엽기적이긴 하지만, 무서워하면서도 눈 가리지 않고 처음부터 끝까지 다 봤으니 재미는 있었나 봅니다. 얼마나 무서웠던지 선풍기 하나 없던 영화관이 더운지도 몰랐고, 영화를 보고 나서 일주일 정도는 밤에는 물론이고 낮에도 변소 가기가 무섭긴 했지만 말입니다. 어린 나이에 어렴풋이나마 영화라는 것에 매력을 느꼈음에 확실합니다. 그 후로도 기회가 생길 때마다 영화관 출입을 즐겼습니다.

제가 어렸을 때는 극장에서 영화 포스터를 붙여 놓는 문방구나 구멍가게에 '초대권'이라는 무료입장권을 몇 장씩 주었습니다. 저는 그 초대권을 싸게 구입해서 영화관에 가곤 했지요. 물론 개봉관이 아닌 재개봉관이나 재재개봉관쯤 되는 동네 극장들이었습니다. 지금 생각해 보면 그 나이의 아이들이 봐서는 안 될 영화들이었습니다. 중고생 때는 살던 곳이 경기도

북부와 맞닿은 서울의 최북단이라서 주말이면 시외버스를 타고 가까운 의정부로 나가서 영화를 보곤 했습니다. 서울 중심지 개봉관에서 상영하는 영화들을 등급과 상관없이 아무런 제지를 받지 않고 마음껏 볼 수 있었습니다. 영화 프로가 일주일마다 바뀌어서 다양한 영화들을 섭렵할 수 있었습니다. 변두리에 사는 이점利點을 톡톡히 누린 셈이지요.

적어도 일주일에 한 번은 긴 이야기를 해야 하는 목사가 된 후로는 그렇게 좋아하는 영화를 글로 쓰거나 이야기를 하는데 써먹을 생각을 해 본 적이 없었습니다. '거룩한' 설교에 어떻게 세속적인 영화 이야기를 할 수 있겠느냐는 생각이었지요. 그런데 가만히 생각해 보니 별 내용도 없는 시시한 예화들은 잘들 이야기하던데, 왜 영화만 안 되나 하는 생각이 들었습니다. 그래서 어느 날 설교에 영화 이야기를 섞어 이야기했더니 교인들이 집중도 잘 하고, 아주 좋아하는 것이었습니다. 설교는 들어도 쉽게 잊어버리는데, 영화와 관련시켜서 말한 이야기는 오래 기억한다는 사실도 알게 되었습니다. 그래서 설교에 영화 이야기를 넣는 데 재미가 붙어서 자주 했더니 '영화광 목사'라는 별명을 듣게 되었고, 기왕 그런 별명이 붙은 김에 그동안 영화와 관련시켜 이야기했던 내용을 모아서 이렇게 책으로까지 출간하게 되었습니다.

가장 바람직한 신앙은 완전히 녹아 형체도 없어졌지만 음식에 맛을 내고 썩지 않게 만드는 소금과 같은 신앙이라고 믿고 살아왔습니다. 있는 듯 없는 듯 티내지 않는 생활신앙이 제대로 된 신앙이라고 믿는 것이지요. 이렇게 믿다 보니 종교영화가 아니더라도 신앙의 메시지를 담고 있는 영화가 의외로 많다는 사실을 알게 되었습니다. 신앙을 좁게 정의하지 않고 사람이 살아가면서 만나는 도덕이나 윤리, 가치와 영적인 모든 문제들을 신앙의 문제라고 본다면 신앙의 메시지를 담고 있는 영화는 더 많아질 것입니다.

'영화광 목사'라고는 하지만 저는 영화 전문가가 아닙니다. 영화를 평하거나 수준을 논할 자리에 있지도 않습니다. 다만 영화 보기를 좋아할 따름이고, 기왕에 좋아서 보는 영화를 제가 하는 일에 활용하고 싶어 할 따름입니다. 그러니 영화를 전문적으로 다루는 사람들이 보기에 이 글들이 터무니없을 수도 있겠지만, 그래도 할 수 없습니다. 영화를 이런 눈으로 보고 이렇게 써먹는 사람도 있구나 하고 생각해 주시기 바랍니다. 이 글들을 쓰기 위해 영화 관련 잡지들에 실린 평론과 감상문들을 읽었고, 크게 도움이 되었습니다. 하지만 글의 성격상 출전을 밝히거나 저자의 이름을 들지는 않았습니다. 양해해 주시기 바랍니다.

이 글들이 책으로 엮여 나오기까지 수고하신 분들에게 감사드립니다. 특히 태평양 건너에 살기에 직접 만나지는 못했지만 메일로 의견을 주고받으며 책을 편집해 주신 손일수 주간님과 흔쾌히 출판해 주신 계명훈 사장님께 감사드립니다. 또한 책에 대한 아이디어를 처음으로 나누었고, 출판을 추진해 주신 이종호 님께도 감사의 말씀을 전합니다.

이 책은 20년 동안 아내와 친구로, 정인情人과 동지로, 그리고 때로는 피아彼我의 구분이 안 될 정도로 '내 밖의 나'가 되어버린 윤경혜 님에게 바칩니다.

곽건용

차례

"심판하고 잘라내는 정의가 아니라 포근하게 품어 주는 정의, 배제하고 벌을 주는 공평이 아니라 끌어안고 같이 울어 주는 공평, 이것이 하나님의 정의이고 예수님의 공평입니다."

"양심의 목소리라고 부르든 하나님의 음성이라고 부르든 우리 영혼의 가장 깊은 곳에서 울려 나오는 목소리에 귀 기울이고, 거기에 맞추어 존엄한 삶을 살았으면 좋겠습니다."

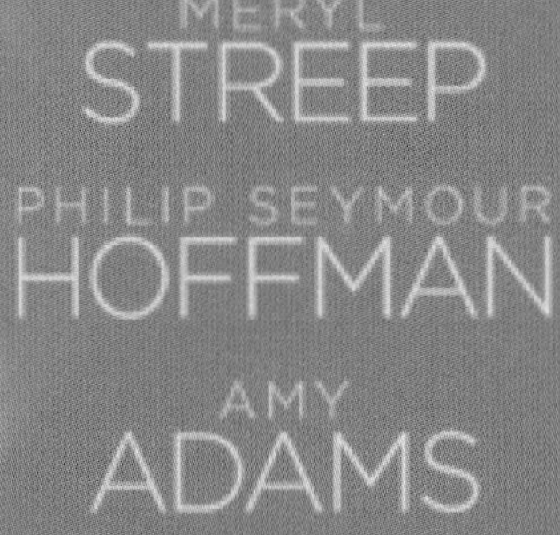
MERYL
STREEP
PHILIP SEYMOUR
HOFFMAN
AMY
ADAMS
BASED ON THE PULITZER PRIZE-WINNING PLAY
DOUBT
THERE ARE NO SIMPLE TRUTHS.
MIRAMAX FILMS PRESENTS A SCOTT RUDIN PRODUCTION
A JOHN PATRICK SHANLEY FILM MERYL STREEP
PHILIP SEYMOUR HOFFMAN "DOUBT" AMY ADAMS
www.Doubt-themovie.com
MIRAMAX

예수와 함께 본 영화

첫. 번. 째. 이. 야. 기.

영혼의 무게 21그램

"21그램은 새털처럼 가벼운 무게지만,

그것이 사람의 영혼이라면 이 세상 그 어느 것보다 무거운 것이 됩니다."

「박하사탕」

…내 안의 다른 나

이창동 감독의 영화 「박하사탕」은 어디에 갖다 놓아도 눈이 띄지 않을 정도로 평범한 '김영호'라는 남자가 1970년대부터 1990년대까지 약 20여 년 동안 격동의 한국 사회를 살아가면서 파멸하는 과정을 그린 영화입니다.

공장에 다니며 한 소녀와 수줍은 사랑에 빠졌던 그가 군대에 가 있는 동안 광주 항쟁이 일어났고, 그는 진압 부대로 투입되었습니다. 자기 다리에 총상을 입었는지도 모를 정도로 혼란스러운 상황에서 그는 한 여학생을 우발적으로 사살합니다. 제대 후에 그는 경찰관이 되었고, 운동권 학생들을 체포해서 고문하는 공안 부서에서 근무하다가 퇴직한 후에는 사업을 벌입니다.

사업을 하는 동안, 그는 사기를 당하는가 하면 아내로부터 이혼을 당

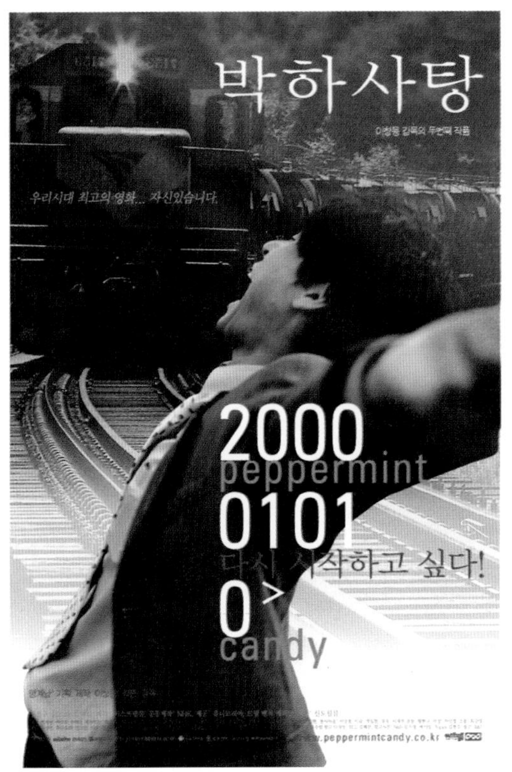

「박하사탕」, 2000년
감독 | 이창동
주연 | 설경구(김영호), 문소리(윤순임), 김여진(양홍자)

하면서 인생의 밑바닥까지 떨어집니다. 살 길을 찾지 못한 그는 마지막으로 자기를 이 지경으로 만든 사람들 가운데 한 명만 골라서 죽이고, 스스로 목숨을 끊겠다는 결심 하에 가지고 있는 돈을 털어 권총 한 자루를 삽니다.

그런데 뜻밖의 일이 벌어집니다. 한 남자가 그를 찾아왔는데, 그 남자는 과거 자신이 공장에 다닐 때 좋아했던 '윤순임'이라는 여자의 남편

이었습니다. 그는 자기 아내가 김영호를 만나고 싶어 한다는 얘기를 전합니다. 찾아가 보니 윤순임은 의식불명인 채 병상에 누워 있었습니다. 김영호는 윤순임의 남편에게서 카메라를 건네받는데, 그것은 사진 찍기를 좋아했던 김영호에게 선물하려고 윤순임이 오래 전에 사두었던 카메라였습니다. 하지만 김영호는 그것마저 헐값에 팔아버립니다. 그러고는 오래 전 공장에 다닐 때 야유회를 갔던 바로 그 장소를 찾아갑니다. 때마침 오랜만에 재회해서 즐겁게 놀고 있던 과거 공장 동료들의 놀이판을 망가뜨려 놓고는 철길에 올라가 "나 돌아갈래!"라고 외치며 기차에 받혀 죽습니다.

결코 잊히지 않는 것

고고학을 공부해 보면 재미있는 사실을 알게 됩니다. 국제적으로 고고학자들이 가장 많이 파헤친 지역은 중동 지역인데, 그곳은 지리적인 조건을 좇아 같은 지역에서 계속 거주해 왔기 때문에 밑으로 파내려 갈수록 더 오래 전 사람들의 거주 흔적이 나타납니다. 후대 사람들은 선대 사람들의 삶의 터전 위에서 자신들 삶의 터전을 새로 건설했던 것입니다. 그래서 거주지의 퇴적층 단면을 보면 그곳에 살았던 사람들의 삶의 역사를 볼 수 있습니다.

지각을 연구하는 지질학도 비슷합니다. 퇴적층의 단면을 보면 그 땅의 역사를 볼 수 있습니다. 언제 불이 났고, 언제 지진이 났으며, 언제 홍수로 땅이 물에 잠겼고, 언제 전쟁이 그 땅을 휩쓸고 지나갔는지를 보여줍니다. 미국 서부에 있는 세쿼이아Sequoia 국립공원에 갔을 때 엄청나게 큰 나무의 단면을 본 적이 있습니다. 단면에는 그 나무가 살아온 모든 역사가 나타나 있었습니다. 언제 가뭄이 들었고, 언제 비가 넉넉히 왔으며, 무더위와 추위에 시달렸던 때가 언제였고, 화마가 숲을 뒤덮었던 때가 언제였는지가 단면에 고스란히 드러나 있었던 것이지요. 이런 것들을 보면 사람이든 자연이든 역사에는 잊히거나 사라져버리는 것이 없다는 생각이 듭니다. 잊힌 것 같아도 어딘가에는 흔적이 남아 있고, 잃어버린 줄 알았는데 어딘가에서 불쑥 나타납니다.

사람이 살던 거주지와 자연이 이럴진대, 하물며 사람은 오죽할까 싶습니다. 사람의 유전자에는 얼마나 더 많은 정보와 복잡한 역사가 기록되어 있겠습니까? 들꽃을 사진에 담기 원했던 김영호와 잡혀 온 학생을 고문하는 김영호, 윤순임이 남긴 카메라를 단돈 4만 원에 팔아버리는 김영호, 그리고 "나 돌아갈래!"라고 외치며 달려오는 기차로 돌진하는 김

영호는 서로 다른 사람이 아닙니다. 이 모두는 분명 같은 사람인데 이렇듯 달라 보이는 까닭은 그렇게 변해 왔기 때문이라고 할 수도 있지만, 본래부터 이 모든 것들을 자기 안에 가지고 있었던 것은 아닐까 하는 생각을 해봅니다.

김영호는 자기가 고문하는 학생의 일기장에서 "삶은 아름답다."라는 구절을 보고 "삶이 정말 아름답다고 생각하냐?"라고 비웃듯 말하며 학생을 조롱했습니다. 훗날 경찰에서 퇴직한 후 그는 우연히 식당에서 그 학생을 만납니다. 그때의 학생은 이미 결혼해서 아이까지 있는 청년이 되어 있었습니다. 김영호는 그가 일기장에 써 놓았던 구절이 생각나서 청년에게 "아직도 삶이 아름답다고 생각합니까?"라고 물었는데, 청년은 무슨 말인지 알아듣지 못합니다. 이때도 김영호는 여전히 당당하고, 청년은 빨리 그 자리를 벗어나려고 합니다. 과거에 당했던 일에 대해서 복수를 하기는커녕 먼저 주눅이 들어버립니다. 그때 김영호는 왜 그 문구를 떠올렸을까요? 그는 들꽃을 사진에 담고 싶어 했을 때나 학생들을 고문했을 때나 여전이 삶은 아름답다고 믿고 싶어 하고, 아름다운 삶을 그리워한 사람이었기 때문은 아닐까요?

'사람'이라는 묘한 존재

사람은 과연 선한 존재일까요, 악한 존재일까요? 아니면 선과 악을 동시에 지닌 '다중인격자'일까요? 오래 전에 스탠퍼드 대학 심리학과에서 '모의형무소' 실험을 했습니다. 심리학과 지하복도를 막고 그곳을 교도소와 똑같이 만든 다음, 학생들에게 일당을 주기로 하고 2주일 동안 각각 간수와 죄수의 역할을 하게 하면서 그들이 보이는 행동의 변화를 관찰하는 실험이었습니다. 단순한 연기였을 뿐이고, 2주일 동안 진행할 계획이지만 도중에 그만두고 싶은 사람은 언제든지 그만둘 수 있게 했습니다.

그런데 이 실험은 2주는커녕 엿새 만에 중단되고 말았습니다. 참가자들의 심리에 엄청나게 큰 변화가 생겼기 때문입니다. 간수 역할을 맡았던 학생들 대부분은 매우 가학적으로 변했고, 죄수 역할을 맡은 학생들 역시 대부분이 겁에 질려 간수의 명령에 절대 복종하는 사람들로 변했던 것입니다. 그 중 몇 명은 심각한 정신병 증상을 보이기까지 했다고 합니다. 참가자들 모두 그것이 실험인줄 알았지만, 그럼에도 불구하고 그들의 심리에 놀랄만한 변화가 일어났던 것입니다. 흔히 상황이 사람을 바꾼다고 하는데, 이 상황은 실제로 주어진 상황만이 아니라 설정된 가상의 상황까지 포함한다는 사실이 놀랍지 않습니까? 인간의 심리가 얼마나 복잡 미묘한지를 알 수 있습니다.

이와 대조되는 이야기도 있습니다. 죽음의 수용소 아우슈비츠에서 살아남은 정신분석학자 빅터 프랑클Viktor Frankl은 수용소에서의 경험을 토대로 '로고 테라피Logo-therapy'라는 치료법을 개발한 사람으로 유명합니다. 그는 수용소에서 처형장으로 끌려가는 사람이 오히려 살아남은 사람에게 위로의 말을 건넨다든지 남아 있던 마지막 빵 한 조각을 남에게 주는 일들을 봤다고 합니다. 인간의 이성으로는 이해되지도 않고, 설명될 수도 없는 초이성적인 모습들을 보았던 것입니다. 훗날 프랑클은 이렇게 말했습니다.

"사람에게서 모든 것을 빼앗아도 결코 빼앗을 수 없는 한 가지가 있는데, 그것은 어떤 환경에 놓이더라도 자신의 태도를 스스로 선택하고 의미 있다고 생각하는 일을 하기로 결단할 수 있는 자유이다."

내면의 자유만은 누구도 빼앗을 수 없다는 확신을 갖게 됐다는 것이지요. 그는 인간의 내면 깊은 곳에 있는 궁극적인 자유, 즉 영혼의 자유는 하나님이 모든 사람에게 심어 준 당신 자신의 모습임을 믿게 됐다고 했습니다.

내 안에 있는 또 다른 나

복음서를 보면 예수께서 귀신들린 사람을 고쳐 주셨다는 이야기가 나옵니다. 그 이야기들을 잘 읽어 보면 그것들이 옛날 사람들에게만 의미 있는 낡은 이야기가 아님을 알게 됩니다. 그 이야기들은 매우 '상징적'이기 때문에, 현대인들도 거기서 의미 있는 메시지를 찾아낼 수 있습니다.

마가복음 5장에 나오는 군대 귀신들린 사람 이야기가 그렇습니다. 귀신들린 사람이 '무덤들' 사이에서 살고 있었다고 했습니다. 이는 그가 사람 사는 공동체에서 멀리 떨어져 '소외된 채' 살고 있었음을 의미합니다. '무덤'은 '죽음'을 상징합니다. '소외'와 '죽음', 이것은 현대인의 우울한 실존을 잘 표현하는 대표적인 상징입니다. 귀신들린 사람은 소외와 죽음이라는 현대인의 우울한 실존을 보여주는 것이라 할 수 있겠습니다. 아무도 그를 매어 둘 수 없었다고 했습니다. 사람들이 그를 쇠사슬로 매어 놓았지만 그는 수시로 그것을 끊어버리곤 했을 뿐 아니라 '돌로 제 몸을 짓찧곤 했다'고 했습니다. 즉 '자학自虐'했다는 말입니다. '자학'은 곧 '자아분열'의 증거이고, 그 결과입니다.

여기 귀신들린 사람에게서 우리는 '나는 분명 나인데, 나 아닌 다른 존재에 끌려다니는 모습'을 봅니다. 성서에서도 그 사람을 악마에게 사로잡혀 끌려다니는 사람이라고 말합니다. 예수께서 그에게 오셨을 때 그는 "왜 내게 간섭하시오? 날 그냥 내버려 두시오!"라고 외쳤습니다. 귀신들린 사람이 외쳤는지 귀신이 외쳤는지는 분명치 않지만, 어쨌든 "날 그냥 내버려 두시오!"라는 말은 요즘 우리가 많이 듣는 말입니다. "Leave me alone!"

옛날 사람들은 이것을 '귀신들렸다'라고 했지만, 현대인은 '내 안의 또 다른 나'라고 표현합니다. '귀신'을 현대어로 표현하면 '내 안의 또 다른 나'라고 할 수 있습니다. 이는 곧 '분열된 나의 자아'가 '귀신들린 나'라는 말씀입니다.

내 안에는 또 다른 내가 있습니다. 나는 내가 아니라고 생각하지만, 분명히 다른 존재가 아닌 또 다른 내가 내 안에 자리 잡고 있습니다. 여기서 '또 다른 나'는 내 생각대로 움직이지도 않고 내 말을 듣지도 않습니다. 때론 어떤 '나'가 진짜 '나'인지 확실하지도 않습니다. 그러니 내 안에는 두 개의 내가 싸우고 있는 셈입니다. 그런데 이 싸움의 성격과 과정, 결과가 그리 쉽게 이해되지 않습니다. 왜냐하면 사람의 심리가 워낙 복잡하기 때문입니다.

누구나 부끄럽고 추한 과거는 씻어버리고 싶어 합니다. 하지만 아무리 씻어버리고 싶어도 그것을 완전히 씻어버릴 수는 없습니다. 부끄럽고 추한 과거는 과거의 경험에 그치지 않고 이미 '나'의 일부가 되었기 때문입니다. 따라서 부끄러운 과거를 씻으려면 곧 나를 씻어야 합니다. '나를 씻는다.'라는 말은 '나를 없앤다.', '나를 죽인다.'라는 말인데, 나를 죽이고 살아남을 '나'는 없습니다. 내 안에 있는 수많은 '나' 중에 그 어떤 '나'도, 아무리 지우고 싶은 '나'라고 해도 나는 그것은 지울 수 없습니다.

사도 바울의 딜레마

사도 바울은 로마서 7장에서 이렇게 부르짖었습니다.

"나는 행하고 싶은 선은 행하지 않고 행하고 싶지 않은 악을 행하고 있습니다. 원하는 선을 행하지 않고 악을 행하는 것은 내가 아니라 내 안의 죄가 하는 것입니다. 누가 이 곤경에서 나를 구해줄 수 있습니까?"

바울은 여기서 나와 내 안의 죄를 구별해서 말하는 것처럼 들리지만 잘 읽어 보면 바울에게 '죄'란 밖에서 내 안으로 들어온 '타자他者'가 아니라 '내 안의 다른 나'임을 알 수 있습니다. 따라서 나와 내 안의 죄가 싸운다는 말은 나와 또 다른 내가 싸운다는 뜻입니다. 팽팽한 긴장감이 느껴집니다.

이처럼 바울은 읽는 사람으로 하여금 팽팽한 긴장감을 느끼게 만든 다음에 "누가 이 비참한 죽음의 몸에서 나를 건져주겠습니까? 우리 주 예수 그리스도를 통해 나를 건져 주신 하나님께 감사할 따름입니다."라고 외치고 있습니다.

마치 나와 또 다른 나와의 싸움이 예수님 때문에 끝나버렸다는 뜻으로 읽히지요? 정말 예수님을 통해 하나님께서 나를 건져주셨으니 그것을 믿기만 하면 내 안에서 벌어지는 나와 다른 나와의 싸움은 끝난 것일까요? 정말 그렇습니까? 그리스도만 믿으면 그분이 이 싸움에서 나를 대신해 싸워 주십니까? 그렇다면 그분은 내 안에 있는 여러 '나' 중에서 어떤 '나'를 대신해서, 어떤 '나'를 상대해서 싸우십니까?

그리스도인들처럼 '대신'을 좋아하는 사람도 없을 것입니다. 나는 가만히 있고 누군가가 나를 '대신' 해 줄 것으로 믿고, 또 그렇게 해주기를 바라는 사람이 그리스도인이라고 한다면 지나친 말일까요? 뭐든지 '대신'입니다. 누군가가 나를 대신해서 뭔가 해주는 것을 '하나님의 은혜'라고 착각하는 얌체 근성, 이것은 그리스도인들의 큰 문제입니다.

바울은 그리스도를 믿으면 그리스도께서 이 싸움을 대신 싸워 준다고 말하지 않습니다. 천만에 말씀입니다! 바로 그 다음에 바울은 이렇게 쓰고 있습니다.

"그런데 (여전히) 나 자신은 마음으로는 하나님의 법에 복종하고 육으로는 죄의 법에 복종하고 있습니다."(25절)

예수 그리스도를 통해 구원을 받았어도 하나님의 법에 복종하려는 나와 죄의 법을 따르려는 나는 여전히 싸움을 계속하고 있다는 말입니다.

싸우려고만 하지 말고 설득하려고 노력하라

나와 내 안의 또 다른 나와의 싸움은 결코 한쪽이 다른 쪽을 이길 수 없는 싸움입니다. 어느 편이 이기더라도 한쪽이 이기고 다른 한쪽이 진다면 나는 죽습니다. 악한 나가 선한 나를 이기면 말할 것도 없지만, 선한 나가 악한 나를 이겨도 내가 죽는다는 점에서는 다르지 않습니다. 나를 죽이고서 살 수 있는 나는 없습니다.

영화 이야기로 시작했으니 영화 이야기로 마무리를 짓겠습니다. 「하나님과의 대화Conversations with God」라는 감동적인 영화인데, 이것은 동명의 책을 쓴 저자에 관한 영화입니다. 영화 이야기를 다 할 수는 없고 한 장면만 이야기하겠습니다.

한 청소부가 저자의 강연회가 열리는 장소를 정리하다가 우연히 저자를 만나 책을 읽고 자기가 느낀 점을 이야기합니다. 그는 평생 아버지를 증오하며 살아왔다고 했는데, 책에서 느낀 점은 자기가 평생 품고 살아온 아버지에 대한 증오는 사실은 자기 자신에 대한 증오였다는 것을 알았다고 했습니다. 평생 자기를 괴롭혀 온 존재는 아버지가 아니라 사실은 자신이었다는 이야기입니다. 사람은 자주 미운 자신의 얼굴을 남에게 투영하여 그 사람을 미워하곤 합니다. 내가 미워하는 사람은 사실은 바로 자신의 다른 얼굴인 경우가 많습니다. 잘 생각해 보십시오.

내 안에 있는 다른 나, 곧 내가 아니면 좋겠다고 생각하는 바로 그 나, 내가 미워하는 나, 이런 나와 싸워서 이기려고만 해서는 안 됩니다. 오히려 잘 다독이고 설득해야 합니다. 내 안의 악마를 이기는 길은 그를 윽박지르고, 그와 싸워서 무찌르는 것이 아니라 그를 설득해서 얌전하게 만드는 것입니다. 나는 내 안의 다른 나, 그것이 천사가 됐든 악마가 됐든 그를 결코 죽일 수 없기 때문입니다. 그 누구의 힘을 빌어도 그렇게 할 수는 없습니다. 누가 대신 이 싸움을 싸워 줄 수도 없거니와 그럴 수 있다고 해도 역시 내 안의 악마를 죽일 수는 없습니다. 그렇게 되면 나도 죽어버리기 때문입니다.

그렇다면 우리는 어떻게 해야 할까요? 그것은 바로 설득하는 길밖에 없습니다. "선으로 악을 이긴다."라는 말은 선으로 악을 누르고 무찌른다는 뜻이라기보다는 선으로 악을 설득한다는 뜻으로 이해해야 할 것입니다. 악마를 설득할 수 있을까요? 저는 할 수 있다고 믿습니다. 이 세상에서 가장 강한 힘은 설득의 힘입니다. 그 어떤 무시무시한 무력도 설득의 힘을 당해낼 수는 없습니다.

설득은 공존共存과 같이 갑니다. 공존하기 위해서는 설득해야 하고, 설득해서 공존해야 하니까 말입니다. 평생을 이어 갈 싸움이 바로 내 안에서 나와 또 다른 나가 싸우는 싸움입니다. 나는 끊임없이 다른 나를 다독이고 설득하면서 이 싸움을 좋은 쪽으로 이끌고 가는 도리밖에 없습니다.

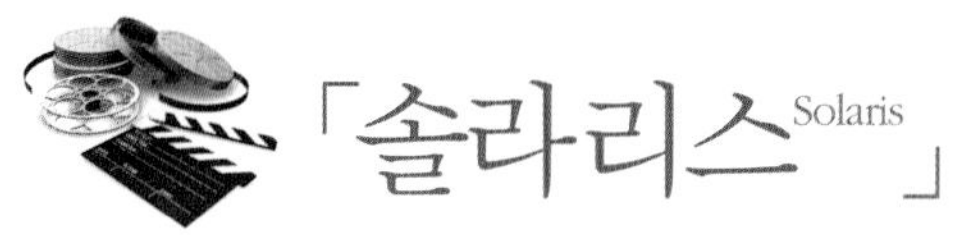

「솔라리스Solaris」

… 과연 누구의 목소리인가?

다윗이 전체 이스라엘의 왕이 된 후 가장 먼저 한 일은 예루살렘을 점령하고 하나님의 법궤를 그리로 옮겨 온 것이었습니다. 영화 「인디아나 존스Indiana Jones」에도 등장하는 법궤는 이스라엘이 출애굽한 후 광야를 유랑할 때 하나님의 지시에 따라 만들어졌는데, 그것은 하나님의 현존presence, 곧 야훼께서 이스라엘과 함께 하심을 보여주는 상징이었습니다. 곧 '하나님께서 우리와 함께 계시다'는 '임마누엘'의 상징이었던 셈입니다. 이스라엘은 광야에서 법궤를 앞세워 행진했고, 가나안에 정착한 후에는 그것을 성막 안에 안치하여 소중하게 모셨습니다.

사무엘상 4장에는 이스라엘이 블레셋과 싸우려고 전쟁터에 법궤를 가지고 나갔다가 참패하여 법궤를 빼앗기는 일이 기록되어 있습니다. 법궤를 가지고 전쟁터에 나가면 승리할 줄 알았는데, 오히려 그 반대가 된 것입니다. 그 후 우여곡절 끝에 이스라엘은 법궤를 되찾았고, 다윗은 그것을 예루살렘으로 가지고 오기로 결정했습니다. 그날 법궤를 맨 사람들이 여섯 걸음을 옮길 때마다 살진 황소 한 마리를 잡아 바쳤고, 그 자신은 속이 훤히 들여다보이는 모시옷을 입고 덩실덩실 춤을 췄다고 했습니다. 참 볼만 했겠습니다. 법궤가 무사히 예루살렘에 당도하자 다윗은 모여든 백성들에게 떡 한 개, 대추야자 한 뭉치, 건포도 떡 한 개 씩을 나누어 주었다고 했으니 얼마나 좋았으면 그랬을까 싶습니다.

신앙과 정치적 계산의 공존

왜 다윗은 법궤를 예루살렘으로 옮겨 왔을까요? 이 일이 왜 그렇게 중요했을까요? 이스라엘은 법궤를 블레셋으로부터 되찾아 온 후 20여 년 동안 아비나답의 집에 방치했는데, 다윗은 그걸 두고 볼 수 없었던 모양입니다. 그는 법궤를 마땅히 있어야 할 곳에 두고 싶었겠지요. 신앙에서 나온 행동이라고 보아야 할 것입니다.

그러나 동시에 다윗의 행위는 철저한 정치적 계산에서 나온 행위이기도 합니다. 그는 법궤를 본래 있던 곳으로 보내지 않고 예루살렘으로 가져옴으로써 새 왕국의 수도 예루살렘을 종교의 중심지로 만들려고 했습니다. 이제는 법궤가 있는 곳에서 제사를 드리려면 누구나 예루살렘으로 와야 했습니다. 다윗은 예루살렘을 정치뿐만 아니라 종교의 중심지로 만들고 싶었던 것입니다. 즉 다윗은 권력을 자신에게 집중시키는 데 법궤를 이용했습니다.

하지만 이 일은 시작에 불과했습니다. 그의 궁극적인 목표는 하나님의 집, 곧 성전을 짓는 일이었습니다. 다윗이 예언자 나단에게 말했습니다. "나는 이렇게 화려한 송백으로 지은 집에서 사는데 하나님의 궤는 아직 천막 안에 모셔 둔 채 그대로 있소." 그는 하나님의 궤를 천막에 모셔 놓은 일이 송구스러워 잠을 이룰 수 없었던 모양입니다. 성전을 지어 하나님께 바치고 싶다는 뜻이지요.

다윗의 이 말에는 복선이 깔려 있습니다. 우선 법궤를 천막에 모셔 둔 일이 송구스럽다는 말은 진심이었을 것입니다. 하지만 여기에는 정치적 계산도 들어 있었습니다. 신학을 바꿈으로써 정치 체제를 바꾸려는 의도가 바로 그것입니다. 법궤와 성막은 사람이 매고 어디든 갈 수 있습니다. 그런 의미에서 이것은 어디에도 매이지 않는 하나님의 자유를 상징합니다. 하나님은 가고 싶은 대로 마음대로 갈 수 있는 자유로운 분입니다. 떠나고 싶으면 언제든지 떠날 수 있는 분이지요. 하지만 성전은 고정되어 있는 건물입니다. 성전은 "하나님은 딴 데 가지 말고 영원히 여기 계십시오."라는 인간의 소망이 담겨 있는 건물입니다. 즉 떠나고 싶을 때 마음대로 떠날 수 있는 하나님의 자유를 제한하고 싶어 하는 인간의 욕망이 거기에 들어 있는 것입니다.

성전을 짓겠다고 했을 때 다윗은 화려한 송백나무와 남루한 천막을 대조시켰지만, 사실 여기서 대조되는 것은 어디에도 매이지 않는 자유로운 하나님과 건물에 갇혀 있는 하나님입니다. 그의 의식 깊은 곳에는 성전을 지음으로써 하나님을 영구히 자기 곁에 두고 싶은 욕망이 있었습니다.

하나님은 다윗의 소원을 받아들이지 않으셨습니다. 하나님은 예언자 나단에게 "나는 이스라엘 자손을 이집트에서 이끌어 내던 때부터 지금까지 천막을 치고 옮겨 다녔고, 집안에 살아 본 적이 없다. 내가 누구에게 집을 지어 달라고 한 적이 있느냐?"라고 말씀하시며 성전 건축을 허락하지 않으셨습니다. 대신 하나님은 다윗의 후손이 영원한 왕조를 이루리라는 약속을 주셨습니다. 그들이 죄를 지으면 벌을 주겠지만, 당신의 사랑만은 거두지 않겠다고 하나님은 다윗에게 약속하셨습니다.

누구의 목소리인가?

다윗이 성전을 지으려 한 이야기에서 중요한 역할을 하는 이는 '나단'입니다. 그는 성전 건축에 대해서 하나님으로부터 말씀을 받아 다윗에게 전했습니다. 그는 하나님을 대변하는 예언자였습니다. 그가 할 일은 하나님의 말씀을 그대로 다윗에게 전하는 일이었습니다. 따라서 그의 입에서 나오는 말은 곧 하나님의 말씀으로 받아들이게 되어 있습니다.

그런데 정말 그랬습니까? 나단은 하나님의 말씀만을 전했습니까? 그가 전한 말 가운데 자기 생각은 눈곱만큼도 없었습니까? 성서를 잘 읽어 보면 그렇지 않다는 사실을 금방 알 수 있습니다. 그가 한 말 중에는 하나님의 말씀과 자신의 말이 뒤섞여 있었습니다.

다윗이 성전을 짓겠다고 말했을 때 나단은 처음에는 그렇게 하라고 했습니다. 그는 "야훼께서 함께하시니 무엇이든지 뜻대로 하십시오."라고 말했습니다. 다윗의 제안을 나단이 액면 그대로 받아들여 허락했던 것입니다. 하지만 이 허락의 말은 밤중에 야훼께서 나단에게 나타나신 후 뒤집혔습니다. 하나님은 성전 건축을 허락하지 않으셨습니다.

그렇다면 다윗의 뜻대로 하라는 나단의 말은 어떻게 됩니까? 그것은 하나님의 말씀이 아니라 자신의 말이었습니다! 성전을 건축하는 중차대한 일에 하나님의 말씀을 전해야 할 예언자가 자신의 뜻을 마치 하나님의 뜻인 양 전했던 것입니다. 그렇다고 나단이 거짓 예언자였는가 하면 절대 그렇지 않았습니다. 성서에서는 그를 거짓 예언자라고 부르지 않습니다. 그는 하나님과 사람들 모두에게 인정받는 참 예언자였습니다.

여기서 우리가 물어야 할 질문은 '하나님의 말씀과 사람의 말을 어떻게 구별할 수 있을까?'라는 질문입니다. 우리는 어떻게 하나님의 뜻과 사람의 욕망을 구별할 수 있을까요? 다윗도 나단도 모두 하나님의 뜻을 내세웁니다. 하지만 잘 살펴보면 이들이 내세우는 하나님의 뜻에는 자신의 욕망이 뒤섞여 있습니다. 법궤를 예루살렘으로 가져오고, 성전을 지으려 했던 다윗의 의도가 그랬습니다. 처음에 성전 건축을 허락했던 나단에게도 자신의 의도가 있었을 것입니다. 우리도 마찬가지 아닙니까? 신앙을 가지고 산다는 우리가 하는 말과 행위에도 하나님의 뜻을 행하려는 의지와 자신의 욕망을 충족시키려는 욕구가 뒤섞여 있습니다. 문제는 어디까지가 사람의 욕망이고, 어디부터가 하나님의 뜻인가를 어떻게 구별하는가에 있습니다.

지금 내가 하는 말은 누구의 목소리입니까? 하나님의 목소리입니까, 아니면 내 욕망의 외침입니까? "나는 이렇게 화려한 송백으로 지은 집에서 사는데 하나님의 궤는 아직 천막 안에 모셔둔 채 그대로 있소."라는 말은 누구의 목소리입니까? 하나님을 향한 뜨거운 신앙의 열정에서 나온 목소리입니까, 아니면 종교의 힘을 빌려 권력을 공고히 하려는 욕망의 외침입니까? "야훼께서 함께하시니 무엇이든지 뜻대로 하십시오." 이 목소리는 누구의 목소리입니까? 하나님의 뜻을 대변하는 목소리입니까, 아니면 정치적 의도를 감춘 자연인 나단의 목소리입니까? 어떤 사람이 환상 중에 하나님의 목소리를 생생하게 들었다고 흥분해서 제게 이야기했습니다. 대단한 경험에 찬물을 끼얹는 것 같아 미안하지만, 제가 이렇게 물었습니다.

"그 목소리가 하나님의 목소리인지 어떻게 아십니까? 환상 중에 들었다고 다 하나님의 목소리는 아니지 않습니까?"

생각 속의 것을 실재로 존재하게 하는 영역

「솔라리스Solaris」라는 영화가 있습니다. 이 영화는 안드레이 타르코프스키 감독의 3시간짜리 작품과 스티븐 소더버그 감독의 1시간 30분짜리 리메이크 작품 두 가지가 있습니다. 저는 두 작품 모두 봤는데, 각각 장점이 있습니다. 영화의 원작은 소설이라고 합니다.

「솔라리스(Solaris)」, 2002년
감독 | 스티븐 소더버그
주연 | 조지 클루니(크리스 켈빈), 나타샤 맥켈혼(레아), 제레미 데이비스(스노우), 비올라 데이비스(고든)

지구의 과학자들은 '솔라리스'라고 하는 기이한 영역을 조사하기 위해 우주선을 보내는데, 거기서 이해할 수 없는 일들이 벌어집니다. 그래서 탐사 팀은 심리학자인 주인공 크리스를 우주선에 파견하지요. 우주선에는 크리스의 친구 개버리안도 파견되어 있었습니다.

크리스는 우주정거장에 도착해서 몇 가지 사건에 놀랍니다. 그는 우선 마중 나오는 사람이 없어서 놀랍니다. 우주정거장은 비어 있는 것처럼 보입니다. 그는 사람을 찾아 돌아다니다가 그곳에 있을 수 없는 것들

이 있는 것을 보고 다시 한 번 놀랍니다. 어린아이가 돌아다니는가 하면 핏자국도 있고, 고양이도 있었으니까요. 어린아이나 고양이는 보내지 않았으므로 당연히 없어야 했습니다. 결국 그는 대원 하나를 만나지만 그는 대화가 되지 않을 정도로 엉뚱한 말만 늘어놓습니다.

그러다가 크리스가 잠이 듭니다. 그는 잠결에 한 여인을 보는데, 그 여인은 놀랍게도 10년 전에 자살한 자신의 아내였습니다. 그녀도 거기 있어서는 안 되는 사람이었습니다. 그녀는 모든 면에서 분명 크리스의 아내였습니다. 그와 많은 기억을 공유하고 있는 것으로 보아 크리스의 아내가 분명했습니다. 크리스는 극도로 혼란에 빠지고, 결국 그는 그녀를 캡슐에 태워 우주 공간으로 날려 보냅니다.

이야기는 여기서 끝나지 않습니다. 우주로 날려 보낸 크리스의 아내가 다시 나타났습니다. 그녀는 울면서 크리스에게 다시는 자기를 버리지 말라고 애원합니다. 자기는 그의 아내임에 분명하다고 말입니다. 다시금 크리스는 그녀의 정체성에 대해 혼란에 빠집니다. 과연 그녀가 자기 아내인지 아닌지 판단할 수 없습니다. 그런데 놀랍게도 그녀도 나중에는 자신의 정체성을 두고 혼란에 빠져 액체산소를 마시고 자살을 시도합니다.

그곳에 있던 과학자가 크리스에게 그녀는 그의 아내가 아니라 '방문자'라고 말합니다. 솔라리스를 조사하기 위해 거기에 X선을 과다하게 쏜

이후로 방문자들이 오기 시작했다는 것입니다. 그 과학자는 그녀가 크리스의 아내인지 여부를 밝히기 위해 검사를 해보자고 제안하지만, 크리스는 거절합니다. 오감五感을 통해 그녀가 자기 아내라는 사실을 너무도 분명히 느끼기 때문에 실험할 필요가 없다는 것입니다.

모든 영화가 다 그렇지만, 특히 이 영화는 줄거리를 듣는 것만으로는 제대로 맛을 느낄 수 없습니다. 자기가 크리스의 아내라고 주장하는 여인은 과연 누구일까요? 왜 그녀는 자꾸 나타나는 걸까요? 그녀를 만들어낸 것은 크리스의 생각이었습니다. 그녀는 비록 10년 전에 죽었지만, 크리스의 마음속에 늘 있었습니다. 그렇기 때문에 솔라리스 안에서 그녀는 계속해서 크리스에게 나타났던 것입니다. 솔라리스는 그런 곳이었습니다. 생각 속에 있는 것을 실재로 존재하게 하는 영역, 그것이 솔라리스였습니다. 크리스가 그녀를 캡슐에 실어 우주 공간으로 날려 보냈어도 그의 생각에는 그녀가 남아 있었기 때문에 다시 나타났던 겁니다. 그러니까 이 영화는 생각과 현실의 관계를 이야기한다고 볼 수 있습니다.

야훼께서 그를 보냈을 수도 있는데…

사무엘하 9장부터 마지막 장까지는 다윗의 집안 이야기입니다. 다윗이 수하 장수 우리야의 아내 밧세바와 정을 통하고 이를 은폐하기 위해서 그를 전쟁터에 보내 죽인 이야기도, 맏아들 암논이 이복누이 다말의 미모를 탐내 그녀를 범한 이야기도, 나중에 압살롬이 다윗에게 반란을 일으켰다가 죽은 이야기도 모두 다윗 집안에서 벌어진 비극적 사건들입니다.

다윗이 압살롬을 피해 달아날 때 선왕 사울의 먼 친척인 시므이가 다윗에게 돌팔매질을 하며 욕설을 퍼부었습니다.

"꺼져라! 이 살인자야, 꺼져라! 이 불한당 같은 놈아, 사울 일족을 죽이고 나라를 빼앗은 놈, 그 원수를 갚으시려고 이제 야훼께서 이 나라를 네 손에서 빼앗아 네 아들 압살롬의 손에 넘겨주신 것이다. 이 살인자야, 네가 이제 죄 없는 사람 죽인 죄를 받는 줄이나 알아라."

신하들은 화가 나서 그를 죽이자고 했지만 다윗은 의외의 반응을 보여 일행을 놀라게 했습니다. 그는 "야훼께서 나를 욕하라고 저 사람을 보내신 것이라면 내가 어찌 감히 왜 이러느냐고 하겠소?"라고 말하며 시므이를 그냥 놓아두라고 했습니다. 친자식마저 자기를 죽이려는 판에 남이 욕설을 퍼붓는 것이 대수이겠습니까? 하지만 평소 다윗의 성정性情으로 보아 이런 반응은 의외라 하지 않을 수 없습니다. 좌우간 다윗이 자기에게 욕설을 퍼붓는 시므이를 야훼께서 보내신 사람일 수 있다고 생각한 것이 주목을 끕니다. 다윗에게 시므이의 욕설은 곧 하나님의 말씀이라는 확신이 있었다고 할 수는 없지만, 적어도 하나님은 어떤 사람의 입을 통해서도 당신의 말씀을 전하실 수 있는데, 시므이가 그 사람일 수도 있다고 생각했었던 모양입니다.

'하나님의 음성을 어떻게 알아들을 수 있을까?'라는 물음은 사실 누구보다 예언자 자신이 진지하게 물어야 할 질문이었습니다. 예언자에게도 '과연 내가 제대로 들었을까?'라는 의문이 있었을 터입니다. 그런데 나단은 스스로에게 이 질문을 던지지 않았기 때문에 성전을 짓겠다는 다윗에게 무조건 동의했다가 그날 밤 하나님으로부터 직접 말씀을 듣고 반대하지 않았습니까?

여기서 우리는 아주 까다로운 문제에 직면합니다. 예언자가 전하는 말 중 어디까지가 하나님의 말씀이고, 어디까지가 예언자 자신의 말인가 하는 문제 말입니다. 야훼의 성전을 짓겠다는 다윗의 말에 나단이 동의했을 때 그는 분명 하나님의 뜻을 고려했을 것입니다. 나단은 하나님도 성전 건축을 원하신다고 믿었을 것이라는 말입니다. 나단의 생각은 당시의 문화적, 종교적 상황과 부합했습니다. 성전 건축은 고대 중동 지역의 보편적인 종교 현상이었습니다. 크고 멋진 성전을 지어 바치는 것은 신에 대한 경건한 충성심의 표현이었습니다. 그러니 나단도 야훼 하나님께서 성전을 원하시리라 믿었던 것입니다. 그리고 다윗도 나단의 말을 나단 개인의 뜻이 아니라 하나님의 뜻으로 받아들였겠지요.

그렇다면 나단이 밤중에 받은 계시가 야훼 하나님의 계시라는 사실을 그는 어떻게 알았을까요? 무엇을 근거로 그런 확신을 가졌을까요? 야훼 이외의 다른 신들은 나단에게 나타날 수 없었을까요? 계시에는 그것을 주는 신의 이름표가 붙어 있지 않습니다. 따라서 계시를 받았다는 사실 못지않게 중요한 것은 그것이 누구에게서 온 계시인지를 파악하는 '분별 능력'이고, 계시한 분이 무엇을 요구하는지를 알아내는 '해석 능력'입니다. 나단도 밤중에 받은 계시를 야훼의 계시로 확신하기까지 이러한 과정을 거쳐야 했습니다. 이름표 없이 온 계시를 야훼의 계시로 확신하기까지 나단은 그 계시를 분별하는 동시에 해석도 해야 했습니다.

비유적으로 말하면 계시는 완전히 요리되어 접시에 담겨 오는 경우보다 식재료 또는 반 조리 상태로 오는 경우가 더 많습니다. 재료(계시)를 요리(해석)해서 음식(행위)으로 만들어 내는 작업은 전적으로 사람에게 달려 있습니다. 하나님은 당신의 말씀을 인간의 말이라는 그릇에 담아서 전달하십니다. 하나님은 당신의 뜻을 인간의 뜻에 얹어서 전달하십니다. 다른 방법이 없습니다. 그래서 하나님의 말씀을 전하는 사람이나 듣는 사람이나 분별 능력과 해석 능력을 갖추지 않으면 하나님의 뜻을 알 수 없습니다.

하나님의 뜻인가, 내 뜻인가?

사정이 이렇기 때문에 하나님의 계시에 대한 해석은 자의적恣意的으로 되기 쉽다는 사실을 알고 늘 조심해야 합니다. 영화 「솔라리스」에서 솔라리스의 세계는 사람의 생각이 그대로 현실에서 이루어지는 세계입니다. 크리스는 아내를 떠나보내거나 죽여도 자기 생각 속에 살아있는 한 그녀는 계속해서 현실 세계에 나타납니다. 그래서 그녀가 실제로 존재하는 사람인지, 아니면 크리스의 생각 속에서만 존재하는 사람인지가 불분명해집니다.

마찬가지로 하나님의 계시도 사람의 해석이 절반을 차지하고, 둘을 정확하게 구별하기 어렵다는 사실을 인식해야 합니다. 하나님의 계시가 사람의 언어로 전달된다는 사실 그 자체가 이미 신적 계시에 있어서 인간적 요소가 차지하는 자리가 있음을 보여주고 있습니다. 좋은 음식을 만들려면 재료도 중요하고 요리 솜씨도 중요합니다. 하나님의 계시를 분별하고 해석할 때는 계시를 받은 사람의 독특한 경험도 중요하지만 자연과 인간의 역사, 그리고 성서를 통해 드러난 하나님의 보편적인 뜻과 경륜을 무시해서는 안 됩니다. 자기의 독특한 경험만 중시하지 말고, 그것이 보편적인 하나님의 뜻과 계획 안에서 어떤 자리를 차지하는지를 따져봐야 합니다.

살아가면서 우연히 일어난다고 여겨지는 일들이 있습니다. 우연은 아닐지라도 그 일에 어떤 하나님의 뜻이 들어 있는지 알 수 없는 일들도 많습니다. 반면에 하나님의 특별한 계획과 의지가 담겨 있다고 생각되는 사건들도 있습니다. 그런 사건이 일어났을 때 우리는 “하나님은 이 사건을 통해서 내가 무엇을 하기를 원하시는가?”를 물어야 하겠습니다. 계시를 받았다고 너무 흥분하지 말고, 아전인수로 해석하려는 욕심도 버리고 자연과 역사, 그리고 성서에 드러난 하나님의 경륜과 보편적인 구원의 계획에 비추어 내게 드러내 주신 하나님의 뜻을 해석하고 이해해야 할 것입니다.

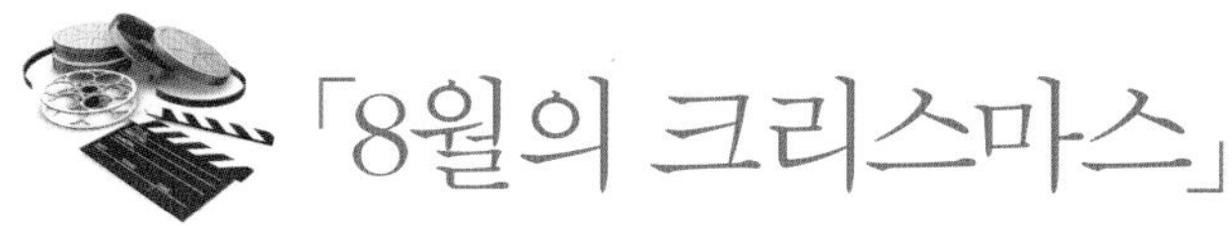

「8월의 크리스마스」

… 자기 삶 들여다보기

"아무도 자서전을 미리 쓸 수 없다."라는 말이 있습니다. 온전한 의미의 자서전을 생의 마지막에 이르러서야 쓸 수 있는 까닭은 사람의 생이 한 치 앞을 내다볼 수 없기 때문입니다. 내일 당장 무슨 일이 일어날지 모르고, 그 일이 그 사람의 삶을 근본적으로 바꿔 놓을지도 모릅니다. 그 일로 인해 과거 일들의 의미도 달라질 수 있겠지요.

미리 준비한다고 해도 삶의 위기 상황은 예고 없이 닥칠 수 있는데, 죽음도 그 가운데 하나입니다. 죽음의 문턱에 서서 자기 삶을 돌아봤을 때 살면서 일어난 많은 일들 가운데 계속해서, 심지어 죽은 후에도 남아 있으리라 생각되는 일이 있다면 어떤 일일까요?

시간에 관한 이야기

한석규, 심은하가 주연을 맡은 허진호 감독의 작품 「8월의 크리스마스」는 몇 달 후에 죽는다는 사실을 알고 있는 한 젊은 남자가 자신에게 남은 삶의 시간을 살아가는 이야기입니다. 만일 살아오면서 벌어졌던 모든 일들에 대한 기억을 전부 잊어버리고 가장 행복했던 한 순간만을 기억한다면, 여러분은 어떤 기억을 선택하겠습니까? 그리고 만일 앞으로 6개월만 더 살 수 있다면, 여러분은 그동안 무엇을 하겠습니까?

소설, 시, 영화, 연극 등 모든 예술 작품은 일단 지은이의 손을 떠나 대중에게로 가면 그 작품을 어떻게 이해하는가는 전적으로 독자나 청중에게 달려 있다고들 말합니다. 작품을 어떻게 읽고, 이해하고, 감상하는가는 전적으로 수용자에게 달려 있다는 것이지요.

저는 이 영화를 보고 나서 재미가 없다고 말하는 사람을 많이 봤습니다. 사실 그런 평가를 받을 수 있다고 봅니다. 왜냐하면 이 영화는 멜로 영화의 전형적인 구조를 따르지 않기 때문입니다. 대체로 멜로 영화는 '사랑의 시작, 위기, 완성 또는 파탄'이라는 구조를 갖는데, 이 영화에는 그런 극적인 구조가 결여되어 있습니다. 감독의 말을 그대로 옮기면 '(이 영화는) 감정을 벽돌 쌓듯이 조금씩 쌓아 가는 영화이기 때문에, 그러한 감정의 흐름을 따라가기가 쉽지 않은 영화'입니다. 그래서 감독조차도 왜 많은 관객이 들어왔는지 모르겠다고 말했다는군요.

유명한 영화배우 잭 니콜슨이 스탠리 큐브릭 감독의 「샤이닝Shining」

「8월의 크리스마스」, 1998년
감독 | 허진호
주연 | 한석규(정원), 심은하(다림)

을 촬영하고 나서 이런 말을 했다고 합니다.

"모두들 스탠리 큐브릭을 위대한 감독이라고 말하는데, 나는 이해할 수가 없다. 세상에 NG를 250번이나 내고도 그 이유를 한 번도 설명해 주지 않는 사람을 왜 위대하다고 말하는가!"

허진호 감독도 「8월의 크리스마스」를 촬영할 때 같은 장면을 여러 번 다시 찍으면서도 오케이 신호를 주지 않았다고 합니다. 왜 마음에 들지 않는지 이유를 설명하지 않으면서 말입니다. 재미있는 것은 허 감독이 "나도 그 이유를 모르겠고, 배우들에게 설명해 줄 수 있는 성질의 것이 아니었다."라고 말했다는 사실입니다. 나중에는 하도 답답해서 한석규 씨가 "감독님, 어떻게 생각하세요?"라고 물었다고 합니다. 아마도 감정의 흐름이 만족스럽지 않았기 때문이겠지요.

저는 이 영화를 여러 번 봤는데, 눈물을 줄줄 흘렸던 적도 있었고, 아주 무덤덤하게 본 적도 있었습니다. 영화가 내러티브(narrative : 인과 관계로 엮인 실제적·허구적인 이야기)보다는 일상의 세세한 면과 감정의 흐름을 중시하기 때문인 듯합니다. 저는 이 영화를 '시간'에 관한 이야기로 읽었습니다. 그리고 시간이 한정되어 있음을 알게 된 사람이 자신이 살아온 삶을 돌아보면서 마지막 순간을 보내는 이야기로, 그리고 자기의 삶을 들여다보는 이야기로 읽었습니다.

영화 속의 시간은 어떤 해의 여름에서 겨울까지의 6개월로 한정되어 있습니다. 영화는 자기 시간이 6개월로 한정되어 있음을 '아는' 사람이 그 시간을 어떻게 보냈는가에 관한 기록이라 하겠습니다. 그동안 놀랄만한 극적인 일은 전혀 일어나지 않습니다. 작은 도시에서 동네 사진관을 운영하는 '정원'이라는 이름의 30대 남자는 얼마 남지 않은 시한부 생을 살고 있습니다. 정원과 그의 가족들 모두는 그에게 시간이 얼마 남지 않았다는 사실을 알고 있습니다.

그는 사진을 찍고 현상해 주는 일을 합니다. 그런데 사진이란 무엇입니까? 사진이란 시간의 흐름을 잠시 멈추는 도구입니다. '선'으로서의 시

간을 '점'으로서의 시간으로 바꿔버리는 것이 사진입니다. 동시에 사진은 언젠가는 사라져버릴 것을 담아 두는 그릇이고, 지금 (사진으로) 보고 있는 것이 언젠가는 분명히 존재했었음을 증언하는 증언자이기도 합니다. 그래서 사람들은 기억하기 위해 사진을 찍습니다. 사라져버리게 될 것을 간직하기 위해서 사진을 찍습니다.

"나는 어렸을 때 아이들이 모두 가버린 텅 빈 운동장에 남아 있기를 좋아했다. 그곳에서 내 곁에 없는 어머니를 생각하고 아버지, 그리고 나도 언젠가는 사라져버린다는 생각을 하곤 했었다."

정원의 독백으로 시작된 영화는 누군가의 별세 소식을 들은 정원이 장례식장에 가는 사건으로 이어지고, 곧 주차 단속원 다림과의 만남으로 이어집니다.

허진호 감독은 영화를 찍기 위해 죽음을 목전에 둔 여러 사람들과 인터뷰를 했다고 합니다. 이를 통해 알게 된 사실은 생각했던 것보다 그들이 넉넉하고 담담하게 죽음을 준비하고 있더라는 것입니다. 즉 죽음 앞

에서 아등바등하지 않더라는 것이지요.

그래서일까요? 정원은 늘 웃습니다. 다림은 그 웃음이 자기만을 위한 것이라고 생각하지만, 꼭 그렇지는 않아 보입니다. 정원의 웃음은 자기 자신의 삶과 죽음을 향한 웃음으로도 읽힙니다. 물론 그도 때로는 슬퍼합니다. 한번은 그가 이불을 뒤집어쓰고 웁니다. 아버지는 그런 아들의 방문을 열지 않습니다. 하지만 비가 온 후에는 반드시 날씨가 개듯 그의 울음은 오래 이어지지 않습니다. 그는 다시 웃는 얼굴로 돌아오지요.

초등학교 아이들이 단체 사진 한 장을 가져와서 자기들이 좋아하는 여자 아이 사진을 확대해 달라고 할 때의 사진은 소유하는 힘입니다. 얼굴이 조금 넓은 (사실은 별로 넓적하지 않지만) 아가씨가 먼저 찍은 사진이 마음에 들지 않아 다시 찍으면서 머리카락으로 얼굴을 가리려 할 때의 사진은 증명과 확인의 힘을 갖습니다. 가족사진을 찍는 김에 어머니 영정사진까지 함께 찍으려는 아들에게 사진은 하나의 '필요'이지만, 비를 맞으면서도 다시 와서 '제사상에 올릴 사진이니 다시 잘 찍어 달라'는 할머니에게 사진은 살아 있는 사람들의 공동체로부터 자신을 분리하고 영원한 시간 속으로 들어가는 일종의 '예식ritual'과 같습니다.

영화를 꼼꼼하게 보신 분들이라면 기억나는 장면일 것입니다. 할머니가 처음 독사진을 찍을 때 정원은 아들이 사 준 안경을 벗어보라고 했다가 그냥 쓰고 찍자고 했는데, 두 번째 독사진을 찍을 때는 안경을 벗으라고 한 다음 찍습니다. 제사상에 올릴 사진을 찍는 일은 일종의 예식임을 보여주는 것으로 읽었습니다. 그리고 거기에는 이생의 인연도 낄 자리가 없다는 것을 암시하는 것 같았습니다.

영화는 되돌릴 수 없이 흘러가는 '선으로서의 시간'인 활동사진과 그것을 반복하려는 시도인 사진 사이의 어긋남을 보여줍니다. 프랑스의 평론가 롤랑 바르트Roland Barthes는 이런 말을 했다는군요.

"풍경사진은 그곳을 방문하고 싶은 마음이 아니라 그곳에 살고 싶은 마음을 일으켜 주어야 한다."

그의 말을 음미하면서 '잘 찍은 사진은 정지된 장면에서 선으로의 시간이 흘러나오는 사진이 아닐까?' 하는 생각을 해 보았습니다. 그런 뜻에서 '영화는 방문하고 싶은 곳이나 잠시 머물고 싶은 시간이 아니라 거기서 살고 싶은 공간과 시간을 보여주고 싶어 하는 것이 아닐까?' 하는 생각도 해 보았습니다.

정원은 아주 짧은 시간만이 남아 있다는 사실 때문에 미세하지만 계속해서 흔들립니다. 죽음을 담담하게 받아들이기로 했다지만, 남기고 가야 할 것들 때문에 그는 흔들립니다. 그는 아버지에게 비디오 켜는 방법을 가르쳐 드리려고 하지만 잘 되지 않아 화가 납니다. 그의 화는 죽음을 받아들일 수 없어 나는 것이 아니라 자기가 죽은 후에 남아 있을 사람들

의 존재가 야기하는 흔들림 때문입니다.

정원과 다림은 사진관 주인과 주차 위반 차량을 찍은 필름을 맡기러 온 주차 단속원으로 만나 조금씩 가까워지고, 결국 서로 사랑하게 됩니다. 정원은 죽음을 앞두고 찾아온 생의 마지막 사랑에 가슴이 아픕니다. 그는 사랑을 받아들이지 않으려고 애를 씁니다. 그는 생을 정리해야 한다는 것을 잊지 말아야 했습니다. 하지만 다림은 정원이 죽음을 앞두고 있음을 알지 못한 채 사랑을 키워 갑니다. 생기가 넘치는 다림은 죽음을 앞둔 젊은 정원의 심정을 헤아리지 못합니다. 그래서 다림은 정원이 병원에 입원해 있는 줄도 모르고 열리지 않는 사진관 유리창에 돌을 던져 깨뜨려 버립니다.

퇴원한 정원은 다림을 보고도 부르지 않습니다. 다림에게 정성껏 쓴 편지도 부치지 않지요. 어느 날 정원은 사진기 앞에 앉아 자기 사진을 찍습니다. 그는 머뭇거리며 표정을 연습하고, 단추를 끼웠다가 풀었다가 하면서 마침내 준비된 표정으로 카메라 앞에 앉습니다. 사진은 웃어야 잘 나온다는 것을 아는 그가 어색한 웃음을 짓는 사이에 '찰칵' 하고 사진이 찍히고, 그 사진은 그대로 영정사진이 됩니다. 영화는 다림에게 전하는 정원의 마지막 말로 끝을 맺습니다.

영원에 관한 이야기

저는 앞에서 이 영화를 '시간'에 관한 영화로 봤다고 이야기했습니다. '시간'이란 무엇일까요? 사람에게 '시간'은 참으로 묘하고도 깊은 의미가 있습니다. 시간은 텅 비어 있어서 누구나 마음대로 사용하고 소유할 수 있는 공간 같기도 하고, 어떤 내용을 사람에게 던져 주고 사람은 그것에 수동적으로 반응할 수밖에 없는 꽉 찬 공간 같기도 합니다.

저는 초등학교 저학년 때 밤에 잠을 자고 일어나면 아침이 되는 것을 매우 신기하게 여겼던 적이 있었습니다. 시간이 흘러서 캄캄한 밤이 아침으로 변한다는 사실이 얼마나 신기했는지 모릅니다. 흐르는 시냇물이나 위에서 떨어지는 폭포수가 얼어 있는 장면도 신기하기는 마찬가지입니다. 작은 물 분자는 얼어버린 바로 그 시점에 얼어 있는 바로 그 장소를 지나가다가 얼어붙어서 거기에 멈춰 있는 것이니까요. 그 시간에 그 장소를 지나가 버리면 거기서 얼어붙지 않았을 텐데, 바로 그곳을 지나가다가 얼어붙었다는 사실이 별 거 아니지만 참 신기하게 생각됩니다.

수학의 역사에서 가장 중요한 사건은 '0zero'을 발견한 것이고, 과학의 역사에서 가장 획기적인 발명은 '수레'의 발명이라고 하더군요. 종교의 역사에서 가장 중요한 발견은 '영원eternity' 이라는 시간 또는 가치를 발견한 일이 아닐까 합니다. '영원' 은 '선線' 으로서의 시간이 끝없이 연장된 것을 가리키지 않습니다. 영원은 양적인 개념이 아니라 질적인 개념이지요. 순간을 살면서도 영원을 살 수 있는 반면에 무병장수하고서도 영원을 살지 못하는 경우도 있을 수 있습니다. 0과 수레가 인간이 발명하거나 발견한 것이라면, '영원' 은 계시에 의해 주어졌다는 생각이 듭니다. '영원' 이라는 가치는 인간이 발명하거나 발견하기에는 너무도 높은 가치이기 때문에, 적어도 하나님께서 그것을 알도록 힌트라도 주셨으리라 생각해 봅니다. 영화 「8월의 크리스마스」는 종교적 가치인 '영원' 에 대해서 말하고 있지는 않지만, 시간에 대해 명상하게 함으로써 그것의 일시성과 연속성, 그리고 '영원성' 에 대해 생각해 볼 기회를 줍니다.

선으로서의 시간은 끊임없이 흐릅니다. 삶의 중요한 의미를 갖는 사건도 흐르는 시간 가운데 한 점에서 일어납니다. 우리가 존재하는 시간은 전체의 시간 속에서 아주 짧은 순간에 불과합니다. 그렇기에 인생은 덧없는 것이라고 말하기도 합니다. 시편 90편은 이렇게 노래합니다.

> …… 당신 앞에서는 천 년도 하루와 같아
> 지나간 어제 같고 깨어 있는 밤과 같사오니
> 당신께서 휩쓸어 가시면 인생은 한바탕 꿈이요
> 아침에 돋아나는 풀잎이옵니다

아침에는 싱싱하게 피었다가도
저녁이면 시들어 마르는 풀잎이옵니다
…… 인생은 기껏해야 칠십 년, 근력이 좋아야 팔십 년
그나마 거의가 고생과 슬픔에 젖은 것
날아가듯 덧없이 사라지고 맙니다

그러나 영원한 시간은 이와 같이 일시적인 시간 안에서 솟아오릅니다. '영원'은 선으로서 흐르는 시간 안에서 점으로서 사건의 형태로 솟아오릅니다. 그렇지 않다면 우리가 어디서 영원이란 시간을 만나겠습니까! 어디서 이런 '영원성'을 맛볼 수 있을까 해서 던져본 질문이 "만일 당신이 다른 모든 기억은 잊고 일생 동안 가장 행복했던 한 순간을 선택하라면 어떤 기억을 선택하겠습니까?"라는 질문입니다. 당장 대답할 수는 없을지라도 이 질문을 평생 가슴에 담고 산다면 우리네 생의 한 뼘쯤 더 깊어지지 않을까요?

한정된 시간 속에서가 아니면 어디서 영원을 생각할 수 있겠습니까? 그런 의미에서 시간의 일시성과 영원성은 분명 별개가 아니라 하겠습니다. 그래서 영원으로 가는 길은 이승의 저편에 있지 않습니다. 그 길은 흐름으로서의 시간이 끝나는 데서부터 시작되지 않습니다. 영원은 시간 너머에서가 아니라 시간 안에서, 구체적인 사건 속에서 순간적으로 만나게 됩니다. 그래서 우리네 삶의 하루하루는 덧없이 사라지는 것들이 아니라 영원을 만날 가능성의 연속입니다.

자기 삶을 들여다본다는 것

불행인지 다행인지 대부분의 사람들은 '영원'의 가치를 인생의 말년에 이르러서야 비로소 발견하곤 합니다. 배우거나 들어서 지식으로 아는, 또는 안다고 오해하는 '영원'이 아니라 영혼으로 느끼는 '영원'은 대부분의 경우 인생의 말년에 찾아옵니다. 우리는 이러한 진실을 야곱에게서 봅니다.

창세기 47장에 나오는 야곱은 이전의 야곱과 다른 모습을 보여줍니다. 야곱의 삶은 거짓과 사기로 점철되어 있다고 해도 지나치지 않습니다. 그는 태어날 때도 형의 발꿈치를 잡아끌어 자기가 먼저 나오려고 했습니다. 그는 아버지와 형을 속여 자기 것이 아닌 권리를 차지했고, 삼촌 라반과는 사기 경쟁을 벌였습니다. 그러던 그가 요셉을 잃는 아픔을 겪는 등 우여곡절 끝에 변합니다. 창세기 47장은 그가 요셉을 만나러 이집트에 갔을 때 파라오 앞에서 한 일종의 인생 고백입니다.

> 이 세상을 떠돌기 벌써 백삼십 년이 되었습니다. 얼마 되지는 않으나 살아온 나날이 궂은일뿐이었습니다.(창세기 47:9)

그의 이전 삶을 비추어 보면 참으로 놀라운 고백이 아닌가 말입니다. 그는 자기 삶을 '성공한 삶'이나 '재수 없는 삶'이라고 말하지 않습니다. 그는 자기 삶이 '궂은일뿐인 삶'이었다고 말합니다. 여기서 우리는 자기 삶을 돌아보는 야곱의 모습을 봅니다. 이미 많이 늦었지만, 그래도 그가 자기 삶을 들여다보게 되었다는 사실이 중요합니다. 그가 이 말을 할 때 영화 속의 정원이 카메라 앞에 앉아 사진을 찍는 모습이 오버랩되는 것은 우연이 아니라는 생각이 듭니다.

정원은 30대 초반에 죽습니다. 그는 죽기 직전에 찾아온 '사랑'이 '추억'으로 되어버리는 것이 싫었습니다. 추억은 길이로서의 시간이라고 할 수 있습니다. 그는 그 사랑이 영원하기를 바랐기에 다림에게 쓴 편지를 부치지 않습니다. 다림은 정원이 죽었다는 것을 영원히 모를 것입니다. 그렇게 해서 정원은 다림에게 '사랑하는 이'로 영원히 살아남습니다. 편지를 부치지 않기로 결심한 순간이 바로 '영원'의 시간인 것이지요. 그는 늘 그랬던 것처럼 사진을 찍고, 필름을 현상해 주고, 밥하고 설거지를 하는 모든 순간들이 그에게는 영원한 시간입니다.

자기 삶을 들여다본다는 말은 무슨 뜻일까요? 무엇으로 자기 삶을 들여다보는 것일까요? 그것은 '기술'이나 '재능'의 문제가 아닐 것입니다. 특별한 재주나 기술로 하는 일이 아니라 전인격적으로 하는 행위이고, 마음과 혼을 쏟아 부어야 하는 일이겠지요. 그래서 자기 삶을 들여다보는 도구는 특수한 안경이 아니라 자기가 살아온 삶 전체가 되어야 한다고 생각합니다.

인생에서 금방 사라질 것을 궁극적으로 추구하는 사람은 없습니다. 사람은 누구나 지속되는 것을 추구합니다. 영원히 남을 것을 궁극적으로 추구한다는 것이지요. 사람은 자신의 경험을 영원한 것으로 만들기 위해 애쓰고, 한 순간에 끝나지 않을 가치와 관계를 맺고자 합니다. 만일 자기 삶을 들여다보았을 때 그러한 가치와 관계 맺고 있음을 깨닫는다면 얼마나 행복할까요. 바울의 삶은 그런 점에서 부럽습니다. 그가 복음의 선교사였기 때문만이 아니라 자기가 가장 가치 있다고 여기는 것을 위해서 모든 것을 버릴 수 있었기 때문입니다.

> 나에게는 내 주 그리스도 예수를 아는 지식이 무엇보다도 존귀합니다. 나는 그리스도를 위하여 모든 것을 잃었고 그것들을 모두 쓰레기로 여기고 있습니다. 그것은 내가 그리스도를 얻고 그리스도와 하나가 되려는 것입니다.(빌립보 3:8-9)

바울에게는 달려가야 할 인생길을 다 달리고 나서도 소중하게 간직하고 있는 가치가 있었는데, 그것이 바로 예수의 십자가였습니다. 그는 얼마나 행복한 사람입니까!

「다우트Doubt」

··· 의심 또는 회의懷疑

2009년 아카데미 시상식에서 5개 부문의 후보에 올랐던 영화 「다우트」는 등장인물도 몇 명 안 되고, 스토리도 비교적 단순해 보이지만 내용은 매우 복잡한데다 심각하고 심층적입니다. 이 영화는 두 명의 아카데미 여자 조연상 후보를 냈습니다. 두 사람 모두 수상에는 실패했지만 한 영화가 같은 부문에서 두 명의 후보자를 내는 경우는 굉장히 드뭅니다. 그중 바이올라 데이비스는 103분짜리 영화에서 겨우 10분 정도 등장하는데도 아카데미상 후보가 됐습니다. 이 정도면 그녀가 얼마나 연기를 잘 했는지 알만하지요.

남다른 친절 때문에 생긴 문제

영화 속의 시점은 케네디 대통령이 암살당한 이듬해인 1964년, 뉴욕

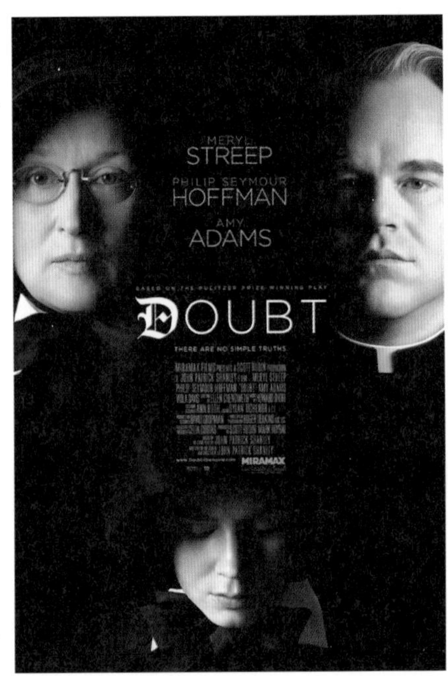

「다우트(Doubt)」, 2008년
감독 | 존 패트릭 샌리
주연 | 메릴 스트립(알로이시스 수녀), 필립 세이모어 호프만(브렌단 플린 신부)

브롱스 지역의 가톨릭학교인 성 니콜라스 교구 학교에서 알로이시스 교장 수녀는 교육과 행정 모든 부문에서 전권을 행사하는 독보적인 인물입니다. 그녀는 공포와 징벌의 힘을 믿는 전통적 보수주의자입니다. 하지만 당시 미국을 온통 휩쓴 변화와 민권운동의 바람은 성 니콜라스 학교도 비켜 가지 않았고, 그 해에 첫 흑인 학생 도널드가 입학합니다. 인종차별이 심했던 시절이었으니까 첫 흑인 학생으로서 도널드의 학교생활이 얼마나 험난했을지는 충분히 짐작하고도 남습니다.

활기 넘치고 자유분방한 '우리들의 신부님' 플린 신부는 그런 도널드에게 유일하게 힘이 되어 주는 사람입니다. 그는 교회가 공포심과 엄격한 처벌로 위계질서를 유지하려 해서는 안 되고, 신도들을 직접 찾아가서 손을 내밀어 그들과 친해지는 교회가 되어야 한다고 생각하는 신부입니다. 그는

첫 흑인 학생 도널드가 당하는 어려움을 이해하고 그를 도와줍니다. 그런데 바로 여기서 문제가 발생합니다.

한편 역사를 가르치는 제임스 수녀는 순진무구하고 성실한 교사입니다. 그녀는 플린 신부가 도널드에게 호의를 베푸는 것에 호감을 갖지만, 작은 사건 하나 때문에 플린 신부를 의심하기 시작합니다. 하루는 수업 중에 플린 신부가 도널드를 사제관으로 불렀는데, 그곳에 다녀온 후 도널드가 이상한 행동을 보였고, 그의 입에서 포도주 냄새가 났기 때문이었습니다. 그녀는 짓궂은 학생에게 괴롭힘을 당하는 도널드를 플린 신부가 껴안아 주는 광경을 목격한 적도 있었습니다.

제임스 수녀는 고민 끝에 이 사실을 교장 알로이시스 수녀에게 말해줍니다. 이야기를 들은 교장 수녀는 드디어 올 것이 왔다는 듯이 단호하게 행동합니다. 평소에도 플린 신부의 언행이 마음에 들지 않았던 그녀는 그의 죄를 밝혀내서 쫓아낼 계획을 세웠던 것입니다. 하지만 플린 신부가 아동 성추행이나 그와 비슷한 죄를 저질렀다는 증거는 아무것도 없

었습니다. 몇 가지 의심스러운 정황과 그녀의 근거 없는 확신이 전부였던 것이지요.

이성과 감정이 대립할 때 어느 편이 승리하겠느냐고 물으면 어리석은 질문일까요? 파스칼은 "사람은 묘한 존재여서 이성적으로 증명된 것보다는 감정이 흘러가는 쪽으로 믿는 경향이 더 강하다."라고 말한 바 있습니다. 사람을 설득하는 데 유용한 수단은 '증거'나 '증명'이 전부가 아닙니다. 따지고 보면 우리가 믿는 것들 중에 '증명된 진리'는 얼마 되지 않습니다. 파스칼은 "증명은 오직 이성만을 설득하지만 습관이야말로 가장 강력하고, 가장 신뢰받는 증명이 된다."라고 말했습니다.

가슴 속에 자리 잡은 '의심'이라는 괴물

플린 신부는 자기가 도널드에게 포도주를 준 것이 아니라 도널드가 자기 몰래 마셨다고 했습니다. 그것이 밝혀지면 그를 복사(altar boy, 服事 : 사제의 미사 집전을 돕는 소년) 직에서 내쫓아야 하기 때문에 밝히지 않았을 뿐이라고 말한 것이지요. 이 말을 들은 제임스 수녀는 안도하면서도 신부의 말을 믿지만, 알로이시스 수녀는 그 말을 믿지 않습니다. 제임스 수녀가 "무엇을 근거로 신부의 말을 믿지 않느냐?"라고 묻자 교장 수녀는 확신에 찬 목소리로 아주 짧게 대답합니다.

"경험Experience!"

교장 수녀는 플린 신부 같은 부류가 얼마나 영리하고 거짓말을 잘 하는지 알고 있다고 말합니다. 역시 파스칼이 옳았습니다. 여기서도 '습관'과 '경험'이 '증명'보다 더 강력한 증거 역할을 했습니다.

교장 수녀도 제임스 수녀도, 그 누구도 직접 도널드를 불러서 무슨 일이 있었는지를 묻지 않습니다. 플린 신부도 교장 수녀에게 밝힐 수 없는 사적인 것들이 있다면서 모든 이야기를 해 주지는 않습니다. 그러던 어느 날, 교장 수녀는 도널드의 어머니 밀러 부인을 만납니다. 이때 등장하는 밀러 부인 역할을 맡은 사람이 바로 10분 출연하고서도 아카데미 여자 조연상 후보에 오른 바이올라 데이비스입니다.

밀러 부인은 도널드가 아버지에게 매를 맞으며 살고 있으며, 아무도 그를 아껴 주고 사랑해 주는 사람이 없기 때문에 플린 신부가 그를 도와주고 아껴 주고 사랑해 주기만 한다면, 설령 그의 행위에 부적절한 면이 있더라도 문제 삼지 않겠다고 말합니다. 그녀는 자기 아들에게 나이 많은 남자를 좋아하는 성향이 있다는 말도 말합니다. 밀러 부인에게 중요한 것은 아들이 졸업할 때까지 아무 일 없이 학교생활을 하는 것이었습니다. 그러면 그 후에는 좋은 고등학교에 진학할 수 있고, 좋은 대학에 갈 수 있는 기회도 가질 수 있다는 것이지요. 교장 수녀는 이런 밀러 부인의 생각을 이해하지 못합니다.

제임스 수녀는 병을 앓고 있는 형제를 만나기 위해 반쯤은 도피성 여행을 떠났고, 그 사이에 플린 신부는 다른 교구로 옮겨 갔습니다. 영화의 마지막은 학교로 돌아온 제임스 수녀와 교장 수녀가 성탄절 직전 추운 교정 벤치에 앉아서 이야기하는 장면입니다. 교장 수녀는 플린 신부가 더 좋은 학교로 영전되어 갔다고 말합니다. 그간의 사정을 교구의 윗사람들에게 이야기했지만, 그들은 교장 수녀의 말을 믿지 않더라는 것이지요.

플린 신부가 떠날 수밖에 없었던 사유를 묻자 교장 수녀는 플린 신부가 전에 일했던 교회에 전화해서 그의 이전 행적을 알아냈고, 그것으로 압력을 가해 신부를 내쫓았다고 했습니다. 제임스 수녀가 "마침내 플린 신부의 잘못을 입증했군요!"라고 말하자 교장 수녀는 사실은 그런 전화를 한 적이 없다고 대답합니다. 제임스 수녀는 이 말을 듣고 당황하면서 교장 수녀의 거짓말이 믿어지지 않는다고 말합니다. 그러자 교장 수녀는 자기가 거짓말을 하기는 했지만 신부가 사임하고 떠난 것을 보면 자기가 옳았음이 입증되었다고 말합니다. 플린 신부가 사임한 것은 자신의 잘못을 고백한 것이나 마찬가지라는 논리지요.

하지만 알로이시스 수녀는 이런

과정을 겪으면서 자기 가슴 속에 이전에는 없었던 괴물 같은 것이 자리 잡고 있음을 알게 되었습니다. 그것은 바로 '의심doubt'이라는 괴물이었습니다. 제임스 수녀가 "당신이 거짓말을 했다는 사실이 믿어지지 않아요."라고 말하자 교장 수녀는 이렇게 말합니다.

"잘못을 추궁하는 과정에서는 하나님에게서 한 발자국 멀어질 수밖에 없지요. 모든 일에는 대가가 있는 법이거든."

이 말을 할 때까지만 해도 교장 수녀는 단호하고 자신만만합니다. 하지만 잠시 후 갑자기 흐느끼면서 그녀는 이렇게 절규합니다.

"I have doubts! I have such doubts!"

이 장면은 메릴 스트립이 왜 대단한 배우인지를 보여주는 명장면입니다. 그 후 두 사람은 아무 말도 하지 않은 채 앉아 있고, '저 들밖에 한밤중에……' 캐럴의 오르간 연주가 흐르면서 영화는 끝납니다.

의심과 확신은 동전의 양면 같은 것

영화 「다우트」에서는 많은 것을 이야기하고 있지만, 저는 몇 가지 덧붙여 말하고 싶은 게 있습니다. 오랫동안 교회는 신앙에 대해서 모든 것을 의심하지 말고 무조건 믿어야 한다고 가르쳤습니다. 무조건 믿으라며 '윽박질렀다'고 해도 과언이 아닙니다. 하나님과 예수, 성령과 성경, 심지어 교회에서는 목사와 신부가 하는 말도 의심해서는 안 된다고 가르쳤습니다. 의심은 신앙생활에 가장 큰 적이요 악마의 유혹이라고 했습니다.

하지만 이제는 세상이 달라졌고, 신앙의 방식도 달라졌습니다. 지금은 아무리 권위 있는 전통과 교리라고 해도 그것을 무조건 믿고 따르는 시대가 아닙니다. 지금은 상식과 양식, 개인의 자유와 권리, 그리고 책임을 중시하며, 그런 것들이 전제되어 있는 시대입니다. 전통주의자들이 아무리 "아, 옛날이여!"라고 외쳐도 세상은 계몽주의 시대 이전으로 돌아가지 않습니다.

지금은 묻지 말고 모든 것을 무조건 믿어야 한다는 주장이 옳지 않다는 일종의 사회적 합의가 이루어져 있습니다. 믿기 전에 먼저 잘 생각해 보고, 정말 그런지를 세심하게 따져 본 다음에 믿어도 믿어야 한다는 것입니다. 믿는다면 믿음의 내용과 믿는 행위가 의미하는 것이 무엇인지를 성찰해야 합니다. 무조건 믿지 말고 때로는 의심도 해 봐야 합니다. 생각을 하면서 믿자는 이야기입니다. 자명해 보이더라도 때로는 의심해 보고, 따져 볼 필요가 있습니다.

하지만 이리저리 따져도 보고, 생각과 성찰도 해 보고, 의심도 해 본 다음에 믿게 되었다면, 그것으로 모든 게 끝났을까요? 생각과 의심, 성찰의 과정을 거쳤으면 그 다음에는 확실해졌을까요? 그렇지는 않습니다. 그런 과정을 거쳤다고 해도 여전히 자기가 한 선택과 믿음에 대한 의심이 남아 있게 마련입니다. 이럴 때 우리는 어떻게 해야 할까요? 영화 「다우트」는 바로 이러한 질문을 우리에게 던지고 있다고 생각합니다.

어떤 일에 대해서 생각도 하고 성찰도 하며, 선택도 하고 믿거나 의심하기도 하는 나는 도대체 누구입니까? 나는 과연 믿을만한 존재인가 말입니다. 어떤 일에 대해 확신을 가지고 있는 나는 과연 믿을만한 존재입니까? 반대로 어떤 일을 의심하는 나는 정말 믿을만한 존재입니까? 내 의심은 정당합니까? 저는 알로이시스 수녀가 영화 마지막에서 흐느끼며 "I have doubts! I have such doubts!"라고 절규했을 때 영화는 이 물음에 대해 대답하고 있다고 생각합니다. 영화가 우리에게 주는 대답은 "I have doubts! I have such doubts!" 그 자체입니다. 나는 믿을만한 존재가 아니란 이야기지요. 교장 수녀의 의심은 자기가 믿고 있던 내용에 대한 의심이 아니라 그렇게 믿고 있었던 자신에 대한 의심이었습니다.

의심이 나쁘기만 한 것은 아닙니다. 때로는 의심이 필요한 경우도 많으며, 의심은 과학의 기본입니다. 사실 모든 학문의 기본은 의심하는 것이고, 모든 정신활동의 뿌리는 의심이라고 해도 지나치지 않습니다. 의심하지 않으면 정신활동은 멈추고 맙니다.

의심은 학문에서 뿐만 아니라 신앙에도 필요합니다. 의심은 믿음 못지않게 한 사람을 하나님과 묶어 주는 끈이 될 수 있고, 진리로 인도하는 안내자가 될 수도 있습니다. 의심은 신앙에 균열을 일으키기도 하지만, 반대로 그것을 더욱 단단하게 묶어 주기도 합니다. 예수님의 못자국과 창자국에 손을 넣어 보지 않고는 절대로 예수께서 부활했다는 사실을 믿지 못하겠다던 도마는 그와 같은 의심의 과정을 거쳐서 신앙에 이르렀습니다.

'의심'과 '확신'은 정반대처럼 보이지만 둘 사이에는 닮은 구석이 있습니다. 둘은 동전의 양면이라고 할 수 있습니다. 의심은 불완전한 정보와 자신에 대한 불신에서 비롯됩니다. 의심은 자신이 가지고 있는 정보가 완전하지 않거나 자신을 완전히 신뢰할 수 없을 때 생깁니다. 한편 확신은 내가 가지고 있는 정보가 불완전하다는 사실을 무시하는 데서 옵니다. 확신은 다 알고 있다고 믿는 오만에서 올 수도 있고, 자신에 대한 무지에서 올 수도 있습니다. 자기를 모르기 때문에 믿는 경우가 많다는 이야기입니다.

의심이 자신을 믿지 못하는 것에서 온다면, 확신은 자신을 모르는 것에서 옵니다. 영화에서 플린 신부는 자신을 의심하며 몰아붙이는 교장 수녀에게 이렇게 말합니다.

"의심은 '감정emotion' 일 뿐 '사실fact' 이 아니다."

저도 플린 신부의 말에 공감합니다. 의심은 감정이지 사실이 아닙니다. 확신도 마찬가지입니다. 확신도 감정일 따름이지 사실은 아닙니다. 확신과 사실을 동일시하면 문제가 생깁니다. 그래서 의심과 확신은 정반대처럼 보이지만, 사실이 아니라 감정이라는 점에서 다르지 않습니다.

의심하는 동시에 확신하면서 선택할 수밖에 없다

영화 「다우트」에서는 관객에게 선택을 강요합니다. 알로이시스 수녀와 플린 신부 중에 누가 옳은지 선택하라고 말입니다. 여러분은 누가 옳다고 생각하십니까? 처음에 저의 선택은 플린 신부였습니다. 형식과 전통에 얽매이지 않으면서 자유롭고 진보적인 그의 태도가 옳다고 생각했습니다. 그런데 조금 더 생각해 보니 저의 선택이 그리 당연하지가 않았습니다. 생각하면 할수록 둘 중 그 누구도 선택하기가 어려웠습니다. 그래서 저도 "I have doubts! I have such doubts!"가 되고 말았습니다.

플린 신부는 자기를 몰아붙이는 교장 수녀에게 이렇게 묻습니다.

"당신은 동정심도 없나? 당신의 동정심은 어디에 있는가?"

이 물음에 대해 교장 수녀는 "당신 같은 사람에게 베풀 동정심 같은 것은 내게 없다."라고 냉정하게 잘라 말합니다. 교장 수녀에게서 차디찬 냉기가 느껴집니다. 동정심은 영어로 'compassion'인데, 이 말은 '열정(passion)'을 '같이(com)' 느낀다는 뜻입니다. 제가 플린 신부를 의심하기 시작한 대목이 바로 여기입니다.

플린 신부의 말대로 교장 수녀에게서는 동정심을 찾아보기 어렵습니다. 그녀는 정말 차갑습니다. 예외 없이 모든 사람에게 그렇습니다. 플린 신부의 눈에 비친 그녀는 사람에 대한 애정은 눈곱만큼도 없고 원칙만 고수하려는 냉혈한冷血漢입니다. 하지만 플린 신부는 어떻습니까? 그는 과연 도널드에게 '동정심compassion'을 느껴서 그를 도왔을까요? 그렇게 보이는 대목들이 없지 않지만, 플린 신부의 다른 행적에서는 또 다른 면이 보입니다.

플린 신부는 교장 수녀와 갈등하던 중 미사 강론에서 그녀를 가차 없이 비난합니다. 공적인 미사 강론에서 말입니다. 다른 사람들은 모를 수 있지만, 적어도 교장 수녀 본인과 제임스 수녀는 강론의 숨은 뜻을 알고

있는데도 그는 거침이 없습니다. 그는 근거 없는 '가십'의 피해를 이야기하면서 교장 수녀를 비난하지만, 정작 신부들끼리 모여 있을 때는 남들 못지않게 열심히 가십을 말하며 낄낄거립니다. 또한 그는 자기가 어려운 처지에 놓이자 상부에 이야기하여 더 좋은 곳으로 영전해서 가버립니다. 저는 이러한 플린 신부의 행위에서 그 어떤 '동정심'도 찾아내지 못했습니다. 그래서 둘 중에 선택해야 한다면, 저는 둘 다 의심할 수밖에 없다는 결론에 도달했습니다.

의심과 확신은 모두 일종의 '감정'입니다. 그것들은 사실이 아닙니다. 여기서 우리의 태도가 둘로 갈라집니다. 하나는 의심이든 확신이든 어차피 사실이 아니므로 크게 마음 쓰지 말고 되는대로 살자는 태도가 그것입니다. 세상에 확실하고 영원한 것은 없고 모든 것이 불분명하고 상대적이고 일시적이니, 그저 적당히 시류에 따라 살면 그만이라는 식의 시니컬한 태도 말입니다. 다른 하나는 의심을 해도 뜨겁고 화끈하게 하고, 확신을 해도 모든 것을 바쳐서 뜨겁게 믿고 확신하며 살아가는 태도입니다. 세상 모든 일에 확실한 것은 없다지만, 지금 내가 옳다고 믿는 일에는 설사 그 확신이 깨질지라도 뜨겁게 자신을 바치며 살아가는 태도를 말합니다.

우리는 모든 것이 불확실한 시대를 살고 있지만, 두 가지 길 중에서 하나를 선택해야 합니다.

첫째는 세상 모든 것이 확실하지 않으니까 그 어느 것도 절대적으로 믿지 말고, 그 어느 것도 절대적으로 부정하지 않고 뜨뜻미지근하게 살아가는 길입니다.

둘째는 세상 모든 일이 불확실하고, 나도 나 자신을 믿을 수 없지만 그래도 지금 이 자리에서 내가 옳다고 생각하는 일에 최선을 다해 투신하며 살아가는 길입니다.

내가 옳다고 믿었던 것이 알고 보니 옳지 않다고 판명된다면, 그때 울고불고 가슴을 찢으며 후회하는 한이 있더라도 지금 이 시간에 지금 이 자리에서 옳다고 믿는 삶을 뜨겁게 살아가는 길, 우리는 이 두 가지 길 중에서 하나를 선택할 수밖에 없습니다.

의심과 확신이 동전의 양면이므로 의심도 확신도 하지 않으면서 냉랭하게 사는 길, 그리고 의심과 확신이 동전의 양면인 줄 알지만 뜨겁게 의심하고 뜨겁게 확신하면서 매사에 열정적으로 사는 길이 있습니다. 여러분은 어느 쪽을 선택하시겠습니까?

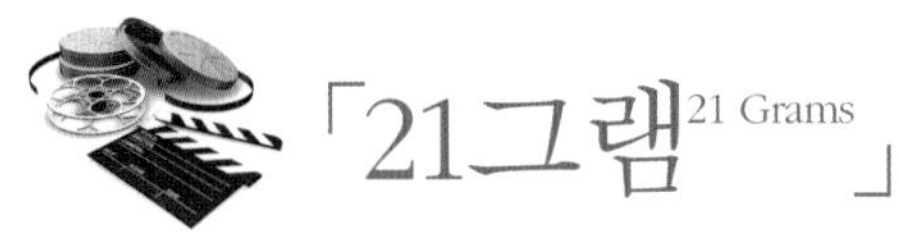

「21그램 21 Grams」

··· 영혼의 무게

사랑할 줄 모르던 사람이 갑자기 사랑에 빠졌습니다. 전에는 없던 '사랑'이라는 것이 새로 생긴 것이지요. 없던 것이 생겼으니까 이 사람의 몸무게가 늘었을까요? 늘었다면 얼마나 늘었을까요? 한 사람이 누군가를 미워하기 시작했습니다. 전에는 없던 '증오'라는 것이 새로 생겼으니까 이 사람의 몸무게가 늘었을까요? 늘었다면 얼마나 늘었을까요? 사랑이나 증오 같은 감정 또는 정신활동이 몸무게와 무슨 상관이 있느냐고요? 정말 그럴까요?

감정과 몸무게

'잭'이라는 이름의 남자가 있었습니다. 그는 어렸을 때부터 강도, 마약 등 온갖 범죄를 저질러 감옥을 들락거린 사람입니다. 그러던 그가 감

「21그램(21 Grams)」, 2003년
감독 | 알레한드로 곤잘레스 이냐리투
주연 | 숀 펜(폴 리버스), 베니치오 델 토로(잭 조단), 나오미 왓츠(크리스티나 펙)

옥에서 그리스도교를 접하고 극적인 회심의 경험을 했습니다. 그는 출소한 후 아내와 함께 두 아이를 키우며 바르게 살려고 애씁니다. 그는 교회에서도 매사에 열심이었고, 특별히 범죄 청소년들을 교화하는 일에 헌신했습니다.

한편 '폴'이라는 이름의 남자가 있었습니다. 대학에서 수학 교수로 일하는 그는 한 달 안에 심장 이식 수술을 하지 않으면 죽게 되어 있었습니다. 그의 아내는 남편이 수술을 받아 생존하기를 바라지만, 남편이 죽을 경우를 대비해서 그의 정자를 받아 아기를 가지려고 합니다. 설령 아기를 갖는다고 해도 남편이 죽은 후에나 태어나겠지만 말입니다.

마지막으로 '크리스티나'라는 이름의 여자가 있었습니다. 그녀는 약물 중독자였는데, 온갖 고생 끝에 약물 중독을 치료한 후 사랑하는 남편, 그리고 두 딸과 함께 행복한 삶을 살고 있었습니다.

서로 일면식도 없던 세 사람이 우연한 고통사고로 인해 엮이게 됩니다.

직장에서 일을 마치고 차를 운전해 집으로 돌아가던 잭이 길을 건너던 한 남자와 그의 두 딸을 보지 못하고 그만 사고를 냅니다. 아버지와 딸 하나는 그 자리에서 죽고, 다른 딸아이는 목숨이 붙어 있었는데, 사고를 내고 당황한 잭은 살아 있는 아이를 길에 버려두고 집으로 도망쳤습니다. 아이는 결국 죽습니다. 잭은 아내에게 사고 사실을 말했고, 아내는 가족들을 생각하라면서 목격자도 없었으니까 그냥 잊어버리라고 말해 줍니다. 하지만 잭은 하나님이 살아계신데 어떻게 그럴 수 있느냐며 경찰서로 가서 자수를 합니다. 잭의 아내는 절규하며 차에 묻어 있는 핏자국을 지워보지만, 이미 잭이 경찰서로 향한 후였습니다.

한편 저녁을 준비하던 크리스티나는 경찰로부터 청천벽력 같은 소식을 듣습니다. 남편과 두 딸이 뺑소니 사고로 죽었다는 것입니다. 그녀에게 하늘이 무너지는 듯한 고통이 찾아온 것이지요. 장례식을 치르던

날, 그녀의 아버지는 자기 아내(크리스티나의 어머니)가 죽었을 때 하늘이 무너지는 것 같았지만 그래도 계속 살게 되더라고 위로해 줍니다. 그러자 크리스티나는 엄마가 죽은 후 아버지가 어떻게 살아올 수 있었는지, 그리고 자기와 놀아줄 수 있었는지를 이해하지 못했다고 말합니다. 그녀는 "이제 삶은 이전과 같지 않다."라고 아버지에게 말합니다. 그녀는 사랑하는 가족을 잃은 고통을 잊기 위해 다시 술과 약물에 손을 댑니다. 그녀는 잭을 처벌해 봐야 죽은 사람이 다시 돌아오지 않는다면서 잭의 형사 처벌을 포기합니다.

한편 심장 이식을 받지 못하면 언제 죽을지 모르는 폴에게 이식할 심장이 생겼다는 연락이 왔고, 그는 심장 이식 수술을 받고 살아났습니다. 폴과 그와 아내는 말할 수 없이 기뻐합니다. 하지만 그들은 마냥 행복해할 수는 없었습니다. 인공수정을 받기 위해 의사와 상의하던 중 폴은 두 사람이 별거했을 때 아내가 임신 중절 수술을 받았음을 알게 되었고, 그 일로 두 사람은 다투고 마음이 멀어집니다.

폴은 자기 몸속에 들어와 있는 심장이 누구의 것이었는지를 궁금해합니다. 자신에게 심장을 준 사람이 누구이고, 그가 어떤 불행한 일을 겪게 되었는지를 알고 싶었던 것이지요. 폴은 사설탐정을 고용해서 알아본 끝에 이식 받은 심장이 크리스티나의 남편 것이었음을 알게 됩니다. 폴

은 크리스티나의 주변을 맴돌다가 그녀와 가까워지게 되었고, 결국 두 사람은 사랑에 빠집니다.

경찰에 자수한 잭은 구치소에서 하나님과 그리스도교 신앙에 대해 깊고 고통스러운 의심과 회의에 빠집니다. 그는 하나님이 자기를 배반했다고 결론짓습니다. 잭은 바르게 살아보려고 무진 애를 써 온 자신에게 하나님이 어떻게 이럴 수 있느냐고 항변합니다. 세상만사는 모두 하나님의 뜻 안에서 일어나므로 자기가 저지른 사고는 우연일 수 없다는 것이지요. 그래서 잭은 하나님이 자기를 배반하여 내치셨다고 믿게 되었습니다. 잭은 감옥에서 자살을 시도하지만 실패로 돌아갔고, 크리스티나가 그의 처벌을 원치 않음으로써 구치소에서 풀려나게 됩니다.

이후로 잭은 달라졌습니다. 그는 가정생활에 융합하지 못하고, 교회에서도 겉돕니다. 결국 그런 상태를 견디지 못한 잭은 집을 나와 허름한 모텔에 묵으며 막노동을 합니다. 그러던 어느 날, 잭은 칼을 불에 달궈 팔뚝에 새겨 놓은 십자가 문신을 지우고 신앙을 버리기로 작정합니다.

이식 수술을 받은 후 반복해서 구토를 하던 폴은 이식한 심장이 그의 몸에 맞지 않아서 다시 한 번 이식해야 살 수 있다는 말을 의사로부터 듣게 됩니다. 하지만 그는 두 번 다시 수술을 받지 않겠다고 선언합니다.

한편 시간이 지날수록 크리스티나의 가슴에는 가족의 목숨을 앗아간 잭에 대한 증오가 불타오릅니다. 그녀는 폴에게 잭을 죽이고 싶다고 말합니다. 그러자 폴은 사설탐정을 시켜 잭의 소재를 파악하고, 총을 구해서 크리스티나와 함께 잭이 살고 있는 모텔로 찾아갑니다. 크리스티나 몰래 잭을 찾아간 폴은 총으로 위협하여 그를 외진 곳으로 끌고 갔습니다. 그러나 폴은 잭을 죽이지 않고 땅바닥에 몇 발의 총을 쏘고 나서 "이제 너는 죽었으니 사라져!"라고 말합니다.

폴은 크리스티나에게 잭을 죽였다고 거짓말합니다. 하지만 그날 밤 잭은 폴과 크리스티나가 묵고 있는 방에 침입하여 자기를 죽이라고 외쳤고, 두 남자가 격투를 벌이는 중에 크리스티나는 잭을 죽일 듯이 때립니다. 폴은 이를 말리다가 자기 가슴을 향해 총을 발사합니다. 총에 맞은 폴은 응급실에 누워 양옆에 누워 있는 환자들을 보며 숨을 거둡니다. 폴이 죽은 후 크리스티나는 자신이 임신한 사실을 알게 됩니다.

영혼의 무게

적당히 요약하기가 어려워서 상세하게 줄거리를 이야기할 수밖에 없었던 이 영화는 「21그램」이라는 제목의 영화입니다. 영화를 통해 성서 이야기를 하는 것이 쉽지 않은 까닭은 영화에서는 문제를 제기하고 나서 답을 주지 않아도 되지만, 우리들 대부분은 성서를 통해서 어떤 식으로든 답을 찾으려 하기 때문입니다.

사람들은 적어도 2천 년 이상 '영혼은 존재하는가?'라는 의문을 가져왔습니다. 영혼이 존재한다고 믿게 된 이후로 줄곧 이러한 의문을 가져왔다는 사실은 참으로 역설적입니다. 영혼이 존재한다고 믿어 오면서도 계속해서 영혼의 존재에 대해 의문을 품어 왔으니 말입니다. 이 질문은 인류가 존속하는 한 계속해서 묻게 될 질문이겠지요. 그렇지만 모두를 만족시킬 답을 얻지 못할 수도 있을 것입니다. 영혼의 존재를 입증할 방법이 없을 터이니 말입니다.

영혼이 물질적인 존재가 아니라면 질량을 측정해서 그 존재를 입증하려는 시도는 의미가 없어 보이지만, 영혼의 질량을 측정해서 그 존재를 입증하려는 과학적 시도는 수 세기 전부터 지금까지 계속되고 있다고 합니다. 영화의 제목인 「21그램」은 19세기 말 미국의 과학자 던컨 맥두걸Duncan MacDougall 박사가 스스로 고안한 저울 위에 죽어 가는 사람을 뉘어 놓고 임종 순간에 얼마만큼의 질량이 감소하는지를 측정해서 얻은 수치라고 합니다. 그는 실험 결과 모든 사람이 죽어 가는 순간 21그램의 체중이 감소한다는 사실을 확인하였고, 그것이 영혼 또는 생명의 무게라고 주장했습니다. 하지만 그의 실험 결과에 모든 과학자들이 동의하지는 않았습니다. 이를 반박하는 실험을 실행한 학자도 여럿 있었습니다. 게다가 영혼의 무게를 측정했다고 해서 그 존재가 입증되었다고 볼 수도 없습니다. 사람의 영혼이란 한숨처럼 가벼운 것일 수도 있고, 천근의 납덩이처럼 무거운 것일 수도 있습니다. 물론 이런 말이 과학적인 근거가 있는 것은 아니지만 말입니다.

참새 한 마리의 가치

영화 속에서 잭은 청소년들을 선도하면서 마태복음 10장 29절과 30절을 인용합니다.

> 참새 두 마리가 단돈 한 닢에 팔리지 않느냐? 그러나 그런 참새 한 마리도 너희의 아버지께서 허락하지 않으시면 땅에 떨어지지 않는다. 아버지께서는 너희 머리카락까지도 낱낱이 다 세어두셨다. 그러니 두려워하지 말아라. 너희는 수많은 참새보다 훨씬 더 귀하다.

성서의 이 구절은 잭이 가장 좋아하는 말씀입니다. 잭이 수시로 이 구절을 암송하는 것으로 봐도 알 수 있습니다. 심지어 감옥 안에서 자살을 결심했을 때도 그는 같은 구절을 암송합니다.

"참새 두 마리가 단돈 한 닢에 팔리지 않느냐? 그러나 그런 참새 한 마리도 너희의 아버지께서 허락하지 않으시면 땅에 떨어지지 않는다……."

참새 두 마리는 단돈 한 닢짜리밖에 안 되는 하찮은 동물입니다. 하지만 그런 참새도 하나님께서 허락하시지 않으면 땅에 떨어지지 않는다는 이야기입니다. 잭은 이 말씀을 세상에서 일어나는 모든 일에는 하나님의 뜻이 개입되어 있다는 뜻으로 받아들입니다. 또한 하나님은 사람의 머리카락이 몇 개인지도 다 세어 놓으셨습니다. 사람의 머리카락 하나가 빠지는 것도 모두 다 하나님 뜻 안에서 일어나는 일입니다. 사람은 참새보다 얼마나 더 귀합니까! 참새 한 마리가 떨어지는 것도 하나님의 뜻 안에서 일어나는데, 그보다 훨씬 더 귀한 사람의 일이 하나님의 관심 밖에 있을 리가 없다는 이야기지요.

예전에는 이 구절을 읽을 때 웃음이 나왔습니다. '예수님도 과장이 심하시지. 75억 인구의 머리카락을 다 세어서 어디에 쓰시려고?'라는 생각에서 웃고 지나갔습니다. 그런데 이 영화를 본 후로는 더 이상 웃음이 나오지 않습니다. 저는 왜 하필이면 잭이 이 구절을 좋아하는지를 생각하면서 이 구절을 여러 번 읽어 봤습니다. '참새 한 마리의 진정한 가치는 얼마나 될까?'를 생각하면서 말입니다.

양심의 무게는 얼마나 될까?

영화 속의 잭은 평생을 감옥에 들락거리다가 하나님을 만났고, 그 후로 바르게 살려고 노력했습니다. 이런 사람이 바르게 사는 것은 평범한 사람이 그렇게 하는 것보다 훨씬 어렵습니다. 우리 사회에서 잭 같은 사람을 어떻게 바라보고 있는지를 생각해 보면 잘 알 수 있습니다. 그런 상황에서 뜻하지 않은 사고로 잭의 신앙은 배신감과 분노, 죄책감으로 변해 버렸습니다. 결국 잭은 견디지 못하고 자살하려다가 실패하고, 폴에게 자기를 죽여 달라고 호소했습니다. 여기서 잭이 지니고 있는 죄책감의 무게는 얼마나 될까요? 21그램 정도 될까요?

폴은 죽음을 눈앞에 두었다가 다른 사람의 심장을 이식받고 살아났고, 자기 몸속에서 끊임없이 뛰고 있는 심장이 어디서 왔는지를 알게 되었습니다. 그는 자기 심장 주인의 아내인 크리스티나와 사랑에 빠졌고, 그녀를 고통 속으로 몰아넣은 잭을 죽이려 했지만 차마 그렇게 하지 못합니다. 이러한 폴의 삶의 무게는 얼마나 될까요? 21그램 정도 될까요?

크리스티나는 약물 중독에 빠져서 허우적거리다가 겨우 빠져나와 사랑하는 남편, 딸들과 행복하게 살다가 잭이 일으킨 사고로 한 순간에 모든 것을 잃고 말았습니다. 그녀는 남편의 심장을 가슴에 안고 있는 폴을 만나 사랑에 빠지면서 자신의 가정을 파괴한 잭에 대하여 복수심을 불태웁니다. 이러한 크리스티나의 증오의 무게는 얼마나 될까요? 21그램 정도 될까요?

죄책감, 사랑, 분노는 공통점을 찾기 어려운 다른 성격을 가지고 있습니다. 이것들이 서로 관련되고 엮이는 경우가 없지는 않지만 대부분의 경우는 서로 상관없이 따로 존재합니다. 그런데 영화에서는 이런 것들이 실제 삶에서 서로 맞물리고 엮여 있음을 보여줍니다. 어떤 사람에게는 죄책감이 새털처럼 가볍습니다. 또한 사랑과 미움도 가볍게 다루는 사람이 있습니다. 하지만 때로는 이것들이 천 근 납덩어리보다 무겁게 우리 삶을 짓누르기도 합니다.

저는 마태복음의 말씀을 여러 번 읽으면서 '이 모든 것들이 하나님에게는 똑같이 21그램이 아닐까?' 하는 생각을 해봤습니다. '모두 똑같이 영혼의 무게가 아닐까?' 하는 생각 말입니다. 21그램은 새털처럼 가벼운 무게지만, 그것이 사람의 영혼이라면 이 세상 그 어느 것보다 무거운 것이 됩니다. 하나님 아버지께서 허락하지 않으면 절대로 땅에 떨어지지 않는 21그램이 되는 것입니다. 사랑, 미움, 죄책감 등은 모두 영혼이 관련된 일들입니다. 그렇다면 사랑과 미움과 죄책감은 모두 같은 무게를 가지고 있지 않을까요? 말로 이야기하는 것이 참 어려운 일이지만, '우리네 영혼에는 이 모든 것들이 얽혀 있지 않을까?' 하는 생각을 해봅니다.

독일의 소설가 토마스 만Thomas Mann은 구약성서 창세기에 나오는 요셉 이야기를 토대로 쓴 자신의 소설 『요셉과 그 형제들Joseph und Seine Bruder』에서 이런 말을 했습니다.

"만사를 행하시는 분은 주님인데, 그분이 하신 일에 대한 양심의 가

책은 우리 가슴에 심어 놓았다. 그래서 우리는 그분 앞에서 책임을 느낀다. 이 책임감은 그분을 대신해서 느끼는 책임감이다."

공감이 가는 말입니다. 그런데 저는 이 글에서 주님을 사람으로, 사람을 주님으로 바꾸어도 역시 옳은 말이 된다고 생각합니다.

"만사를 행하는 사람은 나인데, 내가 한 일에 대한 양심의 가책은 주님 가슴에 심어 놓았다. 그래서 주님은 내 앞에서 책임을 느끼신다. 이 책임감은 나를 대신해서 느끼는 책임감이다."

예수와
함께 본
영화

두. 번. 째. 이. 야. 기.

하나님,
거기 계시지요?

"아직 무엇을 이루지 않았을지라도 믿어 주는 것,

그것이 바로 신뢰요 신앙입니다."

「우편배달부 Il Postino」

… 그들은 어떻게 되었을까?

오 칠레여 바다와 포도주여

눈으로 덮인 길고 가느란 꽃잎이여

아 언제

아 언제 언제

아 언제 다시 그대를 만날 수 있을까

다시 만나는 그때

그대는 하얗고 검은 거품의 리본을

내 몸에 감아 줄 것이다

그리고 나는 그대의 영토 위에

나의 시를 풀어 놓을 것이고

(중략)

아 누더기를 걸친 조국이여

아 나의 봄이여

아 언제

아 언제 언제

바다와 이슬에 젖은 그대의 품속에서

잠을 깰 수 있을까

그대를 껴안고

누구도 그대를 만지지 못하도록

그대를 지키며

노래 부를 수 있을까

언제 그대와 함께 걸을 수 있을까

언제 그대는 나와 함께 걸을 수 있을까

아 언제쯤일까 그때는!

이 시는 칠레 태생의 시인으로 노벨 문학상을 받은 파블로 네루다Pablo Neruda의 「아 언제 아 언제 언제」라는 제목의 시 중에서 첫 번째와 마지막 연입니다. 네루다는 칠레에서 철도 노동자의 아들로 태어나 1973년에 심장병으로 사망하기까지 평생을 시와 함께하며 노동자, 농민들과 함께했던 사람입니다. 그는 순박하고 쉬운 말로 가난한 노동자, 농부의 감정과 희망을 대변하는 시를 쓴 민중 시인으로서 시와 더불어, 그리고 노동자, 농민들과 더불어 살다 간 사람입니다. 그런 삶을 살면서 작품을 쓴 네루다에게 노벨 문학상(1971년)이 주어진 것은 그렇게 놀라운 일이라고

「우편배달부(Il Postino)」, 1994년
감독 | 마이클 래드포드
주연 | 필립 누아레(네루다), 마시모 트로이시(마리오)

할 수 없습니다.

네루다는 1952년에 사회주의 활동을 했다는 이유로 조국 칠레에서 추방당했습니다. 아무도 받아 줄 것 같지 않았던 그를 당시 사회주의 정권이 들어서 있던 이탈리아 정부에서 받아 주었고, 나폴리의 한 아름다운 섬에 그의 거처를 마련해 주었습니다. 이 시기를 배경으로 해서 만든 영화가 1995년에 아카데미 최우수작품상을 비롯해 5개 부문에서 후보에 올랐던 「우편배달부」입니다. 영화의 줄거리를 살펴보면 이렇습니다.

네루다가 이탈리아의 작은 섬에 와서 살게 되자 뜻하지 않은 문제가 생겼는데, 그것은 세계 각지에서 그에게 답지하는 수많은 편지였습니다. 그래서 우편국장은 네루다에게 오는 편지만 따로 배달할 직원을 채용하게 되었는데, 그렇게 채용된 사람이 영화의 주인공 '마리오'였습니다. 일을 시작한 노총각 마리오는 네루다에게 많은 여자들이 편지를 보낸다는 사실을 알고 시인은 누구나 여자에게 인기가 있다고 생각합니다. 그래서 자기도 시를 배워 여자의 환심을 얻으려고 하지요. 마리오가 시에 관심을 갖게 된 계기가 바로 이랬습니다.

본래 시에는 문외한이었던 마리오는 네루다와의 거듭된 만남을 통해 점차 시를 알게 되고, 시적 은유의 세계와 만나게 됩니다. 그는 자기가 쓴 시를 네루다에게 읽어 주며 감상을 묻기도 합니다. 마리오는 그렇게 시를 배우면서 아름다운 여인 베아트리체와 사랑에 빠지는데, 이 사랑은 나중

에 네루다의 도움을 받아 결실을 맺게 됩니다. 그러는 동안 시간이 흘러 네루다에 대한 칠레 정부의 추방령이 철회됩니다. 네루다는 당연히 꿈에 그리던 고국으로 돌아갑니다. 조국 칠레에 대한 그의 사랑은 이 글을 시작하면서 인용한 시에도 잘 나타나 있습니다.

네루다가 떠나자 그에게 오던 편지가 끊어졌고 이를 위해 임시로 고용되었던 마리오도 직업을 잃고 맙니다. 그러나 마리오는 네루다와의 만남 덕분에 전혀 다른 사람이 되어 있었습니다. 그는 존경하는 시인이자 친구이며, 인생의 스승인 네루다를 마냥 그리워하며 살아갑니다. 이 목마름과 그리움이 시로 빚어집니다. 어느 날 마리오는 네루다가 살던 집에 들렀다가 녹음기를 발견합니다. 그것은 네루다가 마리오에게 사용법을 가르쳐 준 바로 그 녹음기였습니다. 소리를 녹음하고 듣고 싶을 때는 언제든지 들을 수 있다는 네루다의 말에 마리오는 무척 신기해했지요. 마리오는 녹음기에 자기 고장에서 들을 수 있는 아름다운 소리들, 곧 파도 소리, 바람 소리 등을 녹음합니다. 그리고 네루다에게 보내는 편지도 녹음합니다.

몇 년의 세월이 지난 후 네루다가 이 섬을 찾아왔습니다. 그는 기억을 더듬어 베아트리체가 운영하는 카페를 찾아왔습니다. 그러나 거기에 마리오는 없고 베아트리체가 한 사내아이를 데리고 살고 있었습니다. 네루다는 그녀로부터 마리오에 대한 이야기를 듣습니다. 네루다를 그리워하며 살던 마리오가 사회주의자들의 모임에서 네루다를 기리는 시를 낭송하려다 들이닥친 경찰들에 의해 머리를 맞고 피를 흘리며 죽어갔다는 이야기였습니다. 베아트리체는 마리오가 녹음한 내용을 네루다에게 들려줍니다. 녹음기에는 마을의 아름다운 소리와 함께 마리오의 시가 담겨 있었습니다. 네루다는 녹음된 소리를 들으며, 그리고 자신의 이름을 따서 지은 마리오의 아들을 보면서 자신이 그토록 쉽게 잊어버렸던 한 남자의 깊은 우정과 사랑을 깨닫게 됩니다. 「우편배달부」는 이런 내용의 영화입니다.

그 후에 그는 어떻게 되었을까?

네루다는 섬을 떠난 후 마리오를 잊어버리고 살았습니다. 세계적으로 유명한 시인이 되어 바쁜 삶을 살았을 네루다가 잠시 머물러 있었던 섬에서 편지를 배달하던 젊은이를 기억했다면, 오히려 그게 이상한 일이겠지요. 그러나 훗날 그가 다시 섬을 찾았을 때 네루다는 마리오의 아내로부터 이야기를 듣고, 마리오가 녹음한 내용을 들으면서 마리오를 떠올립니다. 그렇게 떠올린 마리오는 어떤 모양으로든 자신과 동화되어 있는 사람이었습니다. 마리오는 사회주의니 파시즘이니 하는 사상에 대해서 공부할 기회를 갖지 못했습니다. 하지만 그는 네루다와 나눈 우정 어린 교류를 통해서 시의 세계뿐만 아니라 사상의 세계와도 만났던 것입니다. 물론 마리오에게 후자의 세계는 체계화 되지 않은 채로 남아 있었겠지만 말입니다.

저는 성서를 읽으면서 가끔 '그는 그 후에 어떻게 되었을까?' 하는 물음을 가지고 읽습니다. 그런 물음을 가지고 성서를 읽으면 성서의 이야기가 훨씬 흥미진진해집니다. 영생을 얻는 길을 물으러 예수께 왔다가 "가진 것을 모두 가난한 사람들에게 나눠 주고, 너는 나를 따르라."라는 말을 들었을 때 근심하며 돌아간 부자 청년은 그 후에 어떻게 되었을까? 재산의 반을 가난한 사람들에게 나눠 주고, 남에게 토색한 것이 있거든 네 배로 갚겠다고 약속했던 삭개오는 그 후에 어떻게 되었을까? 그는 정말 자기가 한 약속을 지켰을까? 죽었다가 다시 살아난 나사로는 두 번째 생을 어떻게 살았을까? 예수께서 체포되실 때 고운 삼베만 두르고 예수를 따라가다가 사람들에게 붙들리자 그것마저 버리고 벌거벗은 채 달아났던 이름 없는 젊은이는 그 후에 어떻게 되었을까? 십자가를 지고 가는 예수를 구경하다가 얼떨결에 대신 십자가를 지고 골고다로 올라갔던 구레네 사람 시몬은 나중에 어떤 삶을 살았을까? 예수 대신 살아난 강도 바라바는 또 다시 강도로 돌아갔을까? 여러분은 이 사람들의 뒷이야기가 궁금하지 않습니까?

"아마 말해도 누군지 잘 모르실 겁니다!"

2004년 여름, 한국에 갔을 때 안병무 선생님 산소에 가서 성묘를 했습니다. 돌아가신 지 10년이 넘은데다 이장까지 했는데, 저는 그동안 한 번도 찾아가 인사를 드리지 못했습니다. 성묘를 마치고 오는 길에 저를 안내했던 조카 분에게서 기억에 남는 이야기를 들었습니다. 그분이 사업을 하다가 사기를 당하는 바람에 한 젊은 변호사를 소개받았답니다. 그 변호사는 억울한 일을 당해도 법의 도움을 받을 길이 없는 노동자들을 위해 주로 일하며, 사무실도 서초동이 아닌 구로공단에 있다고 합니다. 수임 사건의 대부분은 노동자가 관련된 사건이고, 본래 사업에 관한 송사는 맡지 않지만 거절할 수 없는 선배의 부탁이라서 맡게 되었다는 것입니다. 소위 명문 법대를 나와서 잘나가는 변호사가 될 수 있었는데도 돈이 되지 않는 사건만을 맡아서 일하는 모습을 보고 조카 분이 감명을 받았다고 합니다. 그래서 어느 날 변호사에게 이렇게 물었답니다.

"출세할 수도 있었을 분이 어떤 계기로 노동자들을 위해 일하게 됐습니까?"

그러자 변호사가 이렇게 대답하더랍니다.

"대학 시절에 어떤 분의 책을 읽고 결심했습니다."

"어떤 분의 책을 읽으셨는데요?"

"이름을 말해도 선생님은 잘 모르실 겁니다. 안병무 선생이란 분입니다."

이 말을 듣고 조카 분이 얼마나 놀랐겠습니까. 반갑기도 했겠지요.

조카 분은 오랫동안 선생님 곁에서 모든 일을 도와주셨기에 보통의 이모부와 조카 사이와는 다른 아주 가까운 사이였습니다. 이 말을 듣고 조카 분은 웃으며 이렇게 말했답니다.

"그분은 제 이모부이신데, 지금은 돌아가셨답니다."

신앙은 근본적으로 '희망' 입니다. 신앙은 '가능성에 대한 신뢰' 입니다. 그래서 히브리서 11장 1절은 "믿음은 우리가 바라는 것들을 보증해 주고, 볼 수 없는 것들을 확증해 줍니다."라고 말합니다. 신앙의 넓이와 깊이는 우리가 알고 있거나 기억하고 있는 것들에 제한되지 않습니다. 신앙은 우리가 머리로써 사고하는 것 안에 갇혀 있지 않습니다. 신앙은 주렁주렁 매달려 있는 열매에 신뢰를 주는 것이 아니라 새까맣고 눈에 잘 보이지도 않는 작은 겨자씨 한 알을 믿어 주는 것이고, 거기에 전폭적인 신뢰를 보내 주는 것입니다. 아직 무엇이 되지 않았을 때, 그리고 아직 아무 것도 이룬 것이 없다 할지라도 믿어 주고 신뢰해 주는 것이 바로 신앙입니다. 신앙은 아직 이루어지지 않은 가능성에 대한 신뢰이기 때문입니다.

네루다는 섬을 떠난 후 마리오를 잊고 살았습니다. 그는 시인으로서의 마리오에 대해서는 고작 씨앗으로만 알고 있었을 뿐입니다. 그러나 마리오는 네루다가 물을 주지 않았어도 쑥쑥 자라나 큰 집회에서 시를 낭송할 정도의 인물이 되었습니다. 안병무 선생님은 자기 책을 읽고 전 생애를 노동자를 위해 바칠 결심을 했고, 그런 삶을 살고 있는 한 청년

변호사에 대해서 아무 것도 모른 채 돌아가셨습니다. 그분은 '가능성'이라는 씨앗을 뿌렸을 뿐입니다. 그분은 거기에 물을 주지도 않았고, 김을 매지도 않았습니다. 그러나 그 씨앗은 자라서 탐스러운 열매를 맺지 않았습니까!

중요한 것은 신뢰이고 믿음입니다. 아직 무엇을 이루지 않았을지라도 믿어 주는 것, 그것이 바로 신뢰요 신앙입니다. 씨앗은 신뢰를 받으면 매일매일 우리가 물을 주지 않아도 쑥쑥 자라납니다. 우리가 자고 일어나고 하는 사이에 씨앗은 싹을 틔우고, 줄기를 뻗어 내고, 꽃을 피우고 열매를 맺습니다.

벌거벗고 도망친 젊은이는 어떻게 되었을까요? 복음서는 이에 대해 침묵합니다. 그러나 복음서는 침묵함으로써 이미 많은 말을 하고 있습니다. 그 젊은이는 어떻게 되었을까요? 그는 그 이야기를 읽는 내가 되고 싶어 하는 바로 그 사람이 되어 있을 것입니다.

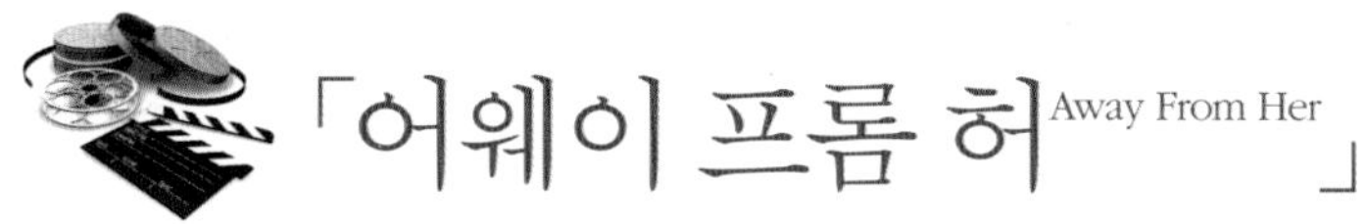

「어웨이 프롬 허 Away From Her」

… 드디어 찾았다!

돈을 벌 목적으로 위장 결혼을 했는데, 상대와 진짜 사랑에 빠졌다면 그는 유죄일까요, 무죄일까요? 언젠가 신문에 난 짧은 기사가 제 눈길을 끌었습니다. 40대 한국 남자가 위장 결혼 브로커로부터 중국 여성과 위장 결혼을 하는 대가로 4백만 원을 주겠다는 제안을 받았고, 그는 브로커와 함께 중국 선양으로 건너가 위장 결혼을 하려는 여인과 혼인신고를 했습니다. 그런데 이 사실을 알아낸 수사기관에서 그를 법정에 세웠고, 1심에서 유죄가 선고됐습니다. 그는 억울하다며 항소를 했는데, 자기는 진정으로 결혼할 의사가 있었다는 것입니다. 항소심에서 1심의 판결이 뒤집혔습니다. 항소심 판사는 피고인이 처음에는 위장 결혼할 의사가 있었지만, 여러 정황을 보아 혼인신고서를 접수한 시점에는 중국 여성과 진심으로 결혼할 의사가 있었던 것으로 판단했던 것입니다.

저는 이 짧은 기사를 그냥 웃고 넘길 수 없었습니다. '세상에 이런 일도 있구나!' 하는 생각이 들면서 두 사람 사이에는 도대체 무슨 일이 벌어졌을까 궁금해졌습니다. '첫눈에 반한다.'라는 말이 있는데 그런 경우였을까요? 위장결혼을 통해 한국 남자는 돈을 벌려고 했고, 중국 여자는 한국에서 살아보려 했을 터인데 그런 삭막한 상황에서도 사랑이 싹터 진짜 결혼에까지 골인할 수 있다는 생각이 한편으로 낯설긴 하지만, 다른 한편으로는 따뜻하게 다가왔습니다.

창세기 2장 23절에서 아담은 하와를 보자마자 첫눈에 반해서 이렇게 외쳤습니다. "이제야 나타났구나, 이 사람! 뼈도 나의 뼈, 살도 나의 살, 남자에게서 나왔으니 여자라 부르리라." 남자도 하나요 여자도 하나뿐이었으니 달리 반할 사람도 없었겠지만 좌우간 아담은 하와를 보고 첫눈에 반해서 "어디 있다 이제 왔니!"라고 외쳤던 것입니다.

첫눈에 반한 사랑이라! 저는 아담과 하와를 첫눈에 반한 사랑이라고 부릅니다. 여러분은 그런 사랑이 있다고 생각하십니까? 그런 사랑을 해본 적이 있습니까? 혹시 지금 그런 사랑을 하고 있지는 않습니까?

첫눈에 반한 사랑

1970년에 설문조사를 했을 때는 첫눈에 반한 사랑을 믿는 사람이

64.1%였다고 합니다. 무려 응답자들 중에 3분의 2 이상이 첫눈에 반한 사랑을 믿었던 셈입니다. 그 가운데 60%는 실제로 그런 사랑에 빠진 적이 있는 것으로 답했다고 합니다. 그렇다면 전체 응답자 중 38% 정도가 첫눈에 반한 사랑을 실제로 경험한 셈이 됩니다. 더 재미있는 사실은 그중 55%가 실제로 결혼에까지 골인했고, 또 그중에 75.9%가 평균 결혼 기간보다 더 긴 결혼 생활을 유지하고 있다는 것입니다.

1970년에는 그랬습니다. 그런데 그 후로 20년이 지난 1990년에 같은 조사를 했는데, 이때는 단지 11%만이 지금의 배우자에게 첫눈에 반했다고 답했습니다. 그리고 이런 커플들의 이혼율이 다른 커플들과 다르지 않았습니다. 20년 전에는 운명적인 사랑을 믿었지만, 요즘은 '우리 운명은 여기까지!'라고 쉽게 선언한다고 볼 수 있겠습니다.

이런 변화는 우리를 약간은 쓸쓸하게 만듭니다. 첫눈에 반한 사랑을 안 믿게 되었음은 사람이 더 이성적이 됐다고 볼 수도 있기 때문이지요. 좋은 변화일 수도 있겠지만, 이런 사실에 괜히 쓸쓸해지는 건 왜 그런지 모르겠습니다.

왜 우리는 꼭 사랑이 있어야 한다고 믿을까요? 왜 사랑하면 결혼해야 한다고 믿고, 결혼은 사랑이 전제되어야 한다고 믿을까요? 긴 인류 역사에서 사랑이 결혼의 전제조건이 된 때는 20세기 이후라고 합니다. 그 이전까지의 결혼은 철저하게 집안과 집안 사이에 맺어진 계약이었습니다. 그래서 얼굴만 한두 번 보고 하는 결혼이 흔했고, 심지어 누가 자기 배우자인지도 모른 채 결혼하는 일도 비일비재했습니다. 야곱도 라헬과 결혼하는 줄 알고 신방에 들어갔는데, 다음날 아침에 보니 아내가 라헬이 아니라 레아였습니다.

지금도 사랑과 무관한 결혼이 없지는 않지만 보통은 사랑 이외의 것이 동기가 된 결혼을 경멸합니다. 결혼에는 사랑이 전제되어 있어야 한다는 일종의 합의 같은 것이 이루어져 있는 셈입니다. 첫눈에 반한 사랑을 과거보다는 덜 믿지만, 그래도 그것에 대한 막연한 동경심 같은 것은 여전히 유지되고 있습니다.

자신을 몰라보는 아내도 사랑할 수 있다

44년 간 해로偕老해 온 그랜트Grant와 피오나Fiona 부부가 있었습니다. 이들은 온갖 풍상을 겪었지만 그래도 큰 문제없이 평생을 같이 살아왔습니다. 그러던 중에 아내가 가벼운 알츠하이머 증세를 보이기 시작했습니다. 완전히 기억을 잃어버렸거나 사람을 알아보지 못하는 정도는 아니지만, 가끔 프라이팬을 닦아서 냉장고에 넣을 때가 있었습니다. 피오나는 자기 상태가 점점 나빠지고 있다는 것을 느끼고 스스로 요양병원에 들어가겠다고 남편에게 말했습니다. 처음에 남편은 아내를 말렸지만, 결국 아내의 의사를 존중하여 시설이 좋은 병원을 찾아 아내를 입원시켰습니다.

병원 규칙이 처음 3개월 동안은 병원에 적응하고 정착하는 것을 돕기 위해 면회가 금지되어 있었기 때문에, 그랜트는 3개월이 지난 후에야

「어웨이 프롬 허(Away From Her)」, 2006년
감독 | 사라 폴리
주연 | 줄리 크리스티(피오나), 고든 핀센트(그랜트)

비로소 아내를 만났습니다. 그런데 피오나가 자기를 알아보지 못하는 게 아닙니까! 처음에는 긴가민가했는데, 결국 자기 생각이 옳다는 사실을 알았습니다. 피오나는 그랜트가 남편이라는 것을 알아보지 못하는 것입니다. 그러니 그랜트의 마음이 얼마나 아팠겠습니까? 더욱이 아내는 병원에서 만난 어브리Aubrey라는 남자와 사랑에 빠졌습니다! 어브리는 병세가 심해서 타고 있는 휠체어를 밀어 줘야만 이동할 수 있을 정도였습니다. 피오나는 그랜트가 와도 아랑곳하지 않고 어브리만 챙겼습니다. 그걸 보는 그랜트는 깊은 아픔을 느낍니다.

그랜트는 피오나를 병원에 보낸 것을 후회하기도 했습니다. 44년이나 함께 살아온 남편을 기억하지 못하는 아내가 다른 남자와 사랑에 빠졌다고 상상해 보십시오! 어브리의 아내가 병원비를 내지 못해 남편을 퇴원시키자 그랜트는 처음에는 좋아했지만, 피오나가 그로 인해 걷잡을 수 없이 심한 우울증에 빠지자 결국 어브리의 아내를 찾아가 그를 다시 입원시켜 달라고 사정했습니다. 참으로 어처구니없는 일이 아닙니까? 이런 그랜트의 심정을 누가 이해할 수 있을까요? 이것은 「어웨이 프롬 허」라는 영화의 이야기입니다.

남녀 간의 사랑은 과연 어떤 것일까요? 부부夫婦라는 것이 무엇이며, 부부의 사랑은 또 무엇일까요? 부모형제보다 가까워 무촌無寸이라고도 하지만, 돌아서면 남이 되어버리는 것이 부부라면 도대체 우리는 그 관계를 어떻게 생각해야 할까요?

처음부터 그랬던 것은 아니다!

하루는 바리새인들이 예수님을 떠보려고 이렇게 물었습니다.

"무엇이든지 이유가 닿기만 하면 남편이 아내를 버려도 좋습니까?"

이상하게 들리겠지만, 저는 가끔 바리새인들에게 고마움을 느낍니다. 비록 이들이 예수님을 많이 괴롭혔고, 첫 그리스도인들과의 사이도 매우 좋지 않았지만, 이들 덕분에 알게 된 것이 적지 않기 때문입니다. 만일 바리새인들이 예수님에게 이런 질문을 하지 않았더라면, 결혼과 이혼에 대한 예수님의 깊은 생각을 우리가 어떻게 알았을까 싶습니다. 예수께서는 성서를 인용하셨습니다.

"처음부터 창조주께서 사람을 남자와 여자로 만드셨다는 것과 또 '그러므로 남자는 부모를 떠나 제 아내와 합하여 한 몸을 이루라' 고 하신 말씀을 아직 읽어 보지 못하였느냐?"

바리새인들이 이 말씀을 왜 안 읽어 봤겠습니까? 수없이 읽고 또 읽어 외울 정도였겠지요. 그런데 이렇게 물으신 이유는 그들이 그 말씀을 잘못 이해하고 있다는 뜻이겠지요. 예수님은 계속해서 말씀하셨습니다.

"따라서 그들은 이제 둘이 아니라 한 몸이다. 그러니 하나님께서 짝지어 주신 것을 사람이 갈라놓아서는 안 된다."

'둘이 한 몸' 이란 말씀은 성서에 있는 말씀이므로 두말할 것이 없는데, '그러니 하나님께서 짝지어 주신 것을 사람이 갈라놓아서는 안 된다.' 라는 말씀은 예수님의 말씀이므로 바리새인들은 이 말씀에 딴죽을 걸었습니다. 그들은 "하지만 모세는 '아내를 버리려 할 때는 이혼장을 써주라.' 라고 했으니 그것은 무슨 까닭입니까?" 라고 끈질기게 들이댔지요. 이에 예수님은 이렇게 대답하셨습니다.

"모세는 너희의 마음이 굳을 대로 굳어져서 아내와 이혼해도 좋다고 하였지만, 처음부터 그랬던 것은 아니다."

모세가 이혼장을 써주고 아내를 버려도 된다고 가르쳤던 데는 까닭이 있습니다. 그것은 이혼당하는 여자에게 최소한의 생존권을 보장하기 위함이었습니다. 당시에는 여자가 이혼을 당하는 일은 곧 생존권을 박탈당하는 것과 같았습니다. 이혼당한 여자는 시집과 친정에서 모두 받아주지 않았기 때문에 살아갈 길이 막막했습니다. 그런데 그녀가 이혼장을 가지고 있으면 재혼할 수 있는 여자라는 의미였으니, 누구든지 그녀를 아내로 삼고 싶으면 그렇게 할 수 있었습니다. 바리새인들이 이 사실을 몰랐을 리가 없는데, 왜 이런 질문을 했는지는 계속 읽어 보면 압니다.

예수님은 절대로 이혼해서는 안 된다고 가르치셨습니까? 바로 다음에 예수님은 "음행한 까닭 외에 아내를 버리고 다른 여자와 결혼하면 간음하는 것이다."라고 말씀하셨는데, 이 말씀을 오늘날 우리가 글자 그대로 받아들여도 되는 것일까요? 그렇다면 남자가 간음하면 어떻게 해야 할까요? 질문이 꼬리에 꼬리를 물고 이어집니다.

우리는 예수님의 말씀을 오늘날 우리네 삶에 글자 그대로 적용하며 살 수는 없습니다. 실제로 우리는 그렇게 살지도 않습니다. 시대 상황이 예수님 때와는 크게 달라졌기 때문입니다.

예를 들면, 예수님 때는 이혼장을 써 주고 이혼할 권리가 전적으로 남자에게만 있었습니다. 여자에게는 이혼을 요구할 권리가 없었습니다. 그때는 아내가 남편의 소유물로 인정됐기 때문입니다. 소유물이 주인에게 무엇을 요구할 수는 없지요.

하지만 지금은 그런 세상이 아닙니다. 세상은 그때와 크게 달라졌습니다. 서구에서 1960년대에 들어와 일어난 큰 변화 가운데 하나는 교육받은 여성과 이혼한 여성이 생겼다는 것이라고 합니다. 지금은 여성이 남성과 똑같이 교육의 기회를 누리고, 남성과 똑같이 이혼할 수 있는 권리를 가지고 있습니다.

그러니 이렇게 달라진 세상에서 예수님의 말씀을 글자 그대로 적용할 수는 없습니다. 하지만 예수님의 말씀이 시대에 뒤떨어졌다고 해서 폐기 처분해야 한다고는 생각하지 않습니다. 그중에서 오늘날에도 적용할 수 있는 원칙적인 내용을 찾아내는 것이 중요한데, 여기서 그 원칙이 '처음부터'라는 말입니다.

예수님은 '처음부터'라는 말을 두 번이나 사용하셨습니다. "처음부터 창조주께서 사람을 남자와 여자로 만드셨다."라고 말씀했을 때와 "(이혼장을 써 주고 이혼하라는 것은) 처음부터 그랬던 것은 아니다."라고 말씀하셨을 때가 그것입니다. '처음부터'라는 말은 단순히 시간적인 의미만이 아니라 근본적인 의미와 목적에 있어서 근원을 가리키는 말씀이므로 사실상 '본래부터'라는 뜻입니다. 예수님이 '처음'으로 돌아가라고 말씀하셨을 때는 '근원으로 돌아가서 생각해 보라'는 뜻으로 읽어야 하겠습니다. 예수님은 비록 모세가 이혼장을 써 주고 아내를 버리는 것을 허락했지만, 그것은 당시 사람들이 악해서 할 수 없이 쓴 비상수단 또는 차선책이었지 '본래부터' 그랬던 것은 아니라는 뜻입니다. 그렇다면 부부 사이에서 '본래는' 어떤 것이었을까요?

이해와 신뢰

부부관계는 사람이 살아가면서 사람들과 맺는 수많은 관계들 중의 하나입니다. 부부관계라고 해서 일반적인 인간관계와 아무 상관없이 별도로 맺어지는 관계는 아닙니다. 일반적인 인간관계의 기본 바탕 위에서 맺어지는 관계가 부부관계입니다.

요즘 흔히 부부관계에서 가장 중요한 것은 '사랑'이라 말하고, 또 사랑이 없는 부부관계는 뭔가 큰 문제가 있다고들 말합니다. 부부관계에서 사랑을 중요시 하다 보니 첫눈에 반한 사랑이라는 로맨스를 이상처럼 여기는 경향까지 나타났습니다.

부부관계에서 사랑은 물론 중요합니다. 하지만 사랑을 순전히 감정으로만 생각해서는 안 됩니다. 감정은 사랑의 극히 일부분일 따름입니다. 사랑은 감정보다 훨씬 큰 그 무엇입니다. 사랑에는 감정만이 아니라 인간의 모든 지적이고 정신적인 능력이 작용합니다. 첫눈에 반한 사랑은 감정적일 가능성이 큽니다. 물론 거기서 사랑이 싹틀 수 있습니다. 그러나 시간이 흐르면서 첫눈에 반해 사랑하게 된 사람은 자기 사랑이 더 크고 넓고 깊은 관계로 발전해 가야 함을 깨닫습니다. 따라서 저는 감정으로서의 사랑보다 더 크고 넓고 깊은 사랑을 '신뢰와 이해'로서의 사랑이라고 생각합니다.

저는 피오나를 향한 그랜트의 마음에서 신뢰와 이해로서의 사랑을 봅니다. 44년 동안 고락을 같이 했지만 병이 들어 자기를 잊어 가고 있는 아내를 향한 남편의 마음을 표현하기에는 단순히 '사랑'이라는 말이 왠지 부족해 보입니다. 아마 사랑이라는 말이 너무 값싸게 사용되고 있는 세태 탓일 수도 있겠지요. 저는 44년의 세월 동안 쌓아 온 이해와 신뢰가 그랜트의 한결같은 사랑을 더 잘 표현 해주는 말이라고 생각합니다.

바리새인들이 이혼장을 써 주고 아내를 버려도 되느냐고 물었을 때는 사랑이 부부관계에서 중요한 요소가 아니었습니다. 하지만 그때도 부부관계에서 가장 중요한 요소는 이해와 신뢰였을 것입니다. 첫눈에 반한 사랑을 믿는 사람이 64.1%이든 11%이든 변하지 않는 사실은 부부관계를 포함하여 모든 인간관계에서 가장 중요한 것은 이해와 신뢰라는 사실입니다. 나는 그(그녀)를 이해할 수 있어야 합니다. 나는 그녀(그)를 신뢰할 수 있어야 합니다. 이와 똑같이 나는 그(그녀)에게 이해를 받아야 하고, 그녀(그)의 신뢰를 받을 수 있어야 합니다. 왜냐하면 예수님 말씀대로 남자와 여자는 이제 둘이 아니라 하나이기 때문입니다.

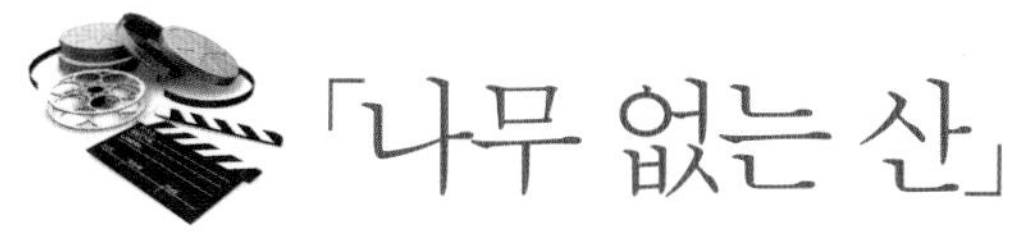

「나무 없는 산」

…무엇을 언제까지 기다려야 하나?

예수께서는 이렇게 말씀하셨습니다.

“여자가 해산할 즈음에는 걱정이 태산 같다. 진통을 겪어야 할 때가 왔기 때문이다. 그러나 아이를 낳으면 사람 하나가 이 세상에 태어났다는 기쁨에 그 진통을 잊어버리게 된다.”(요한 16:21)

흔히 아주 고통스러운 일을 출산의 진통에 비유합니다. 세상에서 아기를 낳을 때처럼 큰 고통을 겪는 일은 없다는 뜻입니다. 저의 스승이셨던 안병무 선생님은 남자들의 치명적인 결점은 아기를 낳아볼 수 없다는 것이라고 말씀하시곤 했습니다. 생명을 잉태해서 아홉 달 동안 태에 품은 다음에 그 생명을 세상에 내놓을 때 겪는 아픔은 그 어떤 아픔과도 비교할 수 없이 크다는 것이지요.

또한 선생님께서는 출산은 생명을 탄생시키는 ‘거룩한 고통’인데, 그 중차대한 일을 남자는 경험해 볼 수 없기 때문에 ‘남자들이 여자들에

「나무없는 산」, 2008년
감독 | 김소영
주연 | 김희연(진), 김성희(빈)

비해 철이 없는 것'이라고 말씀하시곤 했습니다. 반 농담처럼 말씀하셨지만, 농담으로 받아들일 수 없었습니다.

그런데 그렇게 낳아 기르던 아이를 직접 키울 수 없어 남에게 보내야 한다면, 그 엄마의 고통은 얼마나 클까요? 그 고통의 크기를 누가 잴 수 있겠습니까? 아이를 낳을 때의 고통 못지않게 클 것이라고 추측합니다. 김소영 감독의 영화 「나무 없는 산」은 그렇게 엄마의 품을 떠나 다른 사람의 손에 맡겨진 두 자매에 관한 이야기입니다.

버려진 아이들

아버지 없이 엄마와 살고 있던 사랑스러운 두 자매 진과 빈은 어려워진 가정 형편 때문에 홀로 두 아이를 키우기가 힘들어진 엄마에 의해 지방의 작은 도시에 사는 고모에게 맡겨집니다. 엄마는 영화가 끝날 때까지 한 번도 등장하지 않는 아빠를 찾아 떠나는데, 그렇게 떠난 엄마조차 영화가 끝날 때까지 다시 등장하지 않습니다. 진과 빈은 엄마의 의도는 그렇지 않다 할지라도 사실상 버려진 셈입니다.

진과 빈을 맡게 된 고모의 형편도 어렵기는 매 한 가지입니다. 그녀는 매일 신세를 한탄하며 술만 마실 뿐이고, 자매를 거의 돌보지 않습니다. 고모의 무관심 속에서 진과 빈은 때로는 끼니를 굶기도 합니다. 엄마는 떠나면서 아이들에게 돼지 저금통을 건네주고, 저금통이 꽉 차면 돌아온다고 약속합니다. 자매는 이 약속을 철석같이 믿고 열심히 저금통을 채워 가지요. 심지어 메뚜기를 잡아 그것을 구워 팔기도 하고, 저금통을 채우면 된다고 생각해서 500원짜리 동전을 100원짜리 동전으로 바꾸어 넣기도 합니다.

저금통은 나날이 채워지고 무거워집니다. 하지만 저금통이 꽉 차던 날, 아이들의 기대와는 달리 엄마는 돌아오지 않았습니다. 그리고 얼마 뒤에 자매는 시골 할머니에게 맡겨집니다. 고모에게 자매는 책임지고 돌봐야 할 불쌍한 조카들이 아니라 가뜩이나 어려운 살림살이를 더 힘겹게 만드는 짐스러운 존재일 따름입니다. 주위 사람들에게 부담스러운 짐일 뿐인 진과 빈, 이 작고 가련한 아이들이 머물 곳은 어디일까요?

기다리는 사람들

영화를 보면서 자연스럽게 떠오른 성서의 말씀은 요한복음 16장이었습니다. 영화에서는 엄마가 떠난 후 다시는 돌아오지 않았고, 이야기는 아이들을 중심으로 전개됩니다. 반면에 요한복음에서는 영화의 자매에 해당하는 제자들은 가만히 듣기만 하고, 엄마에 해당되는 예수께서 주로 말씀하시는 차이가 있습니다. 하지만 누군가가 떠나면서 사랑하는 사람에게 다시 돌아올 것을 약속한다는 점에서 두 이야기가 자연스럽게 오버랩 되었습니다. 예수님은 앞에서 인용한 출산하는 여자 이야기에 이어서 이렇게 말씀하셨습니다.

"이와 같이 지금은 너희도 근심에 싸여 있지만 내가 다시 너희와 만나게 될 때에는 너희의 마음이 기쁨에 넘칠 것이며 그 기쁨은 아무도 빼앗아가지 못할 것이다." (요한 16:22)

초대교회의 역사는 '기다림의 역사'라고 말할 수 있습니다. '곧' 다시 오신다는 예수님의 말씀을 믿고 그날이 오기만을 기다리면서 온갖 박해를 견딘 사람들의 역사가 초대 그리스도인들의 역사였습니다. 예수께서는 당신을 기다리는 동안 제자들에게 고통스러운 일들이 많이 일어나리라고 예고하셨습니다. 세상은 그들을 미워할 것이고(요한 15:18), 박해할 것이며(요한 15:20), 회당에서 쫓아낼 터인데 그들은 그런 짓이 하나님을 섬기는 일이라고 생각할 것이리라 말씀하셨습니다(요한 16:2). 예수께서 미리 이런 말씀을 하신 까닭은 그런 일들이 닥치면 당신의 말씀을 기억하고, 이상하게 생각하지도 말고, 낙담하지도 말라는 데 있다고 하셨습니다.

첫 그리스도인들은 이렇듯 세상으로부터 지독하게 미움과 박해를 받았지만, 영화 속의 자매는 주위 사람들의 지독한 무관심 속에서 고통을 겪습니다. 아프다는 말도 못하고, 어찌 보면 담담한 듯 표정 없는 얼굴이 보여주는 자매의 아픔은 세상이 그들에게 전적으로 무관심한 것에서 비롯됩니다. 이러한 상황은 「나무 없는 산」이라는 영화 제목에서 누구나 알아볼 수 있을 정도로 충분히 드러나 있습니다.

영화에서 유난히 기억에 남는 장면들이 있습니다. 두 자매가 뿌리를 내릴 수 없는 마른 나뭇가지를 둔덕에 꽂으며 그 나무가 자라기를 바라는 장면과 고모가 엄마에게서 왔다며 편지를 읽어 주는 장면입니다. 사정이 여의치 않아 곧 돌아오기 힘들다는 내용의 편지는 사실 더 이상 아이를 키울 수 없다고 판단한 고모가 쓴 가짜 편지였는데, 진은 그 사실을 단박에 알아차리고 엉엉 웁니다. 저는 이 장면을 보면서 신앙을 지키기 위해 박해를 무릅쓰며 심지어 순교까지 마다하지 않았던 첫 그리스도인들이 요한복음 16장의 말씀을 어떻게 읽었을까 생각해 봤습니다.

"나는 너희가 내게서 평화를 얻게 하려고 이 말은 한 것이다. 너희는 세상에서 고난을 당하겠지만 용기를 내어라. 내가 세상을 이겼다."(요한 16:33)

첫 그리스도인들에게 예수께서 세상을 이겼다는 말씀은 어떤 의미였을까를 생각해 봅니다. 박해가 계속되고, 죽음이 이어지는 상황에서 예수의 승리 선언을 그들은 어떻게 받아들였을까요?

영화 「나무 없는 산」의 가장 큰 미덕은 지나칠 정도의 사실주의, 어느 구석에서도 헛된 장밋빛 환상을 허락하지 않는 냉정함입니다. 진과 빈은 늘 배가 고픕니다. 심지어 이들이 음식을 먹고 있을 때도 배고픔이 느껴질 정도입니다. 상냥한 이웃집 아줌마도 있지만 아이들의 표정은 결코 따뜻해지지 않습니다. 영화는 자주 아이들의 얼굴을 클로즈업해서 보여주는데, 아이들은 연기를 하는지 연기를 하지 않는지 판단하기 어려울 정도로 자연스러워서 더욱더 보는 이의 가슴을 아프게 합니다.

절망 속에서 피어난 희망

영화에서 실낱같은 희망이라 할 수 있는 사건은 고모가 엄마에게서 왔다며 거짓 편지를 읽어 주고 나서 진과 빈을 시골의 할아버지, 할머니

집으로 보낸 것입니다. 자매는 고모에 의해 다시 한 번 버려진 것이지요. 시골로 가는 버스 안에서 진은 동생에게 "엄만 안 와, 바보야."라고 말합니다. 진은 그간에 겪은 일들을 통해 이 사실을 깨닫게 된 것입니다. 진은 할머니에게도 "엄마는 거짓말쟁이야!"라고 말하는데, 할머니는 "앞으론 그런 말하면 안 된다."라고 타이릅니다.

이런 상황이 희망일 수 있는 것은 시골 풍경 때문입니다. 두 노인이 살고 있는 시골의 풍경은 고모 집이 있는 지방의 소읍보다 더 단조롭고 소리도 거의 들리지 않습니다. 요즘 영화에서 점점 더 비중이 커지고 있는 음악을 전혀 쓰지 않았는데도, 보는 이의 마음을 푸근하게 만들어 줍니다. 아이들에게도 그럴 거라는 생각을 불러일으킵니다.

물론 시골에서도 아이들의 삶이 좋아지지는 않습니다. 그들은 여전히 배가 고프고, 엄마도 고픕니다. 하지만 거기에는 "얘들아, 이리 오너라. 이거 좀 먹어 봐라."라고 부르는 할머니가 있습니다. 별것 아닌 귤 조각이지만 거기에는 아이들을 부르는 목소리가 있고, 아이들과 나란히 걷는 할머니가 있습니다. "할머니가 오래." 빈이 언니 진을 부릅니다. 둘이 달려가 보니 할머니가 일손이 필요해서 아이들을 부른 것이었습니다. 아이들은 할머니와 함께 밀가루를 반죽하기도 하고, 할머니가 끌고 가는 리어카를 뒤에서 밀기도 합니다. 둘은 할머니의 친구이자 가족이 되었습니다. 아주 자연스럽게 말입니다.

만일 첫 그리스도인들로 하여금 박해와 순교를 무릅쓰게 만든 것이 '곧 다시 오겠다'는 예수의 약속이 전부였다면, 그리고 그 '곧'이라는 시점이 자기들 생전에 또는 그 후 수십 년을 넘지 않으리라고 확신했다면, 예수의 다시 오심을 보지 못하고 죽어간 사람들은 억울함과 분노에 제대로 눈도 못 감고 죽지 않았을까요? 고난과 박해를 무릅써 가며 죽음까지 불사했는데, 철썩 같이 믿었던 예수의 재림이 일어나지 않았으니 '속았다'는 생각에 말입니다. 그런데 실제로는 그렇지 않았습니다.

첫 그리스도인들이 박해를 받으면서도 기쁨을 잃지 않았던 것은 박해의 시간이 지나가면 기쁨과 구원의 시간이 올 것이라고 믿었기 때문이 아닙니다. 물론 그런 믿음이 전혀 없었다고는 말하지 못해도 눈물과 박해와 죽음으로 점철된 1막이 끝나면 기쁨과 구원의 잔치인 2막이 열릴 것으로 믿었기 때문에 1막이 진행되는 동안 이를 악물고 참는 것으로 일관하지는 않았다는 이야기입니다. 그들이 박해와 죽음 속에서도 기뻐할 수 있었던 이유는 박해의 시간 속에서도 기뻐할 이유가 있었기 때문입니다. 말장난 같지만 그렇지 않습니다. 그들은 박해의 시간이 지나면 기쁨의 시간이 온다고 믿었기 때문이 아니라 박해의 시간을 살면서도 그 속에서 그것을 이겨낼 만큼 충분히 기쁨과 구원을 만끽했다는 말입니다. 말하자면 그들은 1막과 2막을 동시에 살았던 것이고, 1막을 살면서도 2막을 미리 당겨서 경험했다는 말입니다. 이렇듯 미리 맛보았던 기쁨 때문에, 비록 그것이 맛만 본 것에 불과했더라도 미래에나 일어날 일이 아니라 지금 당장 맛볼 수 있었기에 1막을 2막을 사는 것처럼 살 수 있었던 것입니다.

진과 빈은 결국 엄마가 오지 않을 것이라는 사실을 알았습니다. 엄마가 원하건 원하지 않건 엄마를 다시 만날 수 없다는 사실을 적어도 진은 어렴풋이나마 깨닫게 됐지요. 사실 진은 고모와 살고 있을 때 이미 깨닫고 있었습니다. 그 깨달음은 진을 견딜 수 없을 정도로 아프게 했습니다. 왜 그렇지 않겠습니까. 엄마에게서 떨어져 나간 아이의 아픔이 아이를 버릴 수밖에 없는 엄마의 아픔보다 작다고 볼 수는 없습니다. 그 아픔을 단지 표정만으로 표현해 낸 아이들이 놀랍습니다.

그런데 시골에서 할아버지, 할머니와 살면서 자매에게는 놀라운 변화가 일어났습니다. 하루는 진과 빈이 할머니에게 겨울 신발을 사 달라고 이야기하다가 할머니 신발에 구멍이 나 있는 걸 발견했습니다. 아이들은 엄마를 기다리며 동전으로 채운 돼지 저금통을 할머니에게 내밀며 그 돈으로 신발을 사라고 말합니다. 저는 이 장면에서 큰 감동을 받았습니다. 이제 아이들은 더 이상 엄마를 기다리지 않음을 보여주는 장면입니다. 그 대신 아이들 곁에는 할머니가 있습니다. 그 할머니는 어린 자기들을 돌봐 주는 '보호자'인 동시에 자신들의 2막을 상징하는 돼지 저금통을 깨서 그 돈으로 무엇인가를 해주고 싶은 '가족'이기 때문입니다.

영화는 시종 진과 빈을 냉정한 시선으로 그저 지켜보기만 합니다. 관객에게 동정심을 불러일으키려는 의도가 전혀 없어 보입니다. 이처럼 건조한 시선은 영화의 마지막 장면까지 줄기차게 이어집니다. 그런데 어느 순간부터, 정확하게는 자매가 시골에 살게 된 후부터는 똑같이 냉정한 카메라의 시선에서 왠지 따사로운 기운이 느껴집니다. 아이들의 무표정에서 표정이 느껴지고, 똑같이 건조한 말투에서 촉촉한 물기가 느껴집니다. 아이들이 '가족'을 만났던 것입니다. "꼭 돌아올게."라는 엄마의 약속에서 느끼지 못했던 그 무엇을 "얘들아, 이리 오너라."라는 할머니의 부름에서 느꼈던 것입니다.

박해와 죽음을 무릅쓰고 신앙을 지켰던 첫 그리스도인들은 "곧 다시 오겠다."라는 예수의 말씀을 "나는 결코 너희를 떠나지 않겠다."라는 뜻으로 들었을지도 모른다는 생각을 해봅니다. 그래서 그들의 1막은 곧 2막이었던 것입니다.

> "아직도 나는 할 말이 많지만 지금은 너희가 그 말을 알아들을 수 없을 것이다. 그러나 진리의 성령이 오시면 너희를 이끌어 진리를 온전히 깨닫게 하여 주실 것이다." (요한 16:12-13)

「아빠의 화장실 The Pope's Toilet」

… 욕망과 희망 사이의 거리

브라질과 국경을 맞대고 있는 우루과이의 '멜로'라는 작은 마을에 사는 베토는 밀수꾼입니다. 그에게는 아내 카르멘과 딸 실비아가 있습니다. 베토가 밀수꾼이라고는 하지만 총기류나 마약 같은 엄청난 물건을 거래하는 밀수꾼은 아닙니다. 그는 마을에 있는 조그만 가게에서 의뢰를 받으면, 자전거를 타고 국경을 넘어간 다음 브라질 마을에서 식료품이나 생필품을 사다가 의뢰한 가게에 가져다주고 약간의 수수료를 챙기는 지극히 '소박한' 밀수꾼일 뿐입니다.

베토의 아내 카르멘은 세탁물을 다림질해 주면서 약간의 돈을 벌고 있습니다. 베토의 딸 실비아는 지긋지긋하게 가난한 멜로 마을을 벗어나 수도 몬테비데오에 있는 학교에 진학하는 것, 그리고 졸업한 후에는 라디오 방송국의 아나운서가 되는 것이 꿈입니다.

한 방에 인생 역전?

멜로 마을의 많은 사람들이 베토처럼 밀수업에 종사하는데, 국경수비대의 검문 때문에 낭패를 보는 일이 허다했습니다. 밀수가 불법이므로 할 말은 없지만, 그것 말고는 딱히 먹고 살 방도가 없기 때문에 가끔은 군인들에게 물건을 빼앗기기도 하고, 때로는 모욕을 당하면서도 마을 사람들은 그 일을 할 수밖에 없었습니다.

그런 멜로 마을에 일확천금은 아니지만 적지 않은 목돈을 벌 기회가 찾아왔습니다. 마을 전체가 술렁거리기 시작했는데, 그 목돈을 벌 기회란 교황 요한 바오로 2세가 멜로 마을을 방문하는 사건이었습니다. 신문과 라디오는 물론 텔레비전의 거의 모든 뉴스가 연일 교황 방문 기사로 채워졌습니다. 언론에서는 브라질에서만 적게는 2만 명에서 많게는 무려 20만 명의 사람들이 교황을 보기 위해 멜로 마을로 몰려올 것이라고 보도했습니다.

이러한 언론 보도에 마을 사람들이 들뜨지 않는다면 이상한 일이겠지요. 그들은 이 기회에 한몫 잡으려고 나름대로 머리를 굴리기 시작했습니다. 누구는 빵을 만들어 팔겠다고 하고, 누구는 소시지를 만들어 팔겠다고 하고, 또 어떤 사람은 솜사탕을 만들어 팔겠다고 부산을 떱니다. 하지만 가난한 마을 사람들에게는 그런 '사업'을 시작할 돈이 있을 리 없습니다. 그들은 모아 두었던 돈을 끄집어냈고, 그래도 부족한 사람들은 집을 담보로 돈을 빌려서 물건을 사들였습니다. 교황 방문으로 조성된 특수特需에 자기 운명을 걸었던 것입니다.

베토는 입만 열면 "나는 머리를 쓸 줄 아니까……"라고 으스대는 사람입니다. 처음에 그는 부산을 떠는 마을 사람들을 비웃었지만, 막상 교황 방문 날짜가 다가오자 끝내 '한탕'의 유혹을 이기지 못합니다. 머리를 쓰는 베토가 생각해 낸 아이템은 바로 '유료 변소'였습니다. 사람은 먹으면 배설하게 되어 있으니 집 앞에 그럴듯한 변소를 하나 지어서 사용료를 받겠다는 것이지요.

하지만 베토에게는 변소를 만들 돈과 자재가 없었습니다. 그는 온갖 수단을 동원해서 돈을 마련했습니다. 딸의 학비에 보태려고 아내가 저축해 놓은 돈까지 변소를 짓는 데 털어 넣었습니다. 변기 등 자재를 구하기 위해 국경 수비대원과 검은 거래도 했습니다. 그렇게 해서 베토의 '유료 변소' 사업은 어려움 속에서도 잘 진행됐습니다. 교황 방문 전까지는 변소를 완성할 수 있을 것 같았습니다.

동네 개들만 호사한 잔치

드디어 교황이 방문하는 5월 8일이 됐습니다. 마을 사람들은 TV를 집 앞에 내놓고 화면을 뚫어질듯 바라보며 이제나저제나 군중들이 지나가기만을 기다립니다. 그런데 2만 명이네 20만 명이네 하던 방문객은 겨우 8천 명에 불과했습니다. 게다가 대부분은 멜로 마을과 인근 마을 주민들이었고, 외지인은 4백여 명밖에 되지 않았습니다. 그중에 기자들이 3백여 명 정도였으니, 구매력을 가진 외지인은 거의 없다고 할 정도였습니다.

집을 저당 잡힌 돈으로 노점을 차렸던 마을 주민들이 얼마나 허탈했을지는 안 봐도 뻔합니다. 베토의 유료 화장실을 이용한 사람은 한 사람도 없었습니다. 팔지 못한 소시지는 동네 개들의 주린 배를 채워 주었고, 소시지 상점 주인은 정성껏 만든 소시지를 동네 개들이 먹는 광경을 속절없이 바라봐야만 했습니다. 목돈을 쥐어 보겠다는 마을 사람들의 꿈은 이렇게 거품처럼 사라지고 말았습니다.

일이 그렇게 된 후 마을 사람들이 저녁에 주막에 모여 교황 방문 소식을 전하는 텔레비전 뉴스를 보고 있었습니다. 교황은 인자한 미소를 지으며 "노동은 단지 먹고 살기 위해서만 수행되어서는 안 됩니다."라거나 "우루과이 여인들의 헌신에 감동했습니다."라고 말씀합니다. 이 장면을 보고 있던 베토는 화를 참지 못한 채 교황의 얼굴이 나오는 TV 화면에 술잔을 던져버렸습니다.

「아빠의 화장실(El Bano Del Papa, The Pope's Toilet), 2007년
감독 | 세자르 샬론, 엔리케 페르난데스
출연 | 버지니아 멘데즈, 버지니아 루이즈, 마리오 실바, 세자르 트론코소

위의 이야기는 2007년에 우루과이에서 제작된 영화의 줄거리로서, 제목은 「교황의 변소」 또는 「아빠의 화장실」로 번역할 수 있습니다. 이 영화는 1988년 5월 8일에 실제로 있었던 일을 바탕으로 제작되었다고 합니다. 교황은 겨우 10여분 정도 마을에 머물다 가버렸고, 훗날 다시 오겠다고 약속했지만 그 약속도 지켜지지 않았습니다.

'인생역전人生逆轉'은 가난한 사람들의 꿈입니다. 복권에 당첨되어 한 방에 가난과 불행을 씻어버리고 싶은 욕망을 가진 사람들도 많습니다. 복권 당첨자는 불행해진다는 소문도 있지만, 그런 소문이 인생역전의 욕망을 가로막지는 못합니다. 그 소문 때문에 당첨된 복권을 찢어버리는 사람은 아마 없을 것입니다. 영화 속 주인공 베토를 비롯해서 교황 방문에 때를 맞춰 한 밑천 잡아보려던 멜로 마을 사람들도 비슷한 꿈을 꿨습니다. 그들을 나무랄 수만은 없지만 꿈과 욕망에도 염치라는 것이 있는 법이고, 무엇을 꿈꾸고 무엇을 욕망하느냐가 모두 다 같지는 않습니다.

사실 멜로 마을 사람들이 대단한 꿈을 꾸지는 않았습니다. 힘들게 자전거를 타고 밀수업에 종사하던 베토의 꿈은 호화 요트나 빌딩을 사는 것이 아니었습니다. 그는 다리 관절이 좋지 않았으므로 돈을 벌면 작은 오토바이를 한 대를 사서 좀 더 편하게 일하고 싶어 했고, 딸아이의 학비를 보태 주고 싶어 했을 뿐입니다. 고작(!) 그 정도의 꿈을 꾸고 있었던 것이죠. 베토의 아내 카르멘의 꿈은 더 소박합니다. 교황이 방문하기 전날 밤에 베토 부부는 돈이 생기면 뭘 하고 싶은지에 대해 이야기를 나눕니다. 카르멘은 돈이 생기면 세탁용 녹말을 사고, 전기세를 내고 싶다고 했습니다. 소박하다 못해 초라한 꿈 아닙니까?

마을 사람들이 품고 있던 꿈도 그리 대단한 것이 아니었습니다. 아마 베토 부부의 꿈과 비슷했을 것입니다. 그들은 대부분 가톨릭 교인들이었습니다. 별 일 아닌데도 자주 성호聖號를 긋곤 했던 그들은 교황 방문을 계기로 해서 돈을 벌어 보겠다고 했던 것에 대해 죄책감도 느낍니다. 하지만 일생에 한 번 올까말까 한 돈벌이 기회였던 만큼 그들은 애써 죄책감을 덮어버립니다. 얼마나 순진한 사람들입니까! 영화에는 잘생긴 남자 배우나 예쁜 여자 배우가 한 사람도 등장하지 않지만, 제 눈에는 마을 사람 모두가 눈물 나게 예쁘게 보였습니다.

이 모든 일은 언론의 호들갑에서 시작됐습니다. 가난하지만 서로 돕고 의지하고, 티격태격하면서도 정겹게 살아가던 마을 사람들의 삶에 돌멩이를 던진 것은 언론이었습니다. 교황이 작은 시골 마을을 방문하는 것이 뉴스거리이기는 합니다. 하지만 수만 명 또는 수십만 명이 모여들 것이라는 근거 없는 소문을 언론이 무책임하게 남발하는 바람에 순진한 마을 사람들만 들떴던 것입니다.

영화는 가톨릭 교인들에게는 그 무엇보다 성스러운 행사인 교황의 방문과 언론의 호들갑이 찢어지게 가난하지만 가족 간에 정이 있고, 이웃이 있는 정겨운 삶을 살아가던 멜로 마을 사람들에게 어떤 파문을 일으켰는지, 그들에게서 무엇을 빼앗아갔는지를 잘 보여줍니다. 여기서 교황은 가톨릭뿐만 아니라 모든 종교를 상징하는 것으로 읽을 수 있습니다. 결과적으로 교황은 마을 사람들에게 아무런 희망도 주지 못하고 헛된 욕망만 부추겨 놓고 가버렸습니다. 교황이 시종일관 해맑은 미소를 짓는 동안, 가난한 마을 사람들은 그 덕분에 조성된 거품의 소용돌이에 휩쓸려 들어갔던 것입니다.

종교가 일확천금의 헛된 욕망만 불어넣는 것이라면…

영화를 보고 나서 이 시대에 종교가 하는 일이 무엇인지를 물어봅니다. 종교는 도대체 무엇이고, 사람들에게 무슨 일을 하고 있습니까? 대부분의 종교는 자기도 뭔지 정확하게 모르면서 그 어떤 대단한 일이 일어날 것이라는 예고를 남발하고, 한편으로는 그것으로 사람들을 협박하고, 다른 한편으로는 사람들에게 헛된 욕망을 불어넣어 주면서 호들갑스럽게 떠들어대지는 않습니까? 그렇게 함으로써 묵묵히 소박하고 성실하게 정겨운 삶을 살아가는 사람들에게 일확천금과 한 방에 인생을 역전시키려는 헛된 꿈을 불어넣어 주고 있지는 않습니까? 만일 이런 것이 종교라면 우리는 그런 종교를 당장 버려야 마땅합니다.

지금으로부터 30여 년 전에 제 스승이셨던 안병무 선생님께서 색다른 논문을 한 편 발표하셨습니다. 선생님은 1970년대 유신헌법 시대에 하고 싶은 말도 자유롭게 하지 못한 채 진실이 억압당하고 있을 때, 유언비어流言蜚語가 시대의 진실을 전달하는 역할을 했음에 착안해서 주후 1세기 예수님의 부활 소식은 '저들이 십자가에 매달아 죽인 예수가 부활했다더라.' 하는 식으로 민중의 입에서 귀로 유언비어처럼 퍼져 나갔다고 주장했습니다. 글이나 설교가 아니라 유언비어가 예수의 부활 소식을 최초로 전한 도구였다는 이야기입니다.

실제로 예수님의 부활 소식이 그런 식으로 전해졌는지는 누구도 알 수 없고, 입증할 수도 없지만 저는 영화를 보면서 그 논문이 떠올랐습니다. 첫 그리스도인들에게 유언비어와 루머로 전해진 예수님의 부활 소식과 교황 방문 소식을 언론이 떠들썩하게 만들어낸 루머 사이에는 2천 년이라는 시간의 간격 이상의 것이 게재되어 있다고 생각했습니다.

예수님의 부활 소식을 처음 들었던 사람들도 가난한 갈릴리 민중이었고, 교황의 방문 소식을 들었던 사람들도 멜로 마을의 가난한 민중이었습니다. 하지만 예수 부활의 루머는 갈릴리 민중들로 하여금 억압과 소극성을 떨쳐버리고 일어나 하나님 나라 운동의 주역이 되게 하는 '인생역전'을 이루었던 데 반해서, 교황 방문 루머는 멜로 마을 사람들로 하여금 집을 저당 잡혀 빚을 내서라도 한 밑천 잡아보겠다는 '한 방 인생역전'의 꿈을 꾸게 만들었습니다. 참으로 아이러니한 일 아닙니까!

종교는 인생역전을 가능하게 하는 '한 방'입니까? 첫 그리스도인들에게 모든 것을 잃어도 그것 하나만 있다면 행복해 마지않았던 부활의 희망을 안겨 주었던 하나님 나라 복음의 '루머'가 어떻게 하다가 2천 년 후에는 한 방에 인생역전을 이루겠다는 헛된 욕망을 만족시켜 주는 '루머'가 되어 버렸을까요? 꿈과 희망에도 품격과 염치가 있다고 했습니다. 꿈과 희망이라고 다 좋은 것은 아닙니다. 많은 사람들이 끝 간 데 없는 욕망을 꿈이라고 주장합니다. 밑바닥을 모르는 욕망이 희망인 줄 착각하고 살아가는 사람들이 참 많습니다.

자족하는 신앙

빌립보서 4장에서 바울은 이렇게 말했습니다.

내 처지가 어려워서 이런 말을 하는 것은 아닙니다. 나는 어떤 처지에서도 자족하는 법을 배웠습니다. 비천하게 살줄도 알며 풍족하게 살줄도 압니다. 배부르거나 배고프거나 넉넉하거나 궁핍하거나 그 어떤 경우에도 적응할 수 있는 비결을 알고 있습니다. 나에게 능력을 주시는 분을 힘입어 나는 무슨 일이든지 할 수 있습니다.

'자족自足'이란 말은 말 그대로 스스로 만족한다는 뜻입니다. 외부에서 무엇인가가 주어져서 그것 때문에 만족하는 것이 아니라 스스로 자가발전해서 만족하는 것입니다. 곧 만족의 조건을 스스로 만들어내는 것이 곧 '자족'입니다. 만족의 조건이 내 밖에 존재하는 것이 아니라 내 안에 존재하는 것입니다.

지금 자기가 놓여 있는 처지에 만족하는 사람은 그리 많지 않습니다. 불만스러운 점이 있고, 충족되지 않은 욕망이 있게 마련입니다. 사람의 욕망은 쉽게 무시할 수도 없고, 쉽게 통제되지도 않습니다. 조금이라도 더 갖고 싶은 것이 인지상정입니다. 많이 갖고 있는 사람도 그러한데 적게 가진 사람의 경우는 오죽하겠습니까? 그러니 '조금 더 가져도 될까?'라고 자문해 봄으로써 욕망을 자신의 양심에 비추어 보고 살피는 일은 아름답습니다.

많이 가졌든 조금 가졌든 항상 감사하는 마음을 잊지 말았으면 좋겠습니다. 내가 지금 가지고 있거나 누리고 있는 것에 대해서 하나님께 감사하고, 가족에게 감사하고, 같이 일하는 사람들에게 감사하고, 이웃과 더불어 모르는 사람들에게까지 감사하는 마음을 잃지 말았으면 좋겠습니다. 신앙은 끝 모를 욕망을 충족시키려고 노력하는 것이 아닙니다. 신앙은 지금 내가 가지고 있거나 누리고 있는 것에 대해 불평하지 않고 감사히 받아들이는 마음입니다. 앞으로 나아가고, 더 많은 것을 추구하되 분명한 목적을 가지고 추구하는 자세가 필요합니다.

영화에서 가장 인상적인 장면은 교황 방문 직전에 마을 사람들이 손님맞이를 위해 준비하는 광경입니다. 며칠 동안 잠도 못 자고 만들어 놓은 음식들을 길가에 내놓고 사람들을 기다리는 마을 사람들의 표정은 그 어떤 종교 행사에 참석한 사람 못지않게 근엄합니다. 이들은 아마 이때만큼 간절히 기도해 본 적이 없었을 것입니다. 그 시각에 베토는 변기를 자전거에 싣고 땀을 뻘뻘 흘리며 페달을 밟고 있습니다. 중간에 일이 잘못돼서 자전거를 빼앗기는 바람에 변기를 어깨에 짊어지고 헐떡거리며 뛰어야 했습니다. 가족들은 변기가 제 시간에 도착하지 않을까 봐 발을

동동 구르고, 베토는 변기를 짊어지고 숨이 턱에 닿도록 뛰고…….

영화감독은 마을 사람들에게 이 순간이 그 어느 때보다 숭고했음을 보여주려는 것 같습니다. 모든 일이 허사였음이 밝혀지는 데는 채 한 시간도 걸리지 않았지만 말입니다. 기대에 미치지 못한 소수의 방문객들이 다 지나간 후 멜로 마을 사람들은 허탈에 빠졌습니다. 한 사람이 이웃에게 묻습니다.

"뭐 좀 팔았어?"

이웃이 대답합니다.

"그저 내 영혼을 악마에게 팔아넘겼을 뿐이지!"

하지만 꼭 그렇지만은 않았습니다. 적어도 베토의 가족에게는 그렇습니다. 베토의 가족은 유료 화장실 사건을 겪은 후 변했습니다. 다음날 베토는 당장 생계를 위해 자전거를 타고 일하러 나갑니다. 딸 실비아는 라디오 방송국 아나운서가 되겠다는 꿈을 접고 아버지를 따라나섭니다. 실비아는 방송이란 것이 근거 없는 보도를 제 마음대로 부풀려서 해놓고 아무런 책임도 지지 않는다는 사실을 알게 된 것이지요. 영화는 그런 남편과 딸을 카르멘이 묵묵히 바라보는 장면을 그녀의 뒤에서 보여줍니다.

가난만 사람을 피폐하게 만드는 것은 아닙니다. 자신을 속이는 양심도 가난 못지않게 사람을 피폐하게 만들 수 있습니다. 한 방에 인생역전을 노리는 거짓된 신심이 사람을 얼마나 피폐하게 만드는지를 한 번쯤 생각해 볼 일입니다.

군중은 모두 떠나갔습니다. 그들은 앞으로도 다시 오지 않을 것입니다. 교황도 약속과 달리 다시는 마을에 오지 않을 것입니다. 이제는 아무것도 남아 있지 않습니다. 아! 그렇지는 않네요. 남아 있는 것이 있네요. 바로 '아빠의 변소'입니다. 그 동네에서 가장 럭셔리한 변소가 베토의 집 앞에 보란 듯이 서 있습니다. 영화의 마지막 장면은 한 할머니가 그 변소에서 볼일을 보고 나와 돈 통 안에 '딸랑!' 하고 동전 한 닢을 넣는 장면입니다. 그녀가 첫 손님이었습니다.

인생역전의 한 방과 자족하며 사는 삶. 일거에 모든 것을 뒤집어 놓으려는 시도와 밀가루 반죽에 조용히 스며들어 반죽 덩어리를 부풀려 놓는 누룩. 우리네 신앙은 어느 편이 되어야 할까요?

「밀양」

…비밀스런 빛

몇 년 전에 뉴욕의 한 교회를 목회하던 목사가 주일예배 시간에 "간음죄를 범해 하나님 앞에 7계를 어겼다."라고 직접 고백한 일이 있었습니다. 그 교회를 30년 가까이 별 무리 없이 목회해 온 목사의 고백이어서 많은 교인들이 놀라움을 금치 못했습니다. 그는 이렇게 말했다고 합니다.

"나는 간음죄를 지었으며, 진정으로 회개했습니다. 하나님께서 용서해 주셨지만, 성도들 앞에서 고백하기 위해 나왔습니다. 하나님께서 다윗도 용서하시고, 간음한 여인도 용서하셨듯이 저도 용서하셨습니다. 성도들 앞에서 용서를 구하고자 합니다."

목사가 흐느끼듯 말하는 동안 중간 중간에 한숨을 내쉬는 교인들도 있었고, 특히 나이 많은 교인들은 "아멘!" 하면서 동정적인 반응을 보였으며, 발언이 끝나자 교인들은 목사에게 박수를 보냈다고 합니다. 이 사태는 결국 목사가 사임하는 것으로 일단락되었고, 그 후의 소식은 듣지 못했습니다.

죄의 고백과 하나님의 용서

교회도 사람이 모이는 곳이므로 불미스런 일이 없을 수는 없습니다. 목회자와 교인이 부적절한 관계를 맺는 일도 적지 않습니다. 제가 이 이야기를 꺼낸 까닭은 목사의 발언 중에 눈에 띄는 대목이 있기 때문입니다. 그는 스스로 7계명을 범했다고 고백했습니다. 이는 흔치 않은 일입니다. 잘못을 저지르는 목사는 많지만, 그것을 고백하는 목사는 많지 않기 때문입니다. 그런데 그는 자기 죄를 인정했고, 하나님 앞에서 진정으로 회개했으며, 하나님께서 자기 죄를 용서해 주셨다고 말했습니다. 밧세바와 불륜을 저지른 다윗과 간음 현장에서 붙들려 온 여인도 하나님께서 용서하셨듯이 자기도 용서해 주셨다고 말입니다. 자기는 '이미' 하나님께 용서를 받았으니 이제 교인들도 자기를 용서해 달라는 것입니다. 말로는 용서를 구한다고 했지만, 사실은 용서를 '강요'하는 것처럼 들립니다.

'죄의 용서'는 기독교 신앙에서 중요한 자리를 차지하는 주제입니다. 그것을 신앙의 궁극적인 목표로 생각하는 사람이 있을 정도이니까요. 비단 그리스도교뿐만 아니라 다른 대부분의 종교들도 현 상태의 인간은 부족하고 결함이 있다고 말합니다. 왜, 어떻게 해서 결함을 갖게 되었는가 하는 원인과 과정에 대해서는 각각의 종교들이 다른 목소리를 내지만, 어쨌든 인간이 완전한 상태가 아니라는 데는 의견이 같습니다.

인간 실존의 이와 같은 불완전한 상태를 가리켜 그리스도교에서는 "모든 사람은 죄인이다."라는 말로 표현합니다. 이 상태에서 어떻게 벗어날 수 있을까요? 종교의 핵심적인 가르침은 결국 이러한 질문에 대한 대답이라고 할 수 있습니다. 그리스도교는 사람이 하나님의 뜻을 어겼기 때문에 '죄인'이 되었다고 말하고, 여기에서 벗어나려면 '회개'라는 과정을 거쳐 하나님으로부터 '용서'를 받아야 한다고 가르칩니다.

이러한 과정은 간단해 보이지만, 사실은 그렇지 않습니다. 우선 하나님은 눈으로 보거나 귀로 들을 수 없는 분이고, 근본적으로 알 수 없는 분이기 때문에 그렇습니다. 보이지 않는 하나님이 사람의 죄를 용서하셨는지 여부를 아는 일은 쉽지 않습니다. 이른바 '용서의 확신'은 어디서 생겨날까요? 무엇을 근거로 하나님이 사람의 죄를 용서하셨는지 알 수 있을까요?

앞에서 이야기한 목사는 다윗과 밧세바의 예를 들었습니다. 다윗은 장군 우리아가 전쟁에 나가 싸우는 동안 그의 아내 밧세바가 목욕하는 광경을 본 후 그녀를 불러들여 불륜 관계를 맺습니다. 그 후 밧세바는 임신을 했고, 부하 장수 아내와의 불륜 관계가 소문날까 봐 두려워한 다윗은 우리아를 전쟁터에서 불러들여 아내와 동침하게 합니다. 하지만 충직한 장수 우리아는 전쟁 중에 자리를 비울 수 없다고 고집하여 다윗의 계획은 실패로 돌아갑니다. 그러자 다윗은 우리아를 최전방으로 보내 전사하게 만든 후 밧세바를 아내로 들였고, 그녀에게서 아들을 얻습니다.

그런데 예언자 나단이 이 사실을 알고 왕에게 나아가 책망하자 다윗은 사태의 위중함을 깨닫고 죄를 고백합니다. 그때 예언자 나단은 이렇게 말합니다.

"야훼께서 분명히 왕의 죄를 용서해 주실 것입니다. 그리하여 왕께서 죽지는 않으실 것입니다. 그러나 왕께서 야훼를 얕보셨으니 우리아의 아내가 낳게 될 아이는 죽게 될 것입니다."(사무엘하 12:13-14)

그 후 아이는 중병에 걸렸고, 다윗은 자신의 몸도 돌보지 않고 아이를 살려달라고 야훼께 빌지만, 결국 아이는 죽습니다.

불륜의 죄를 고백한 목사가 예로 든 다윗과 밧세바의 이야기가 바로 이것입니다. 여기서 다윗의 죄를 책망하고 하나님의 용서를 '예언'한 나단이 용서의 증거로 내세운 것은 다윗과 밧세바 사이에서 태어난 아이의 죽음입니다. 그러니 중병에 든 아이를 살려달라고 금식하며 기도한 다윗의 머리는 상당히 복잡했을 것입니다. 자식의 죽음이 자기 죄를 하나님께서 용서하셨음을 보여주는 증거가 되니 말입니다. 하지만 대부분의 경우 하나님께서 사람의 죄를 용서하셨음을 보여주는 '객관적'인 증거는 없습니다. 죄를 지은 사람 자신이 하나님의 용서를 받았다고 믿는 '주관적'인 믿음이 전부입니다.

「밀양」, 2007년
감독 | 이창동
주연 | 전도연(신애), 송강호(종찬)

용서받았음은 어떻게 알 수 있을까?

이창동 감독의 영화 「밀양」을 보면서 저는 구약성서 사무엘하 11~12장에 나오는 다윗과 밧세바의 이야기를 떠올렸습니다. 물론 「밀양」이 다윗과 밧세바의 이야기보다는 훨씬 더 많은 내용을 복잡하게 전개하고 있지만 주인공 신애의 아들 준을 유괴, 살해한 웅변학원 원장이 자기를 용서하려고 면회 온 신애에게 자기는 이미 하나님에게 용서를 받았다고 말하는 장면에서 저는 다윗과 밧세바의 이야기를 곧바로 떠올렸습니다.

영화 「밀양」은 주인공 신애가 아들 준을 데리고 남편의 고향인 밀양으로 내려오는 장면에서 시작합니다. 그녀의 남편은 외도를 했고, 교통사고로 죽었습니다. 그런데 왠지 신애는 그런 남편의 고향이고, 그가 살고 싶어 했던 밀양에서 살려고 내려왔습니다. 자동차가 고장이 나는 바람에 만난 종찬에게 그녀는 "밀양은 어떤 곳이에요?"라고 묻습니다. 갈 데 없는 '속물'인 종찬은 그녀의 '고상한' 의중을 알아채지 못하고, 그저 "사람 사는 데가 다 똑같지예!"라는 깊이가 없는 듯도 하고 있는 듯도 한 묘한 말로 대답합니다.

신애는 밀양에서 살 집과 피아노 학원을 시작할 가게를 얻은 후 떡을 돌리며 동네사람들에게 '이사 신고식'을 치릅니다. 동네사람들은 이 외지인에 대해 뒤에서 수군거리고, 신애는 마치 큰돈이나 가지고 있는 듯 행동하는데, 이를 믿은 웅변학원 원장이 신애의 아들 준을 유괴해서 그녀에게 돈을 요구합니다. 하지만 그녀가 가지고 있는 돈은 그리 큰 액수가 아니었고, 유괴범은 준을 죽인 후 곧 체포됩니다.

한편 신애의 피아노 학원 맞은편 건물의 약국 주인은 신애에게 기독교를 전도하려 애씁니다. 그녀가 "사람은 보이는 것만 믿으면 안 되고, 보이지 않는 하나님을 믿어야 한다."라고 말했을 때 신애는 "저는 보이는 것도 믿지 않아요."라고 대답하지요. 이런 신애가 나중에는 보이지 않는 하나님을 믿게 되고, 그분께 뭔가를 보여주기 위해 애쓰는 모습은 보는 이를 안타깝게 만듭니다.

보이지 않는 하나님께서 사람의 죄를 용서하셨음을 객관적으로 보여주는 증거가 없다는 사실은 '죄의 용서'가 중요한 신앙적 주제인 그리스도교를 곤혹스럽게 만드는 대목입니다. 객관적인 증거가 없는 한 그것은 받아들이는 사람의 마음에 달려 있습니다. 여기에 선의든 악의든 인간적인 요소가 개입할 여지가 생깁니다. 보이지 않는 하나님 대신 죄의 용서 여부를 가려 줄 '대리자'가 생겨났고, 제사장이 대리자 역할을 해왔습니다.

신애는 준이 죽은 후 하나님께 귀의해서 위로와 안정을 얻습니다. 그는 주일예배뿐만 아니라 구역예배에도 참석하고, 신앙 간증 비슷한 것도 합니다. 너무 짧은 시간에 일어난 변화라서 보는 사람들을 불안하게 만드는 구석은 물론 있지만, 불행한 일을 겪은 후 신앙에 귀의하는 사람이 적지 않고, 그녀 역시 그런 사람들이 보여주는 모습과 다르지 않습니다.

그러던 어느 날, 그녀는 준의 유괴범을 찾아가 용서의 말을 해주겠다고 동료 신자들에게 이야기합니다. 교인들은 꼭 그럴 필요가 있느냐며 그녀를 말리지만, 그녀는 기어코 유괴범을 찾아가 만납니다. 그런데 거기서 그녀는 거꾸러지고 맙니다. 유괴범은 하나님께서 이미 자기 죄를 용서해 주셨다고 말하는 게 아닙니까! 그가 저지른 범죄로 인해 가장 큰

고통을 당한 신애 자신이 이제야 그를 용서하려 하는데, 이미 하나님이 그를 용서하셨다니! 그래서 자기는 더 이상 괴롭지 않고 마음이 평안하다니! 어떻게 이런 일이 있다는 말입니까!

그 일이 있은 후부터 그녀는 신앙을 버리고 교인들을 조롱하는 행동을 합니다. 자기를 전도했던 약국 주인의 남편을 유혹해 성관계를 갖기도 하고, 예배가 진행되는 공원에 가서 목사가 기도하는 도중에 "거짓말이야 거짓말이야……"라는 노래를 틀어 예배를 망치기도 합니다. 결국 그녀는 자살을 시도하지만 실패로 돌아가고 맙니다.

교회 여신도들과의 부적절한 관계를 고백한 목사는 하나님께서 이미 자기 죄를 용서하셨다고 단정적으로 선언했습니다. 그러니 교인들도 용서해야 한다는 듯이 말입니다. 신애의 아들 준을 유괴 살해한 범인도 하나님께서 이미 자기 죄를 용서해 주셨다고 말했습니다. 자기 때문에 아들을 잃은 엄마 앞에서 말입니다. 이래도 되는 겁니까? 자신의 확신 외에는 그 무엇으로도 입증할 수 없는 하나님의 용서를 가지고 이런 식으로 행동해도 되는 겁니까? 죄를 지어 사람에게 상처를 주었는데, 죄를 지은 사람이 하나님의 용서만 받으면 그 상처가 자동적으로 사라집니까? 사라져야 하므로 더 이상 왈가왈부하지 말아야 합니까?

너희가 용서하지 않으면 나도 용서하지 않겠다

마가복음 2장에는 중풍이 들어 꼼짝도 못하는 병자를 친구들이 들것에 싣고 예수께 고쳐 달라고 온 이야기가 있습니다. 친구들은 예수께서 있던 집에 사람들이 너무 많아 들것을 들고 안으로 들어갈 수 없자 지붕을 뜯고 들것을 밑으로 내려 보냈습니다. 이에 예수께서는 들것을 들고 온 사람들의 믿음을 보시고 병자에게 "너는 죄를 용서받았다."라고 말씀하셨습니다. 그러자 거기에 있던 율법학자 몇 사람이 속으로 중얼거렸습니다.

'이 사람이 어떻게 감히 이런 말을 하여 하나님을 모독하는가? 하나님 말고 누가 죄를 용서할 수 있다는 말인가?'

그러자 예수께서는 그들의 마음을 꿰뚫어 보시고 이렇게 말씀하셨습니다.

"어찌하여 그런 생각을 품고 있느냐? 병자에게 '너는 죄를 용서받았다.' 하는 것과 '일어나 네 요를 걷어 가지고 걸어가라.' 하는 것과 어느 편이 더 쉽겠느냐? 이제 땅에서 죄를 용서하는 권한이 사람의 아들에게 있다는 것을 보여주겠다."

그 후 예수께서 병자에게 "일어나 요를 걷어 가지고 집으로 가라."라고 말씀했더니 병자가 벌떡 일어나 걸어갔다고 했습니다.

예수님은 여기서 '사람의 아들'에게 죄를 용서하는 권한이 있다고 말씀하셨습니다. 이 '사람의 아들'은 참 얄궂은 말입니다. 이는 말 그대로 사람의 아들, 곧 '사람'을 가리키기도 하고 구원과 관계된 특정인을 가리키는 '타이틀'로도 사용되었기 때문입니다. 여기서 문제는 예수께서 이 말을 어떤 뜻으로 쓰셨는가에 있습니다. 학자들의 의견은 둘로 갈라져 있습니다. 전자라면 예수님은 죄를 용서하는 권한이 모든 사람에게 있다고 말씀하신 셈이고, 후자라면 '사람의 아들'이라는 타이틀을 가진 특정인에게만 그 권한이 있다고 말씀하신 셈입니다. 전자라면 대단한 주장입니다. 하나님에게만 있다고 믿었던 죄의 용서 권한이 모든 사람에게 있다고 선언하셨으니 말입니다. 그렇다면 죄의 용서를 가지고 아무도 장난칠 수 없어집니다. 어느 편일까요?

이 질문에 대한 답은 마태복음 6장 14~15절에 나오는 예수님의 말씀에서 찾을 수 있습니다.

> "너희가 남의 잘못을 용서하면 하늘에 계신 아버지께서도 너희를 용서하실 것이다. 그러나 너희가 남의 잘못을 용서하지 않으면 아버지께서도 너희의 잘못을 용서하지 않으실 것이다."

두 문장은 모두 조건절을 가지고 있습니다. 상반절의 조건이 충족되어야 하반절이 성립하게 되어 있습니다. 만일 우리가 남의 죄를 용서하면 하나님도 우리 죄를 용서하실 것이고, 우리가 남의 죄를 용서하지 않으면 하나님도 우리 죄를 용서하지 않으실 것입니다. 여기서 우리는 죄의 용서에 대한 '객관적'인 증거를 봅니다. 우리가 남의 죄를 용서하는지 여부가 바로 하나님께서 우리 죄를 용서하셨는지 여부를 알 수 있는 객관적인 증거입니다.

그러므로 교인과의 불륜을 고백한 목사와 영화 「밀양」의 유괴범이 말한 '용서의 선언'은 순서가 거꾸로 됐습니다. 자신의 죄를 하나님께 용서받았다고 말하기 전에 그는 먼저 교인들에게 죄를 고백하고 용서를 구했어야 했습니다. 유괴범인 웅변학원 원장 역시 하나님의 용서를 받았다고 신애에게 말하기 전에 신애에게 용서를 구했어야 했습니다. 그러고 나서 그들이 지은 죄에 대한 용서의 선언은 죄를 지은 당사자가 아니라 그 죄로 인해 고통을 받은 사람들, 곧 교인들과 신애가 했어야 했습니다.

눈에 보이지 않는 것과 귀에 들리지 않는 하나님을 믿기로 작정했다면 피할 수 없는 문제가 있습니다. 그것은 보이는 것과 보이지 않는 것, 들리는 것과 들리지 않은 것을 양자택일의 문제로 삼지 않는 것입니다. 보이고 들리는 것만 믿고, 보이지 않고 들리지 않는 것을 믿지 않는 태도도 문제지만 보이지 않고 들리지 않는 것을 믿기 때문에 보이고 들리는 것은 중요하지 않다는 태도도 문제입니다.

신애는 스스로 보이는 것도 믿지 않던 사람이었습니다. 그런 그녀가 갑작스럽게 보이지도 않는 것을 믿게 되는 일은 (물론 그런 일이 절대 일어날 수 없다고는 할 수 없지만) 거쳐야 할 어떤 과정을 생략했다는 느낌을 줍니다.

그것은 아들을 잃은 신애가 하늘의 힘을 빌려 해결하려 했다는 의미에서 일종의 '비약'이라고도 말할 수 있겠습니다.

땅에서의 고통을 전적으로 하늘의 힘을 빌려 해결하려는 시도를 신앙이라고 부른다면, 그런 신앙은 영화 속의 신애와 같은 경험을 반복할 가능성이 큽니다. 땅에서 겪는 고통의 문제는 하늘에서만 풀릴 수 없습니다. 그것은 땅에서도 풀려야 하는 것이지요. 그러한 의미에서 신애가 자기를 도와주려 하고, 늘 자기 곁에 있는 종찬의 존재를 무시한 것은 안타깝기 그지없습니다. 종찬은 신애가 겪고 있는 땅에서의 고통을 위로해 줄 수 있는 존재이기 때문입니다. 그 고통을 위로해 줄 사람은 가장 가까이에 있는 사람일 수밖에 없습니다.

저는 영화 「밀양」의 미덕은 아들의 죽음이라는 고통의 시간 속에서 신애가 하나님 앞에 무릎을 꿇음으로써 문제를 해결하려 하지 않고, 한 걸음 더 나아가 자신에게 고통을 안겨 준 사람을 가시적으로 용서하려 했다는 데 있다고 봅니다. 이러한 신애의 행위를 그럴 필요가 없는 지나친 행위로 보거나 하나님의 영역을 침범한 행위로 볼 수도 있겠지만, 제게는 "너희가 남의 잘못을 용서하면 하늘에 계신 아버지께서도 너희를 용서하실 것이다. 그러나 너희가 남의 잘못을 용서하지 않으면 아버지께서도 너희의 잘못을 용서하지 않으실 것이다."라는 성경의 말씀을 그대로 실천한 것으로 보입니다. 문제는 그 용서가 죄 지은 사람을 위한 것이 아니라 자신을 위한 것이었다는 데 있겠지요.

영화는 하늘의 찬란한 햇살을 보여 주며 시작합니다. 그리고 지저분한 마당 한 구석에 햇살이 비추는 장면으로 끝납니다. 그 중간에 나오는 한 장면이 제게는 의미 있어 보였습니다. 약국 주인이 신애에게 전도하면서 약국 창문으로 비춰 드는 한 줄기 햇살 속에도 하나님의 뜻이 깃들어 있다고 말하지요. 하지만 신애는 그것은 그저 햇살일 뿐이라면서 약국 주인의 말을 받아들이지 않습니다.

밀양에 내려올 때 하늘에서 봤던 햇살은 밀양에서의 사건을 겪으면서 창밖에서 비추는 햇살이 되고, 마지막에는 지저분한 마당 한 구석을 비추는 햇살로 변해 갑니다. 사람의 시선 위에서 비추던 햇살이 시선과 마주보는 곳에서 만나고, 종국에는 시선 밑에서 머뭅니다. 용서하시는 하나님의 사랑이 이러한 궤적을 그리지 않나 싶습니다.

「어웨이 프롬 허Away From Her」

tuesdays with morr

예수와 함께 본 영화

세. 번. 째. 이. 야. 기.

아름다운 바보의 아름다운 마무리

"아름다운 바보가 됩시다. 높이 올라가 세상을 내려다보려 하지 말고

낮은 곳으로 내려가서 세상을 올려다보며 삽시다.

성취와 효율보다는 더불어 살아가는 삶의 아름다운 덕을 지키는

아름다운 바보로 삽시다."

「모리와 함께한 화요일Tuesdays With Morrie」

…살고 죽는 것이 흐르는 물 같지는 않지만

"어물어물하다가 내 이렇게 될 줄 알았다." 영국의 극작가 조지 버나드 쇼George Bernard Shaw가 죽으면서 이렇게 말했다고 드라마 「베토벤 바이러스」의 오보에 연주자 김갑용 선생께서 말씀했습니다. 그의 말에서 '후회'라는 단어를 떠올립니다.

우리는 '후회하는 삶을 살지 말라', '후회해도 때는 이미 늦었다'라는 말을 많이 들어 왔고, 또 해왔습니다. 후회는 좋은 것이 아니므로 가급적 하지 말라는 의미이겠지요. 그러나 여러분은 스스로에게 '나는 진정 제대로 후회하면서 살고 있는가?'를 물어본 적이 있습니까? 이 물음은 '후회할 일을 하는가?'라는 물음이 아닙니다. 후회할 일을 했을 때 진정으로 후회했는지 여부를 묻는 것입니다.

우리는 복잡다단複雜多端한 일들에 얽매어서 정말 후회해야 할 일을 했음에도 불구하고, 그것에 대해서 제대로 후회하지 못하고 넘어가는 경우가 많습니다. 우리로 제대로 후회할 여유도 없게 만드는 그 복잡다단한 일들이란 사실 대단히 가치 있는 일들이 아님에도 불구하고, 그런 일들에 얽매어 정작 후회해야 할 일도 제대로 후회하지 못하고 있다는 생각이 듭니다. 버나드 쇼의 말처럼 우리는 별 것 아닌 일들 때문에 어물어물하다가 정말 해야 할 일을 못하고, 후회해야 할 일도 후회하지 못한 채 생을 마치게 되는 게 아닌가 하는 생각이 들어 등골이 오싹해집니다.

이처럼 사람은 후회할 수 있을 때 제대로 후회하지 못하고 그럭저럭 살다가 죽을 때가 되어서야 비로소 살아온 날들을 후회합니다. 언젠가 저는 죽음을 앞둔 두 분을 일주일 사이에 각각 만난 적이 있었습니다. 죽음을 앞두지 않은 사람이 어디 있겠습니까만 그 두 분은 말 그대로 죽음이 코앞에 다가와 있는 분들이었습니다. 그 중 한 분은 이미 먹지도 말하지도 못하고, 의식도 없는 상태였으므로 그분의 아내와 시간을 보내며 많은 이야기를 나누었고, 다른 한 분은 유동식이지만 먹기도 하고 말도 하며, 의식도 또렷했으므로 직접 이야기를 나누기도 했습니다.

대체로 사람들은 죽음에 대해 말하기를 꺼려합니다. 마치 죽음에 대해서 말하면 죽음이 더 빨리 다가오기라도 하듯 가급적이면 죽음에 대해 말하려 하지 않지요. 죽어가는 사람의 경우는 더 그렇습니다. 하지만 인생에서 죽음만큼 분명하고 확실한 것은 없습니다. 누구도 죽음을 피할 수 없습니다. 보기 싫은 사람이 교회에 있으면 교회를 옮기면 되고, 마주치기 싫은 이웃이 있으면 이사를 가면 되지만 죽음만큼은 피할 수 없습니다. 스스로 목숨을 끊지 않는 한 죽음을 당길 수도 없고 늦출 수도 없습니다.

죽음을 가르침의 주제로 삼은 영화

미치 알봄Mitch Albom은 디트로이트의 한 신문사에서 일하는 유명한 스포츠 칼럼니스트입니다. 그는 일이 좋아 쉬지 않고 일하는 워커홀릭workaholic으로서 자기를 알아주고, 자기 글을 즐겨 읽는 사람들의 좋은 평판을 즐기며 열정적으로 일하는 모범적인 전문 직업인입니다. 그에게 한 가지 문제가 있다면 애인 재닌Janine이 일에만 몰두하는 그를 참지 못해 헤어지려고 하는 것인데, 미치는 이 문제도 잘 해결될 것으로 믿고 있었습니다.

어느 날 미치는 우연히 TV 프로그램 '나이트라인Nightline'을 보다가 거기서 낯익은 얼굴을 발견합니다. 앵커가 인터뷰하는 사람은 대학교 때 은사로서 그에게 큰 영향을 미쳤던 모리 슈월츠Morrie Schwartz 교수였던 것입니다. 휠체어에 앉아 인터뷰를 하는 모리는 루게릭병에 걸려 죽어 가고 있었습니다. 루게릭병은 모리 자신의 표현대로 초가 녹듯이 하반신에서 시작해서 상반신을 향해 몸이 녹아 들어가는 병입니다.

학창시절 모리와 미치는 매주 화요일에 만나 학과목 이외에 인생의 여러 주제를 놓고 대화를 나누곤 했습니다. 미치는 모리의 인터뷰를 보면서 과거에 그와 했던 약속을 떠올립니다. 그는 졸업한 후에도 다시 만

「모리와 함께한 화요일(Tuesdays With Morrie)」, 1999년
감독 | 믹 잭슨
주연 | 잭 레몬, 행크 아자리아, 웬디 모니즈, 캐롤라인 아론

나기로 모리에게 약속했었는데, 일 년 내내 바쁜 스포츠 칼럼니스트로 활동하느라 그를 잊고 살았던 것입니다.

하지만 그를 다시 떠올린 후에도 미치는 디트로이트에서 보스턴까지 날아가 모리를 만날 엄두를 내지 못하다가 작가 노조에서 파업을 벌이는 바람에 시간이 생긴 그는 7백 마일을 날아 모리의 집으로 갔습니다. 거기서 그들은 화요일의 대화를 20년 만에 재개했습니다. 이렇게 나눈 대화를 묶어 만든 책이 뉴욕타임스 베스트셀러 목록에 무려 205주 동안 올라 있던 「모리와 함께한 화요일」입니다. 이 책은 1999년에 TV 영화로

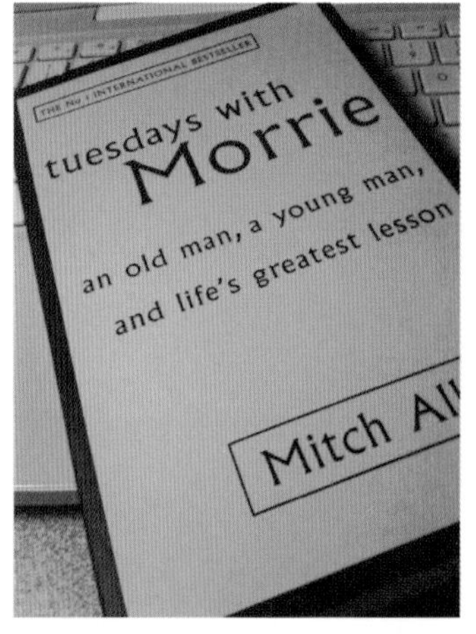

도 만들어졌는데, 잭 레몬이 모리 역을 맡았습니다.

모리와 미치는 화요일마다 만나 세상에 대해서, 후회와 죽음에 대해서, 가족과 감정, 나이 먹는 것에서 오는 두려움에 대해서, 사랑과 결혼과 용서에 대해서, 그리고 작별에 대해서 대화를 나누었습니다. 그들의 대화 속에는 수많은 주옥같은 말들이 있습니다. 죽음을 눈앞에 두고 그것을 자연스럽게 받아들이면서 되돌아 본 인생의 의미와 소중한 가치에 대한 깊고 영감 넘치는 지혜의 말들이 들어 있습니다. 몇 가지 예를 들어보겠습니다.

"어떻게 죽어야 하는지를 알 때만 어떻게 살아야 하는지를 알게 된다.

(Once you know how to die, you know how to live.)"

"사랑은 유일무이한 이성적 행위이다.

(Love is the only rational act.)"

"죽음은 생명을 가져간다. 그러나 관계까지 앗아가지는 못한다.

(Death takes away life, not relationships.)"

"인생에서 가장 중요한 일은 사랑을 주는 법과 사랑을 받아들이는 법을 배우는 일이다.

(The most important thing in life is to learn how to give out love, and to let it come in.)"

모리는 사랑을 주는 방법뿐만 아니라 사랑을 받아들이는 방법도 배워야 한다고 말합니다. 하긴 사랑을 받고 있다는 사실을 모르거나 그 사실을 받아들일 줄 몰라서 사랑이라는 큰 축복을 그냥 흘려보내는 사람이 얼마나 많습니까! 영화에서 인상적인 장면들 중 하나는 모리와 가족, 그의 친구들이 '살아 있는 장례식living funeral'을 치르는 장면입니다. 어느 화요일에 모리는 아내와 자녀들, 그리고 친구들을 집으로 초청해서 자신의 장례식을 치릅니다. 거기서 참석자들은 미소를 지으며 기도를 하고, 영감 깊은 노래를 부릅니다. 그 가운데 가장 감동적인 장면은 참석한 모든 사람과 모리가 껴안고 작별 인사를 나누는 장면입니다.

저도 살아 있는 장례식은 아니지만 죽어 가는 분과 함께 그분의 장례식에 대해 이야기를 나눈 적은 있습니다. 그분이 장례식에 대해 이야기하려 하자 처음에는 제가 말렸습니다. 그런 것들은 살아남은 사람들이 알아서 할 테니 신경 쓰지 말라고 말입니다. 저 자신도 죽음에 대해 이야기하는 것이 불편하고 거북했던 모양입니다. 그런데 「모리와 함께한 화요일」이라는 영화를 보고 나서 제 마음이 바뀌었습니다. 그래서 우리는 병상에 앉아 장례식 순서를 만들었습니다. 기도를 맡을 사람, 추모사와 추모가를 담당할 사람을 정하고, 시신은 화장해서 바다에 뿌리기로 했습니다. 순서를 다 짜고 나서 저는 살아 있는 장례식을 하면 어떨까 생각했지만, 그 이야기까지는 꺼내지 못했습니다. 제가 죽을 때가 되면 살아 있는 장례식을 가져야겠다는 생각을 했습니다. 의식이 있고, 말하고 들을 수 있을 때 사랑하는 사람들과 작별 인사를 해야겠다는 생각입니다.

성경에서는 죽음을 어떻게 볼까?

흡연을 지극히 싫어하는 어떤 사람이 성서에 금연하라는 말씀이 없어서 섭섭하다고 말하더군요. 반드시 성서에 써 있다고 해서 하거나 하지 않는 것은 아닌데도 말입니다. 제 경우 성서에서 섭섭하고 아쉬운 점이 있다면, 그것은 성서에서 죽음에 대한 깊은 이야기와 성찰을 찾아볼 수 없다는 점입니다. 구약성서는 한 사람의 죽음에 대해서 그가 몇 명의 아들딸을 낳고 살다가 몇 살에 죽었다고 무미건조하게 설명하는 데 그치는 것이 대부분입니다. 이런 구절을 읽을 때마다 아쉽습니다. 한 사람의 죽음에 대해 할 말이 이게 전부인가 하는 생각 때문에 그렇습니다. 물론 몇 가지 예외적인 경우들이 있습니다. 에녹과 모세, 엘리야의 경우가 그러한 예외에 속합니다. 창세기 5장은 에녹에 대해 이렇게 말합니다.

"야렛은 백육십이 세에 에녹을 낳았다. 야렛은 에녹을 낳은 다음 팔백 년 동안 살면서 아들딸을 더 낳았다. 야렛은 모두 구백육십이 년을 살고 죽었다. 에녹은 육십오 세에 므두셀라를 낳았다. 에녹은 므두셀라를 낳은 다음 삼백 년 동안 하나님과 함께 살면서 아들딸을 더 낳았다. 에녹은 모두 삼백육십오 년을 살았다. 에녹은 하나님과 함께 살다가 사라졌다. 하나님께서 데려가신 것이다."

에녹에게는 뭔가 특별한 것이 있습니다. 다른 사람의 경우에는 없는 '하나님과 함께 살면서'라는 말과 '하나님과 함께 살다가 사라졌다. 하나님께서 데려가신 것이다.'라는 말이 에녹에게는 붙어 있습니다. 다른 사람들은 다 아닌데 유독 에녹만 하나님과 함께 살았기 때문에 이런 말을 쓰지는 않았겠지요. 특별한 뜻이 있어 보입니다. 에녹이 '하나님과 함께 살다가 사라졌다.'라는 말은 더욱더 궁금증을 자아냅니다. 그가 사라져서 어디로 갔다는 이야기인지, 그래서 어떻게 되었다는 이야기인지 알 수 없습니다.

모세의 마지막에 대해서는 신명기 34장이 전하고 있습니다. 에녹과 달리 그는 분명 죽었다고 했습니다. 하지만 그의 무덤이 어디에 있는지는 아무도 모른다고 했습니다. 이 말은 단순히 무덤의 지리적 위치가 알려져 있지 않다는 뜻 이상을 의미하는 것으로 보입니다. 무슨 뜻인지는 확실하지 않지만 말입니다.

마지막으로 열왕기하 2장을 보면 엘리야는 엘리사와 함께 길을 걷다가 난데없이 불 말이 끄는 불 수레가 나타나 그를 태우고 회오리바람 속에서 하늘로 올라갔다고 했습니다. 그 역시 통상적인 의미의 죽음을 맛보지 않았던 것입니다.

이 가운데 가장 신비한 인물은 에녹입니다. 단 몇 줄의 기록을 남긴 에녹이기에 후세 사람들은 그에 관해 상상의 나래를 펼쳐서 「에녹서The Book of Enoch」라는 책이 남아 있을 정도입니다. 이 책은 성서에는 포함되지 않아 일반 신자들은 접할 기회가 적지만, 학자들 간에는 연구가 활발하게 이루어지고 있는 책입니다. 구약성서는 이와 같이 죽음을 보지 않은 사람들에 관한 이야기를 남겨 놓음으로써 희미하게나마 생물학적 죽음이 인생의 끝이 아님을 보여주려 했던 것이 아닌가 하는 생각을 해봅니다.

예수님이 말씀한 생명과 죽음

요한복음을 보면 예수님과 제자들, 또는 예수님과 군중 사이에 전혀 소통이 이루어지지 않고 있다는 느낌이 드는 대목이 많습니다. 양자가 사용하는 단어는 같거나 비슷한데, 그 내용이 크게 달라서 전혀 소통이 이루어지지 않는 경우도 적지 않습니다.

대표적인 경우는 예수께서 당신의 죽음에 대해서 이야기하실 때입니다. 제자들은 메시아인 예수께서 고난을 받고 급기야 죽임을 당한다는 말을 눈곱만큼도 이해하지 못했습니다. 요한복음 12장에서는 군중들이 이렇게 물었습니다.

"우리는 율법서에서 그리스도께서 영원히 사시리라는 말을 들었습니다. 그런데 선생님은 사람의 아들이 높이 들려야 한다고 하시니 도대체 무슨 뜻입니까?"

예수님이 높이 들려야 한다고 말씀했을 때 거기에는 두 가지 의미가 들어 있었습니다. 하나는 십자가에 높이 달린다는 뜻이고, 다른 하나는 하나님께로 올라가신다는 뜻이었습니다. 여기까지는 모두 짐작할 수 있습니다. 아마 제자들과 군중들도 능히 짐작했을 것입니다. 그런데 이 물음에 대해 예수님은 전혀 엉뚱한 말씀으로 대답하셨습니다. 예수님은 메시아가 죽느냐 영원히 사느냐 하는 문제에는 아무 관심도 없다는 듯이 이렇게 말씀하셨습니다.

> "빛이 너희와 같이 있는 것도 잠시뿐이니 빛이 있는 동안에 걸어가라. 그리하면 어둠이 너희를 덮치지 못할 것이다. 어둠 속을 걸어가는 사람은 자기가 어디로 가는지 모른다. 그러니 빛이 있는 동안에 빛을 믿고 빛의 자녀가 되어라."

인생은 길을 걷는 것에 비유할 수 있습니다. 걸음걸이가 빨라졌다 늦어졌다 하는 변화는 있지만 우리네 인생은 아직까지도 줄곧 걸어왔고, 앞으로도 걸어가리라는 점에서 인생은 곧 걷는 것이란 말에 공감할 수 있습니다. 그 무엇도, 그 누구도 우리의 발걸음을 멈추지 못합니다. 죽음조차도 이 걸음을 멈출 수 없습니다. 문제는 내가 '어디'를 걷고 있느냐 하는 점입니다. 빛 가운데 걷느냐 아니면 어둠 가운데 걷느냐, 중요한 것은 이것입니다.

이 책에도 있는 '존엄하게 죽기'라는 글에서 전신마비 환자 라몬 삼페드로가 존엄하게 죽기 위해 몸부림치는 영화 「씨 인사이드The Sea Inside」를 이야기하면서 저는 이렇게 썼습니다.

"숨을 거두는 마지막 모습은 그렇게 중요하지 않습니다. 사고로 죽든 병으로 죽든, 아니면 늙어서 죽든 겉으로 나타나는 모습이 죽음의 존엄성을 결정하지는 않습니다. 타살이냐 자살이냐 여부도 죽음의 존엄성을 결정하는 요소가 될 수 없습니다. 존엄하게 죽기를 원하는 라몬의 죽음이 그것을 잘 보여줍니다. 결국 존엄한 죽음의 결정적인 요소는 그 사람이 얼마나 존엄하게 잘 살았는가에 달려 있습니다. 존엄하게 잘 산 사람은 존엄하게 잘 죽게 되어 있다고 말해도 틀리지 않다고 생각합니다."

모리와 관련해서 여기에 "어떻게 죽어야 하는지를 알 때만 어떻게 살아야 하는지를 알게 된다."라는 말 한 마디를 덧붙이고 싶습니다. 모리는 인생에서 진정으로 소중한 것은 돈이나 명예 같은 것이 아니라고 했습니다. 그는 후회가 좋은 일은 아니지만 많은 사람들이 지극히 사소한 일들에 사로잡혀서 진정으로 후회해야 할 일도 후회하지 않는다고 안타까워했습니다. 그는 인생에서 가장 중요한 것은 내 안에 있는 사랑을 주는 법과 다른 사람의 사랑을 받아들이는 일이라고 했습니다. 인생에서 후회나 회한이 없을 수 없다면 정말 후회할 가치가 있는 일을 후회하라고 했습니다. 가장 가치 있는 일을 하지 못해서 후회하는 일은 없었으면 좋겠습니다.

어느 화요일에 미치가 모리에게 만일 건강하게 살 수 있는 스물네 시간이 주어진다면 그 시간을 어떻게 보내겠느냐고 물었습니다. 모리는 잠시 생각에 잠겼다가 눈을 감고 이렇게 말합니다.

"잠을 푹 자고 아침에 일어나 샐러드로 아침 식사를 마치고 운동을 한 다음, 점심으로 파스타를 먹고 나서 친구들을 만나 이야기를 나눈 후 산책을 한 다음, 와인을 곁들인 푸짐한 저녁 식사를 한 후 일찍 잠자리에 들겠다."

여기서 모리는 평범하지만 복된 하루의 가치에 대해서 이야기하고 있습니다. 그에게는 죽음의 문턱에 서 있다는 사실이 '하루'라는 시간의 가치를 달리 받아들이게 만들지는 않는 모양입니다. 아마 그도 건강했을 때는 그런 평범한 하루의 가치를 깨닫지 못했을지도 모릅니다. 하지만 그의 깨달음이 때늦은 것 같지는 않습니다. 우리가 너무 늦게 깨닫게 되지 않기를 바랄 뿐입니다.

「빅 피시 Big Fish」

… 아버지의 축복

'아버지'라는 존재는 어머니에 비해 조금 복잡한 구석이 있습니다. 어머니는 기분이 좋을 때 웃고, 겁이 날 때는 두려워서 소리 지릅니다. 하지만 아버지는 기분이 좋을 때 헛기침을 하고, 겁이 날 때는 너털웃음을 짓습니다. 어머니는 딸이 늦은 밤까지 돌아오지 않으면 열 번 걱정하는 소리를 하지만, 아버지는 열 번 현관을 쳐다봅니다. 어머니의 말씀은 살아 계실 때 생각나지만, 아버지의 말씀은 돌아가시고 난 후에 비로소 생각납니다.

아버지에 대한 신화

이렇듯 모성과 부성에는 차이가 있습니다. 요즘은 다른 의견도 있는 모양이지만, 일반적으로 모성은 거의 본능적인 것이라고 인정됩니다. 모성은 아홉 달 동안 아기를 태에 품었다가 죽기 일보 직전의 고통을 겪으며 출산하는 과정에서 형성되기 때문에 그만큼 직접적이고 본능적입니다. 이에 비해서 아버지라는 존재는 자식이 태어나 세상 빛을 보게 하고, 성장하는 과정에서 어머니에 비하면 하는 일이 별로 없지요. 그래서 부성父性은 본능적인 것이 아니라 후천적이고 사회적입니다. 부성은 살아가면서 형성되는 것이므로, 어떤 아버지가 되느냐는 전적으로 그 사람의 노력에 달려 있습니다.

아버지는 강해야 하고, 감정을 억제해야 하며, 사회적으로 성공해야 하고, 자립적이어야 하며, 실수하지 않아야 한다는 등 아버지에 대한 '신화'가 오래 전부터 우리 사회에서 보편적으로 통용되고 있습니다. 물론 오늘날에는 이러한 신화를 그대로 믿는 사람은 많지 않습니다. 하지만 신화라는 것이 늘 그렇듯이 사람들은 신화를 믿지 않는다고 하면서도 알게 모르게, 그리고 의식적으로든 무의식적으로든 사람들의 정신세계는 신화의 영향을 받고 있습니다. 신화란 그런 것입니다. 그런 의미에서 우리는 신화에서 자유롭지 않습니다.

우리는 아버지에 관한 신화에서 벗어날 필요가 있습니다. 아버지에 대한 신화는 아버지만 망치는 것이 아니라 가족 모두를 망칠 수 있기 때문입니다. 따라서 아버지와 어머니, 그리고 자녀들이 힘을 합쳐서 아버지에 관한 신화를 깨야 합니다. 아버지는 강해야 한다는 강박감을 가질 필요도 없고, 다른 가족들이 그것을 아버지에게 강요하거나 기대해서는 안 됩니다. 아버지라고 해서 애써 기쁨을 억제하고 숨어서 눈물을 흘릴 필요는 없습니다. 아버지도 울고 싶을 때 울 수 있어야 합니다. 아버지도 의지할 곳이 필요하고, 실수할 때가 있으므로 그러한 실수를 인정하는 데 주저할 이유가 없습니다. 사회적으로 성공한 아버지가 반드시 좋은 아버지도 아닙니다.

모든 사람은 관계를 맺고 살아가는 존재입니다. 모든 사람은 관계 속에서 존재합니다. 세상에 관계를 맺지 않고 사는 독불장군은 없습니다. 아버지 혼자서는 좋은 아버지가 될 수 없는 이유가 바로 여기에 있습니다. 좋은 아버지가 되기 위해서는 아버지 자신의 노력도 중요하지만, 아내와 자녀들의 도움도 반드시 있어야 합니다. 좋은 아내와 좋은 자녀들이 좋은 아버지를 만든다는 것이지요. 아버지가 잘못된 아버지에 대한 신화들을 깨뜨리고 살아 숨 쉬는 진짜 아버지로 돌아올 수 있도록 가족들이 도울 필요가 있습니다.

주고는 싶은데…

아버지는 아내와 자식들에게 무엇인가를 주고 싶어 합니다. 이 세상 대부분의 아버지가 다 그렇습니다. 이처럼 아버지는 아내와 자식에게 무엇인가를 주면서 아버지의 길을 배웁니다. 그리고 하나님의 사랑을 배워 갑니다.

그러나 많은 아버지들이 아내와 자식들에게 뭔가를 주고는 싶지만, 줄 것이 없다는 생각에 쓸쓸해합니다. 겉으로는 '그만큼 해줬으면 됐지……'라고 말하지만, 사실은 준 것도 없고 줄 것도 없어서 안타까워하

「빅 피시(Big Fish)」, 2003년
감독 | 팀 버튼
주연 | 이완 맥그리거(청년 에드워드 블룸), 앨버트 피거(노년 에드워드 블룸)

는 존재가 바로 아버지입니다. 가진 것도 별로 없고, 그나마 가진 것 중에서 자랑스럽게 줄만한 것이 없다고 생각합니다.

"어린 시절, 나는 마녀의 집을 찾아가 그녀의 외눈 안에서 내가 이 세상을 떠나는 마지막 모습을 본 적이 있단다. 그래서 나는 내가 언제 어떻게 죽을지를 알고 있지. 젊은 시절, 나는 동네에서 가장 유능한 팔방미인이었어. 우연히 마을로 들어온 거인 친구와 함께 내게 어울리는 더 큰 세상을 찾으려고 여행을 떠났단다. 그러는 도중에 신발을 벗고 사는 이상한 마을에서 얼마간 머물

렀지. 거기서 네 엄마를 만났단다. 나는 네 엄마의 이름이라도 알고 싶어서 서커스 단원이 되어 코끼리 똥을 치우며 몇 년 동안 일했었지. 사실 서커스 단장은 늑대인간이었단다. 전쟁에 나가서는 낙하산을 타고 잘못 떨어져 중국의 노래하는 샴쌍둥이를 만난 적도 있었지. 폭우가 내리던 어느 날은 그 비가 마을을 채워 삽시간에 호수가 되기도 했었지. 이것은 모두 사실이란다."

다섯 살짜리 아들은 아버지가 침대 머리에서 들려주는 이런 이야기를 들으며 자랐습니다. 그 아이는 오랫동안 아버지가 들려주는 모든 이야기가 사실인 줄 알았습니다. 하지만 성장하면서 아버지의 이야기가 모두 거짓임을 알게 된 후로 아이는 아버지를 구제불능의 허풍쟁이요, 자기 과시에 사로잡힌 엉뚱한 몽상가로 치부해 버립니다. 성장한 아들은 어린 시절 감수성 예민한 자신의 마음을 형편없이 엉클어 놓은 환상적인 거짓말쟁이 아버지와 오랫동안 왕래하지 않고 지냈습니다.

어느 날, 아들은 어머니로부터 전화 한 통을 받습니다. 아버지가 죽어 간다는 소식이었습니다. 아들은 임신한 아내와 함께 부모를 찾아갔습니다. 아버지는 전혀 변하지 않았습니다. 죽어 가면서도 아버지는 처음 보는 며느리에게 예의 그 거짓 이야기를 늘어놓는 것이 아닙니까. 그런 모습이 보기 싫었던 아들은 아버지에게 자기는 아버지가 어떤 사람인지 모른다고, 아버지는 자기와 단 한 번도 제대로 대화를 해본 적이 없다고 불평을 늘어놓습니다. 그러자 아버지는 그게 무슨 말이냐고, 우리는 수많은 대화를 나누었고, 자기가 해준 이야기는 모두 사실이라고 말합니

다. 그 말을 들은 아들은 절망에 빠집니다. 마지막 순간만큼은 아버지와 진실이 담긴 이야기를 나누고 싶었는데, 아버지는 하나도 달라진 점이 없는 허풍쟁이였던 것입니다.

그러던 중에 아들은 창고에서 아버지의 물건을 정리하다가 아버지의 이야기에 등장하는 물건들을 발견합니다. 아버지의 이야기가 모두 새빨간 거짓말이라고 생각했는데, 그렇지 않을 수도 있다고 생각한 아들은 아버지의 이야기를 추적해 들어갑니다.

아들은 아버지의 이야기에 등장하는 장소를 하나하나 찾아갑니다. 고향 애쉬톤에는 실제로 '마녀'라고 불린 애꾸눈의 사람이 살고 있었고, 사람들이 신발을 벗고 사는 '스펙터'라는 동네도 있었습니다. 거기서 아들은 아버지와 열 살 차이 나는 '제니퍼'라는 여자가 지금도 살고 있다는 사실을 확인합니다. 비록 아버지의 이야기는 과장된 면은 있었지만, 실제로 있었던 이야기였습니다.

아버지가 위독해졌습니다. 병실에는 아버지와 아들 둘만 있습니다.

아버지에게는 아들에게 해주지 않았던 이야기가 하나 남아 있었습니다. 아버지가 마녀의 눈을 들여다보고 자기가 언제 어떻게 죽는지를 봤다고 했는데, 그 이야기만은 아들에게 해주지 않았던 것입니다. 아들은 아버지에게 그 이야기를 해달라고 말합니다. 그러자 아버지는 그 이야기는 자기 몫이 아니라 아들의 몫이라고 말합니다. 그러자 아들은 아버지의 마지막 이야기를 그 자리에서 만들어내서 아버지에게 들려줍니다. 하지만 그 이야기는 즉흥적으로 만들어낸 이야기가 아니라 30여 년 동안 아버지에게 듣고 또 들어 온 이야기들이 쌓여서 저절로 만들어진 농익은 이야기였습니다.

아들은 아버지를 안고 병실을 빠져나갑니다. 아버지는 너무 가벼워서 힘들이지 않고 안아 올릴 수 있었습니다. 아들은 아버지를 병원 복도에 있는 휠체어에 태웁니다. 그는 제지하는 간호사들을 뿌리친 후 밖으로 나와 아버지를 차에 태우고 거리를 질주합니다. 마침 일요일이라서 교회 앞 도로는 자동차로 꽉 막혀 있습니다. 그때 아버지와 함께 고향을 떠났던 거인이 갑자기 나타나서 자동차들을 뒤집어 길을 만들었습니다. 아들은 강으로 차를 운전해 갑니다. 강가에 차를 세운 후 아들은 아버지를 안고 강물로 들어가 물 위에 내려놓습니다. 그러자 아버지는 큰 물고

기가 되어 강물을 유유히 헤엄쳐 나갑니다.

이 이야기는 팀 버튼 감독의 영화 「빅 피시」의 줄거리입니다. 참 감동적인 영화이고, 특히 아버지가 생각날 때 보면 좋습니다.

야곱도 줄 것이 있었는데…

창세기 49장은 이스라엘의 족장들 중에 가장 '말썽장이' 요 '문제아' 였던 야곱이 임종 직전에 열두 아들을 축복하는 장면을 그리고 있습니다. 야곱은 아브라함이나 이삭에 비하면 아무 것도 내세울 것이 없고, 본받을 점도 별로 없는 사람입니다. 그의 한 평생은 자기가 파놓은 함정에 스스로 빠져 허우적거리며 살아간 인생이라고 볼 수 있지요. 창세기 49장은 그런 야곱이 열한 번째 아들 요셉을 축복한 내용입니다.

요셉은 열매가 주렁주렁한 가지,
샘가에 늘어진 열매가 주렁주렁한 가지,
담장너머 뻗어 가는 가지라.
사람들이 활을 쏘며 무섭게 다그쳐 몰려왔다가
활은 꺾이고 팔마다 힘줄도 끊어졌다.
이것은 야곱의 강하신 이의 팔이 하신 일,
이스라엘 목자의 이름으로 이룩된 일이다.
너를 돕는 네 아비의 하나님께서 하신 일,

너에게 복을 내리시는 전능하신 하나님께서 하신 일이다.

그 하나님께서 위로 하늘에서 내리시는 복,

땅속에 숨겨 두신 지하수의 복,

젖가슴과 태에서 솟아나게 하시는 복,

이삭과 꽃을 피우시는 복,

태곳적 산맥에서 흘러내리시는 복,

영원한 언덕에서 쏟아 내리시는 풍성한 복,

이런 복을 요셉의 머리에,

뭇 형제들 가운데서 뽑힌 요셉의 정수리에 내리시기를 비노라.

여기서 잠깐 아버지에 관한 영화 이야기를 하겠습니다. 덴젤 워싱톤이 아버지 역할을 맡아서 열연했던 「존 큐John Q」라는 영화인데, 대강의 줄거리는 다음과 같습니다.

바디 빌더body builder를 꿈꾸는 아들을 둔 가난한 흑인 부부가 있었습니다. 경제적으로 늘 쪼들리는 생활이지만, 그래도 그리스도교 신앙으로 감사하며 살아가는 부부였습니다. 그러던 어느 날, 아들이 갑자기 쓰러졌습니다. 의사는 심장 이식 수술을 하지 않으면 살 수 없다고 이야기했습니다. 부부는 하늘이 무너지는 듯 놀랐지만, 희망이 전혀 없지는 않았습니다. 아들에게 맞는 심장을 찾아 이식하면 살릴 수 있었기 때문입니다.

하지만 심장을 찾기도 전에 예상치 않은 어려움에 처하고 말았습니다. 의료보험 회사에서 수술비를 지급하지 않겠다고 했기 때문입니다.

그렇다면 거액의 돈을 병원에 예치해야만 심장 이식 대기자 명단에 아들 이름을 올릴 수 있습니다. 어머니는 병상에서 기도하고 아버지는 백방으로 돈을 구하러 다녔지만, 그렇게 구한 돈으로 예치금을 충당하기에는 턱없이 모자랐습니다. 죽어 가는 아이를 바라보는 부모의 심정이 어떠했겠습니까? 아내는 남편에게 무슨 일이든 해보라고 절규합니다.

고심하던 아버지는 결국 아들이 입원한 병원 응급실에서 총을 들고 인질극을 벌입니다. 그가 내세운 조건은 아들을 심장 이식 수술 대기자 명단에 올려놓으라는 것이었습니다. 우여곡절 끝에 아들은 대기자 명단에 올라가지만, 시간이 너무 지나버린 탓에 아들의 맥박은 점점 낮아지고, 숨이 꺼져 갑니다. 심장은 누구에게나 하나밖에 없고, 그것이 없으면 당장 죽기 때문에 누군가 사고로 죽어야 심장을 떼어낼 수 있는데, 그러한 상황을 기다리기에는 시간이 너무 없었습니다.

그러자 아버지는 자기 심장을 아들에게 주겠다고 폭탄선언을 합니다. 인질로 잡혀 있던 의사와 간호원, 그리고 모든 사람들이 '미친 짓'이라고 반대합니다. 누군가는 "그런 행동은 하나님의 법에도 어긋나는 일이다. 창조 질서의 순리대로 아들을 보내라."라고 말합니다. 하긴 이 말이 맞긴 하지요. 매일 수 없이 많은 사람이 죽어 갑니다. 세상사가 그런 것이고, 그것이 창조 질서의 순리입니다.

하지만 죽어야 하는 사람이 자식일 때는 이야기가 달라집니다. 아들이 비정상적인 심장을 가지고 태어나 펴보지도 못하고 죽어야 한다면 얼마나 기가 막히겠습니까! 아버지는 이 사실을 받아들이지 못합니다. 아버지는 독실한 그리스도인이지만, 하나님의 창조 질서에 순응하지 못합니다. 그래서 아버지는 아들을 살리기 위해 스스로 목숨을 끊기로 한 것입니다.

마침내 아버지의 뜻이 관철됐습니다. 의사와 간호사들도 아버지의 뜻을 받아들이기로 한 것이지요. 아버지는 의료진을 수술실에서 내보내고 마지막으로 아들과 둘만의 시간을 갖습니다. 아들은 이미 의식을 잃어버린 지 오래 됐습니다. 아버지는 그런 아들에게 마치 그가 듣기라도 하는 듯이 여러 이야기를 하는데, 마지막으로 이렇게 말합니다. "나는 늘 너와 함께 있을 것이다." 자기 심장이 아들의 가슴에 자리 잡을 테니 둘은 영원히 함께 있겠지요. 저는 이 말에 큰 감명을 받았습니다.

수술 준비가 다 갖춰지자 아버지는 베개 위에 타월을 깔고 침대에 누워 자기 머리에 총을 겨누고 방아쇠를 당겼습니다. 그러나 총은 불발이 됐습니다. 다시 방아쇠를 당기려 할 때 전화벨이 울립니다. 사고로 죽은 누군가의 심장이 아들과 일치한다는 소식이었습니다. 그래서 아들은 심장을 이식 받아 살아났습니다.

좋은 아버지가 되기 위해서

자식이 잘 되기를 바라지 않는 아버지는 없습니다. 하지만 그렇게 바라는 만큼 자식이 잘 되도록 올바르게 가르치고 인도하는 아버지는 그렇게 많지 않습니다. 좋은 아버지가 어떤 아버지인지, 어떻게 해야 좋은 아버지가 되는지를 많은 아버지들이 알고 싶어 하지만, 그 방법을 몰라 갈피를 못 잡고 혼란스러워 합니다.

말만으로는 아버지 역할을 제대로 할 수 없다는 것을 아버지들은 알고 있습니다. 열심히 기도하는 것만으로 안 된다는 사실도 압니다. 그러면 어떻게 해야 할까요? 저는 영화 「존 큐」에서 힌트를 얻어 이렇게 생각합니다. "나는 늘 너와 함께 있을 것이다." 좋은 아버지가 되는 길은 자녀와 '영원히 함께 있겠다.'라는 말을 삶 전체로 확대하면 될 것이라고 생각합니다. 다소 추상적이기는 하지만, 이 말을 아버지의 기본 태도로 삼을 수 있다고 봅니다.

아버지는 자식과 영원히 함께 있어야 한다고 생각합니다. 성인이 되었다고 해서 떼어낼 수 없는 것이 자식입니다. 물론 성인이 되면 성인 대접을 해 주어야 하고, 독립을 시켜야 합니다. 하지만 그렇다고 자식을 떼어낼 수는 없고, 그렇게 해서도 안 된다고 생각합니다. 적당히 거리를 두고 계속해서 지켜보고, 자식보다 반 발자국 앞서 걸으면서 그가 걷는 길에 빛을 비추어 주는 사람이 아버지여야 한다고 말입니다. 물론 자식에게 집착하여 좌지우지하려 해서도 안 됩니다. '내가 너에게 들인 정성과 노력이 얼마인데…….' 같은 생각은 자식을 망치는 지름길입니다.

아버지는 자식과 나란히 걸어가는 삶을 살아야 한다고 생각합니다. 자녀를 위해 말해 주는 것도 중요하고, 기도를 해주는 것도 중요하지만 그것만으로는 부족합니다. 말과 기도와 행동이 삼위일체로 함께 가야 하는 것입니다.

우리와 같은 부모들 모두는 자녀가 행복한 삶을 살았으면 좋겠다는 희망을 가지고 있습니다. 그렇다면 그 희망을 자녀의 머리 위에 얹기 전에 먼저 자신에게 얹어야 합니다. 자녀가 살아가게 될 행복한 삶을 그려보고, 현재의 내가 그런 삶을 살고 있는지 생각해 볼 필요가 있다는 것입니다. 여러분이 공부를 못해서 하고 싶은 일을 못하고 있으니, 자식만은 공부를 잘해서 성공하기를 원하십니까? 그렇다면 아버지가 먼저 손에 책을 잡고 공부하는 모습을 보여야 합니다. 늘 책을 가까이 두고 새로운 지식과 지혜를 찾는 모습을 보여주는 것보다 더 좋은 교육은 없습니다. 자녀가 신실하고 깊이 있는 신앙인이 되기를 원하십니까? 그렇다면 아버지가 먼저 그런 신앙인이 되어야 하겠지요.

인간으로서나 아버지로서나 결코 모범적이지 않았던 야곱도 죽는 순간에는 자식들에게 복을 빌어 주었습니다. 이처럼 아버지라면 누구나 자식들을 축복할 수 있습니다. 아버지가 된다는 것은 이러한 복을 누리는 일입니다. 남자는 아버지가 되어서야 비로소 사람이 되고 철이 든다는 말이 있는데, 백 번이고 옳은 말입니다. 좋은 아버지가 되십시오. 그러기 위해서 먼저 좋은 그리스도인이 되고, 그보다 먼저 좋은 사람이 되십시오. 좋은 사람이 되고 나서 좋은 그리스도인이 되고, 그 다음에 좋은 아버지가 되는 법입니다.

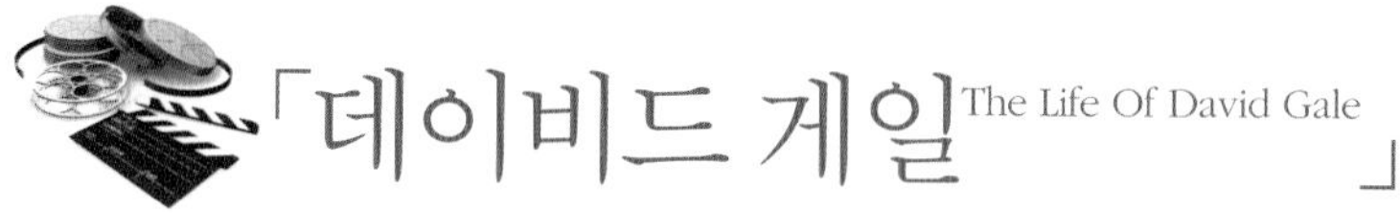

「데이비드 게일 The Life Of David Gale」

…온 천하를 얻는다 해도

'살인면허'는 영화 007 시리즈의 숫자가 상징하는 바입니다. 즉 숫자 '007'은 직무상 살인을 해도 처벌받지 않는 첩보원임을 가리키는 것이지요. 우리는 20편이 넘게 나온 이 영화를 그동안 아무렇지도 않게 보아 왔는데, 도대체 국가가 제임스 본드에게 살인해도 좋다는 면허를 줘도 괜찮은 겁니까? 만일 그렇다면 누가 국가에게 그런 권한을 주었을까요?

요즘은 이른바 '사형 제도'를 통해 '합법적으로' 사람을 죽일 수 있는 권한을 가진 기관은 국가밖에 없습니다. 하지만 과거에는 그렇지 않았습니다. 다양한 개인들과 조직들이 살인면허를 가지고 있었고, 실제로 그 권한을 행사했습니다. 오래 전 가부장제 사회에서는 가장이 가족의 목숨을 빼앗을 권한까지 가지고 있었습니다. 이는 창세기 38장에 나오는 유다와 다말의 이야기를 통해서도 알 수 있습니다.

유다는 과부인 며느리 다말이 임신했다는 소문을 듣고 그 아이가 자기 자식인 줄도 모르고 "당장 다말을 불태워 죽여라!" 라고 명령했습니다. 시아버지가 며느리를 죽일 권한을 가지고 있었던 것입니다. 훗날 살인면허는 유력한 가부장들의 모임인 지파의 장로 회의로 넘어갔고, 그 후에는 왕의 손에 넘어갔습니다. 이스라엘이 제국의 식민지가 된 후에는 그것이 지배국의 총독에게 넘어갔지요. 로마 시대에 산헤드린이 아무리 유대인 최고 권력기관이라 할지라도 자기 백성을 사형에 처할 권한이 없었습니다. 그래서 산헤드린은 신성모독 죄로 예수님을 잡아들이고도 직접 죽이지 못하고 로마 총독 빌라도에게 보내야 했습니다.

복면을 쓴 사람이 칼을 들이대고 돈을 달라고 요구하면 우리는 그를 '강도' 라 부르고, 국가는 그가 저지른 범죄의 정도에 따라 사형에까지 집행할 수 있습니다. 그런데 복면과 비슷한 마스크를 쓰고 '메스' 라는 칼로 사람의 몸을 째는 사람을 우리는 '의사' 라고 부르는데, 의사가 수술을 하다가 사람을 죽일 수도 있지만 큰 실수가 아니면 그를 죽이기는커녕 감옥에 보내지도 않습니다. 의사는 사람의 몸에 칼을 댈 수 있는 면허를 가졌기 때문입니다.

사형 제도를 유지해야 하는가, 폐지해야 하는가?

오늘날 많은 국가들이 사형 제도를 폐지하는 쪽으로 가고 있습니다.

사형 제도에 문제가 많다고 해서 오랫동안 개인과 단체들이 사형 제도를 폐지하자고 주장해 온 결과입니다. 국제사면위원회Amnesty International의 2007년 조사에 따르면, 전 세계 133개 국가에는 사형 제도가 없으며, 있더라도 10년 동안 형을 집행한 적이 없다고 합니다. 반면에 64개 국가에서는 아직도 사형 제도를 유지하고 있습니다. 2006년 한 해 동안 25개국에서 1,591명에게 사형이 집행되었으며, 55개국에서 3,861명이 사형을 선고받았다고 합니다. 사형 제도에 대한 여론은 일정치 않고 들쑥날쑥합니다. 평소에는 폐지 의견이 많지만, 연쇄살인 같은 충격적인 사건이 일어나면 유지하자는 여론이 높아진다고 합니다. 여론에만 의존해서 사형 제도의 존폐를 논하는 것이 정당하지 않은 이유입니다.

사형 제도를 존속해야 한다는 측도 논리가 그럴듯하고 폐지해야 한다는 측도 마찬가지입니다. 사형 제도를 유지해야 한다는 측의 주장은 이렇습니다.

첫째로, 사형은 범죄 예방 효과가 대단히 크다고 합니다. 죽기 싫어서라도 죄를 짓지 않는다는 이야기입니다. 둘째로, 살인이나 강도강간, 유괴살해, 존속살인 등과 같은 흉악범의 생명을 박탈하는 것은 '사회 정의'에 부합한다고 합니다. 셋째로, 국민들의 일반적인 법 감정은 사형 제도를 확실히 지지하고 있다고 합니다. 넷째로, 폐지론자들이 사형 대신 제시하는 종신형 제도는 경제적인 부담도 크고, 오히려 비인간적일 수도 있다고 합니다. 다섯째로, 형벌의 목적은 근본적으로 인과응보에 따른 응징에 있으므로 사형은 형벌의 목적에 합치한다고 합니다.

이에 대해 폐지론자들의 주장은 이렇습니다.

첫째로, 사형 제도는 인도적인 이유에서 폐지해야 한다는 것입니다. 인간의 생명은 단 한 번 허용된 것이고, 그 무엇보다 중요하기 때문에 이를 박탈하는 사형은 인도적인 관점에서 허용될 수 없다는 것입니다. 둘째로, 사형은 종교적인 이유에서도 허용될 수 없다고 합니다. 인간의 생명은 신만이 줄 수 있는 것이므로 생명을 줄 수 없는 인간에게는 형벌이라는 명분으로 생명을 박탈할 권리가 없다는 것입니다. 셋째로, 사형은 인간이 생명을 누리고 살아갈 수 있는 '생명권'을 근본적으로 부정하는 것이기 때문에 헌법에 위배된다고 합니다. 넷째로, 형벌의 본질은 죄를 범한 범죄인을 교육하고 교화하여 건전한 사회인으로 복귀시키는 것이므로 교육과 교화를 근원적으로 포기하는 사형은 형벌의 본질에 반하는 제도이므로 허용될 수 없다는 것입니다. 다섯째로, 사형은 범죄 억제의 효과가 없다고 합니다. 사형을 폐지한 국가들에서 사형에 해당할 만한 흉악 범죄가 증가하지 않았다는 일치된 통계가 이를 입증하고 있다고 합니다. 여섯째로, 사형은 오판에 의해 저질러질 수 있기 때문에 폐지해야 한다고 합니다. 일곱째로, 사형은 지배자 특히 독재자가 자기 정적政敵이나 반대자를 단숨에 제거할 수 있는 수단으로 악용되어 왔으므로 폐지해야 마땅하다고 합니다. 마지막으로, 사형은 불공평한 제도이므로 폐지해야 한다고 합니다. 같은 살인을 했어도 강자보다는 약자가 사형에 의해 희생된다는 것입니다. 이것은 정의나 공평이 아니라 엄연한 차별이라는 것입니다.

여러분 생각은 어떻습니까? 여러분은 사형 제도가 유지되어야 한다고 생각하십니까, 아니면 그것을 폐지해야 한다고 생각하십니까?

데이비드 게일의 생애

미국 텍사스의 오스틴대학에 젊고 패기 있으며, 학생들에게 인기가 많은 '데이비드 게일'이라는 철학 교수가 있었습니다. 그는 교수로서 뿐만 아니라 사형 제도의 폐지를 주장하는 '데스워치Death Watch'라는 단체에서 열정적으로 활동하는 회원이기도 했습니다. 이렇듯 앞날이 구만리 같던 게일의 인생이 단 한 번의 실수로 나락에 빠지고 맙니다.

그의 수업을 듣는 학생 중에 공부에는 관심이 없는 '벌린'이라는 여학생이 있었습니다. 그녀는 점수를 잘 달라는 자신의 부탁을 게일이 거절하자 그를 유혹하여 성관계를 갖습니다. 그런데 그것이 그냥 성관계가 아니라 게일을 성폭행 범죄자로 옭아 넣으려는 함정이었습니다. 게일은 벌린을 성폭행한 혐의로 기소됐다가 무혐의로 풀려나지만, 이미 모든 것을 잃은 뒤였습니다. 그는 대학에서 쫓겨난 데다 가족들에게서도 버림을 받았으며, 취직도 잘 되지 않았습니다. 또한 열정적으로 일해 왔던 데스워치에서도 따돌림을 당합니다. 그에게 남은 친구는 데스워치와 대학의 동료 교수인 콘스탄스뿐이었습니다.

어느 날 게일은 콘스탄스가 백혈병으로 시한부 생을 살고 있음을 알게 됩니다. 유일한 친구이자 동지인 콘스탄스의 불치병은 그를 더 깊은

「데이비드 게일(The Life Of David Gale)」, 2003년
감독 | 앨런 파커
주연 | 케빈 스페이시(데이비드 게일), 케이트 윈슬렛(벳시 블룸), 로라 린니(콘스탄스 해러웨이)

상심으로 빠뜨립니다. 그러던 어느 날, 콘스탄스가 성폭행을 당한 후 살해된 시체로 발견됩니다. 경찰은 곧바로 전력이 있는 게일을 의심하는데, 부검 결과 콘스탄스의 몸에서 게일의 정액이 검출되자 그는 콘스탄스의 살해범으로 구속되었고, 결국 사형을 선고받습니다.

그로부터 6년이 지난 후 사형 집행을 닷새 앞두고 게일은 유능한 신문기자인 벳시 블룸과의 인터뷰를 요청합니다. 데스워치의 열정적인 활동가였던 게일이 사형을 당하게 되었으니 언론에서 대서특필하고, 대중의 관심이 집중됐음은 당연합니다. 그를 범인으로 믿고 있던 벳시는 게

일에게서 자기가 콘스탄스를 죽이지 않았다는 말을 듣습니다. 처음에는 믿지 않았지만 세 번에 걸친 인터뷰에서 게일의 생애와 활동, 그리고 콘스탄스와의 관계에 대해 이야기를 들은 후 벳시는 게일이 누군가의 음모에 빠져 누명을 썼을 수도 있다는 의심을 갖게 됩니다.

그러던 중 누군가가 벳시의 모텔 방에 비디오테이프를 하나 놓아두었는데, 그 테이프에는 콘스탄스가 손이 뒤로 묶인 채 비닐봉지를 얼굴에 뒤집어쓰고 죽어 가는 장면이 담겨 있었습니다. 여러 정황상 게일의 무죄 쪽으로 점점 마음이 기울면서 벳시는 이를 입증할 자료를 찾지만 그녀에게 주어진 시간은 오직 사흘뿐이었고, 그녀의 노력은 수포로 돌아가는 것 같았습니다. 드디어 사형 집행일이 되었고, 게일은 처형대에 오릅니다. 그날 벳시는 테이프를 자세히 살펴본 결과 콘스탄스는 살해당한 것이 아니라 스스로 목숨을 끊었다는 결론에 도달합니다. 왜 그녀는 자신이 살해된 것처럼 꾸몄을까요? 콘스탄스는 오판에 의해 얼마든지 죄 없는 사람을 사형에 처해 죽일 수 있음을 세상에 보여주기 위해서였습니다.

그러나 벳시에게는 이러한 추론을 입증할 증거가 필요했습니다. 그녀는 처음부터 자기를 따라다니며 수상한 행동을 해온 더스티의 집을 뒤져 콘스탄스가 숨을 거둔 후 더스티가 뒤처리하는 장면이 담긴 비디오를 찾아냅니다. 콘스탄스와 더스티가 함께 연출한 자살극이었던 것입니다. 그녀는 비디오테이프를 들고 사형장으로 달려갔지만, 이미 게일의 사형이 집행된 후였습니다. 벳시는 게일을 살리지 못했음을 안타까워하며 오열합니다. 게일이 오판에 의해 사형되었음을 보여주는 테이프가 공개되자 세상은 발칵 뒤집혔습니다. 사형 제도에 대한 반대 여론이 들끓었고, 언론에서는 이 문제를 토론하는 기사와 프로그램을 만들었습니다. 콘스탄스가 계획했던 대로 된 것입니다. 하지만 여론이란 것이 늘 그렇듯이 얼마 지나지 않아 게일 사건에 대한 세상의 관심은 수그러듭니다. 그러던 어느 날 벳시에게 비디오테이프가 배달됩니다. 그 테이프에는 더스티가 뒤처리한 다음 장면이 담겨 있었는데, 벳시는 그것을 보고 소스라치게 놀라며 다시 한 번 오열합니다. 테이프의 마지막 장면은 게일이 카메라 앞에 서서 렌즈를 뚫어지게 바라보는 장면이었습니다

다. 콘스탄스의 타살을 가장한 자살극에는 더스티뿐만 아니라 게일도 연관되어 있었던 것입니다.

사랑은 온 세상보다 귀한 목숨을 벗을 위해 바치는 것

사형 제도를 유지해야 한다는 쪽과 폐지해야 한다는 쪽의 주장은 결국 각각 하나로 귀결됩니다. 유지해야 한다는 쪽의 핵심적인 주장은 '인과응보가 곧 사회 정의'라는 주장입니다. 범죄 예방 효과를 내세우지만, 실제 조사 결과는 사형 제도의 존속으로 인한 범죄 예방 효과가 없음이 밝혀졌습니다. 이 사실은 사형 제도를 유지하는 국가와 폐지한 국가의 비교를 통해 입증되었습니다.

한편 폐지해야 한다는 쪽의 핵심적인 주장은 '오판 가능성'입니다. 사형 제도를 폐지해야 하는 가장 현실적인 이유는 '인간의 실수'라는 것입니다. 인도주의나 종교적인 이유 등에 공감하는 사람도 있겠지만, 보편적이지는 않습니다. 따라서 사형 제도를 폐지해야 하는 가장 설득력 있는 이유는 인간에 의한 '오판의 가능성'이라고 할 수 있습니다. 영화 「데이비드 게일」에서는 이것을 잘 보여주고 있고, 콘스탄스와 게일은 바로 그러한 사실을 알려서 세상을 일깨우려고 자신의 목숨을 바쳤던 것입니다.

'아무리 그래도 그렇지. 소중한 생명을 빼앗아간다고 해서 사형 제도를 반대하는 사람이 자기 생명을 버려도 되는가?' 하는 질문이 떠오릅니다. 동의하는 사람도 있고, 반대하는 사람도 있겠지요. 저는 절대적으로 한편이 옳고 다른 편은 절대적으로 틀리다고 생각하지 않습니다. 어떤 상황인지가 중요합니다. 목숨을 버려야 하는 상황도 있고, 그래서는 안 되는 상황도 있습니다. 마태복음 16장 26절에서 예수님은 이렇게 말씀하셨습니다.

"온 세상을 얻는다 해도 제 목숨을 잃으면 무슨 소용이 있겠느냐? 사람의 목숨을 무엇과 바꾸겠느냐?"

그런 예수님이 요한복음 15장 13절에서는 이렇게 말씀하셨습니다.

"벗을 위하여 제 목숨을 바치는 것보다 더 큰 사랑은 없다."

목숨은 무엇과도 바꿀 수 없는 지고지선의 가치입니까? 아니면 벗을 사랑한다면 버릴 수도 있는 것입니까?

예수께서 그런 뜻으로 말씀하셨을 리 없는데도 불구하고 "온 세상을 얻는다 해도 제 목숨을 잃으면 무슨 소용이 있겠느냐?"라는 말씀을 제 한 목숨을 위해서라면 세상이야 어떻게 되든 상관없다는 뜻으로 읽는 사람이 있습니다. 물론 대놓고 그렇게 읽는다고 말하지는 않지만, 실제로는 그렇게 사는 사람이 있습니다. 내 목숨과 내 이익은 온 세상과도 바꿀 수 없는 것이니, 온 세상을 희생해서라도 내 한 목숨, 내 이익을 지키겠다는 신념으로 똘똘 뭉친 사람 말입니다. 아파트를 지어 큰돈을 벌어야 하는데, 철거민 몇 명쯤 죽어 나가는 게 무슨 대수이냐는 식으로 말입니다.

하지만 이 말씀이 놓여 있는 맥락을 보면, 그것을 그런 식으로 읽을 수는 없습니다. 바로 앞에서 예수님은 이렇게 말씀하셨습니다.

"나를 따르려는 사람은 누구든지 자기를 버리고 제 십자가를 지고 따라야 한다. 제 목숨을 살리려는 사람은 잃을 것이며, 나를 위하여 제 목숨을 잃는 사람은 얻을 것이다."

그 다음에는 이렇게 말씀하셨습니다.

"온 세상을 얻는다 해도 제 목숨을 잃으면 무슨 소용이 있겠느냐? 사람의 목숨을 무엇과 바꾸겠느냐?"

이 두 말씀을 연결시키면, 이렇게 이해해야 합니다.

'한 사람의 목숨은 온 세상보다 귀하다. 그런데 그 목숨을 살리려는 사람은 잃을 것이고, 잃는 사람을 살릴 것이다. 온 세상보다 귀중한 제 한 목숨 살리고 싶거든 자기를 버리고 제 십자가를 지고 예수를 따라야 한다.'

이렇게 말입니다.

사람이 살만한 세상을 만들려면?

고대 그리스의 아테네에 시인이자 정치가이면서 법률가였던 '솔론Solon'이라는 사람이 있었습니다. 아주 먼 옛날에는 시인이면서 정치가이고, 동시에 법률가로 활동하는 것이 가능했던 모양입니다. 요즘은 그런 사람을 보기 어렵지요. 시인이 정치가의 현실성을 가지고 있고, 법률가가 시인의 감수성을 가지고 있다면 얼마나 좋겠습니까!

좌우간 시인이면서 정치가요, 법률가였던 솔론은 '정의正義'의 문제를 가지고 씨름했던 사람으로도 유명합니다. '정의란 무엇인가?', '어떻게 하면 정의를 세울 수 있을까?' 하는 문제가 그의 과제였던 모양입니다. 그 결과 솔론이 내린 결론은 이것입니다.

"피해를 입지 않은 자가 피해를 입은 자와 똑같이 분노할 때, 비로소 정의가 실현된다."

오늘날 우리가 안고 있는 사회 문제를 해결하기 위해서는 당사자가 아닌 사람이 나서야 합니다. 내 일이 아닌데 내 일처럼 나서서 해결하려는 사람이 필요하다는 이야기입니다. 지금은 아주 큰 교회의 목사가 된 어느 분이 과거에 학생들에게 "공부해서 남 주자!"라고 가르쳤다는 이야기를 들었습니다. 우리 사회의 문제는 "공부해서 남 주나?"라는 말에는 고개를 끄덕이면서 "공부해서 남 주자!"라는 말에는 고개를 갸우뚱하기 때문에 풀리지 않는다는 생각이 듭니다.

영화에서 콘스탄스는 백혈병으로 곧 죽을 목숨이었습니다. 얼마 더 살고 덜 사는 차이는 있지만, 큰 차이는 아니었습니다. 모든 것을 잃어버린 게일의 처지는 콘스탄스의 그것과는 달랐으니, 보는 사람마다 그의 행위를 달리 판단할 수 있겠습니다. 그의 의도는 자기가 그토록 반대해 온 사형을 스스로 당함으로써, 사형 제도의 부당함을 널리 알리는 데 있었습니다. 자기 목숨을 가장 소중하게 추구해 온 가치를 위해 버렸던 것입니다.

이들이 한 행위는 우리가 할 수 있는 범위를 벗어나 있습니다. 친구를 위해 목숨을 버리는 일이나 공부해서 모조리 남 주는 일 역시 마찬가지입니다. 솔직히 말해서 우리는 이런 일을 못합니다. 예수님 말씀이 아니더라도 내 목숨은 그 무엇보다 소중한 것이기에 극히 예외적인 경우를 빼고는 아무리 사랑하는 사람이라도 그를 위해 내주게 되지 않습니다. 아우슈비츠에서 남 대신 죽어 준 랍비가 있다는 이야기가 있기는 하지만, 그것은 극히 드문 경우입니다.

내 공부, 내 명예, 내 재산도 역시 마찬가지입니다. 내가 밤잠을 자지 않고 열심히 공부해서 얻은 것을 모두 남을 위해 쓸 수는 없습니다. 내가 공들여 쌓은 명예를 모두 남에게 돌릴 수는 없습니다. 놀지도 쉬지도 않고 땀 흘려 열심히 일해서 얻은 재산을 모두 남을 위해 내놓는다는 것은 결코 쉽지 않습니다.

예수님은 친구를 위해 자기 목숨을 버리면 그것보다 큰 사랑은 없다고 말씀하셨지만, 거기까지 갈 수 없다면 내가 세 번째로 사랑하는 것은 내놓을 수 있지 않겠습니까? 가장 소중한 것을 내놓아야 하는 상황이 온다면, 그것은 그때 가서 생각해 보기로 하고 당장은 세 번째로 사랑하는 것을 남과 나누는 삶을 살면 어떻겠습니까?

옷으로 비유해 보면 이렇게 비유할 수 있겠습니다. 내가 가장 좋아하는 옷이 있는데, 오늘은 그 옷을 입고 외출하기로 마음먹었습니다. 그런데 그 옷이 더러워서 세탁을 해야 한다면, 그 다음으로 좋아하는 옷을 찾겠지요. 그런데 그 옷도 입지 못할 사정이라면, 그 다음으로 좋아하는 옷을 찾겠지요. 바로 이것, 세 번째 것을 나누자는 이야기입니다. 일 년이 가도 거들떠보지 않는 옷이 아니고, 그렇다고 가장 아끼는 옷도 아닌 세 번째로 찾는 옷, 그것 정도만 남에게 주려고 생각하면 되지 않겠는가 하는 이야기입니다.

바이올린 연주자 이츠하크 펄만의 연주회에서 있었던 일입니다. 그는 심각한 장애를 지니고 있었기 때문에 한 번 연주를 하려면 두 개의 목발과 보조대, 앉을 의자가 필요한 사람입니다. 연주가 시작된 지 얼마 되지 않아 청중들이 막 음악에 몰입하려 할 때 갑자기 '탕!' 하는 소리가 홀을 울렸습니다. 바이올린의 줄 하나가 끊어졌던 것입니다. 청중들은 당연히 그가 연주를 중단하고 바이올린을 바꾸거나 무대 뒤로 나가 줄을 교체한 후 다시 나와 연주할 것으로 생각했습니다.

그런데 잠시 눈을 감고 있던 펄만은 그 상태에서 세 줄만으로 연주를 계속하기 시작했습니다. 그의 연주가 어떠했는지는 듣는 사람마다 느낌이 달랐을 것입니다. 그는 세 줄만으로도 연주할 수 있도록 순간순간 편곡도 하고, 재 작곡을 해서 연주를 마쳤습니다. 청중들의 열광적인 기립박수가 멎자 그는 이렇게 말했습니다.

"때로는 자신에게 남아 있는 것만으로도 아름다운 작품을 만들어내는 일이 예술가가 하는 일입니다."

가진 것이 없다는 말은 하지 않았으면 좋겠습니다. 남과 나눌 것 하나 없는 가난뱅이는 없다고 했습니다. 그중에서 10~20%, 또는 그중 세 번째로 좋아하는 것, 그것만으로도 남과 나눌 수 있다면 우리가 사는 세상은 정말 사람이 살만한 세상이 될 것입니다. 서로가 물고 물리는 동물의 왕국은 TV에서 보는 것으로 족하지 않습니까? 여러분 모두 그런 곳에서 살고 싶지는 않을 것입니다. 조금씩만 양보하고 조금씩만 나누면 정글 같은 세상을 사람 사는 세상으로 만들 수 있습니다. 예수님을 '동물의 주님'이 아니라 '사람들의 주님'으로 섬기기 위해서라도 말입니다.

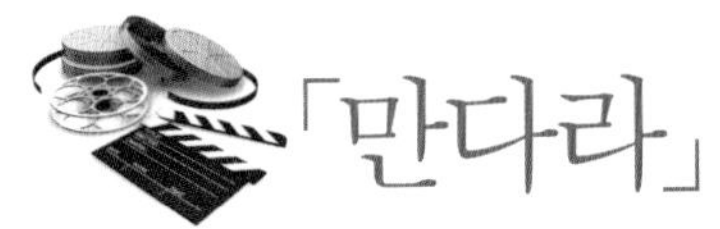

「만다라」

… 아름다운 마무리

만일 제가 목사가 되지 않았다면 영화감독이 되었을 것입니다. 물론 희망 사항일 뿐이지만 말입니다. 재미있는 것은 목사와 영화감독을 직업의 '정년'에서 비교하면 정반대라고 할 수 있습니다. 미국에는 법률에 정한 정년이 없지만, 우리나라에서는 대부분의 직업에 정년이 있고, 그 연령이 점점 낮아지고 있다고 합니다. 그럼에도 불구하고 우리나라에서 목사의 정년은 대부분의 교단이 70세이니까 상당히 높은 편이지요. 반면에 영화감독은 자유직업이므로 정년이 없습니다.

영화감독 임권택

현실적으로 영화감독은 예외적인 몇 사람을 빼고는 영화 한두 편 찍고 경력을 끝내는 경우가 대부분입니다. 그 많은 영화감독들 중에서 70대의 나이에 영화를 만드는 현역 감독은 임권택 감독 한 사람밖에 없다고 합니다. 데뷔작을 찍은 감독의 절반 정도가 두 번째 작품을 찍지 못하고 은퇴하는 것이 영화계의 현실입니다. 하지만 1960년대에 데뷔한 후 계속해서 영화를 만들어 왔고, 70대 중반에 이른 현재까지 1백 번째 영화를 찍은 임권택 감독 같은 분은 이전에도 없었고 앞으로도 없을 것입니다. 어떤 사람이 이를 가리켜 "쥬라기와 백악기가 지난 후의 인간 세상에 공룡 하나가 어슬렁거리는 것"과 같다고 말했는데, 정곡을 찌른 재미있는 비유라는 생각이 듭니다.

한국영상자료원이 선정한 1백 편의 한국영화 중에 임권택 감독의 작품이 아홉 편이나 선정됐습니다. 「짝코」, 「만다라」, 「안개마을」, 「길소뜸」, 「티켓」, 「씨받이」, 「아제아제바라아제」, 「서편제」, 「축제」가 그것입니다. 저는 이들 영화를 다 보았는데, 그 가운데 최고의 작품은 「만다라」였습니다.

이 사람이 진짜 승려구나!

영화 「만다라」는 소설가 김성동金聖東의 장편소설을 원작으로 하여 제작되었으며, 안성기, 전무송, 방희 등 당대의 명배우들이 출연한 걸작입니다. 출가한 지 6년이 지났지만 여전히 정신적으로 방황하고 있는 법운 스님이 불교계의 모순을 날카롭게 비판하며 인간의 위선을 비웃고 다

「만다라」, 1981년
감독 | 임권택
주연 | 안성기(법운 스님), 전무송(지산 스님),
방희(영주)

니는 파계승 지산 스님을 통해 현실 세계 안에서 구도의 길을 찾는다는 이야기가 영화의 줄거리입니다.

어느 날 법운은 버스에서 검문을 당해 곤경에 빠진 지산을 도와준 후 그와 동행합니다. 술도 마시고 음식도 가리지 않고 먹는 등 거침없이 행동하는 지산이 법운에게는 매우 혼란스러운 존재였지만, 법운은 이상하게도 지산에게 끌려들어 갑니다. 그는 지산이 파계한 사연을 듣게 되지요. 지산은 수좌 시절에 그에게 호의를 보이는 재수생 옥순과 음계를 깼고, 강간범으로 몰려 승적에서 제명당했다고 했습니다. 지산은 옥순과 방탕한 생활을 보내다 헤어졌는데, 3년 뒤에 다시 옥순을 만났을 때 그녀는 창녀가 되어 있었습니다. 법운은 지산과 함께 옥순을 만나러 사창가를 찾아갑니다. 그 후 지산과 헤어져 혼자 길을 떠난 법운은 어머니에 대한 기억과 자신을 찾아온 연인 영주 때문에 계속 번민합니다.

영화 제작에 얽힌 이야기를 읽어 보니 제작진은 촬영할 절을 구하지 못해서 몇 달 동안 고생했다고 합니다. 법운과 지산이 전통적인 승려와는 달랐기 때문에 절에서 촬영 장소로 내주려 하지 않았다는 것입니다. 특히 지산은 기행을 일삼는 파계승이었으니까 1980년대의 기준으로 볼 때 촬영을 허락할 절이 없었을 법도 합니다.

겨우 촬영 장소를 구했는데, 그 절에 있는 스님 한 분이 촬영 내내 동행하겠다고 자청하더랍니다. 제작진은 불교에 대해 자문도 얻어야 했으므로 스님의 동행을 허락했는데, 그분은 불교에 대한 자문뿐만 아니라 온갖 잔심부름까지 다 하더

랍니다. 무엇을 잘못해서 야단을 쳐도 묵묵히 영화 제작을 도왔고, 지산처럼 술판이 벌어지면 빠지는 법이 없었고, 음식도 가리지 않더랍니다. 그러자 종단에서는 불교의 이미지를 훼손하는 영화에 계속 협조하면 승적을 박탈하겠다고 경고했는데, 그래도 스님은 아랑곳하지 않고 계속 도왔다고 합니다. 나중에 임 감독이 스님에게 "왜 그랬느냐?"라고 물으니까 그는 "혹시나 불교가 잘못 알려질까 봐 그랬습니다."라고 대답하더랍니다. 이 대답을 듣는 순간 임 감독은 '아, 이 분이 진짜 승려구나!' 하는 생각이 들었다고 했습니다.

몇 년이 지나서 법운은 지산을 다시 만났고, 둘은 작은 암자에서 함께 기거하게 됩니다. 그러던 중 눈이 많이 내린 어느 겨울, 지산은 눈길에서 만취한 채 동사凍死하고, 법운은 암자와 함께 지산의 시신을 화장합니다. 그 후 법운은 옥순을 찾아가서 지산이 만든 목불상을 전해 주고, 어머니를 만난 후 다시 길을 떠나는 것으로 영화는 끝납니다.

임종게

젊은 날의 방황은 아름답습니다. 더욱이 그 방황이 참된 삶의 길을 찾아가려는 방황, 구도를 위한 방황이라면 얼마나 더 아름답겠습니까! 2010년 3월에 입적하신 법정 스님도 그러한 방황의 시간을 오래도록 보내셨겠지요. 그리고 그러한 방황을 모두 거치고 나서 스님에게 남겨진 것은 '무소유' 였습니다.

사람들이 법정 스님의 무소유 정신을 이해하고, 받아들이고, 실천하는 방식은 제각기 다릅니다. 어디로 보나 무소유 정신과는 상관없어 보이는 사람도 스님의 무소유 정신을 거론하는 걸 보면 무엇이든 받아들이기 나름이라는 생각도 듭니다. 어쨌든 스님은 우리 사회에 소중한 화두 하나를 던져 주고 가셨습니다.

이번 글의 제목인 '아름다운 마무리'는 법정 스님의 마지막 책 제목에서 가져왔습니다. 그 책에는 '임종게'라는 제목의 글이 있습니다. 선가에서 스님들이 죽음에 이르러 제자들에게 직접 전하는 마지막 가르침을 '임종게臨終偈' 또는 '유게遺偈'라고 부르는데, 그중에는 주옥같은 말씀이 많습니다. 13세기 중국 송나라 때 조원祖元 스님은 다음과 같은 임종게를 남겼다고 합니다.

부처니 중생이니 모두 다 헛것
실상을 찾는다면 눈에 든 티끌
내 사리 천지를 뒤덮었으니
식은 잴랑 아예 뒤지지 말라.

또 고려 말기 백운 경한 스님은 이런 임종게를 남기셨습니다.

사람이 칠십을 사는 일

예로부터 드문 일인데
일흔일곱 해나 살다가
이제 떠난다.
내 갈 길 툭 트였거니
어딘들 고향이 아니랴
무엇하러 상여를 만드는가
이대로 홀가분히 떠나는데,

내 몸은 본래 없었고
마음 또한 머문 곳 없었으니
태워서 흩어버리고
시주의 땅을 차지하지 말라.

육신이든 사리든 모든 것이 헛되니 거기에 집착하지 말라는 가르침으로 읽습니다. 또 중국 당나라 때 남양 혜충 국사는 제자들이 유게를 달라고 하자 그들을 꾸짖으며 "내가 지금까지 너희에게 말해 온 모든 것이 내 유언이다."라고 일갈一喝했다고 합니다. 저는 법정 스님의 마지막 저서 『아름다운 마무리』를 그분의 '임종게'라고 생각하고 읽었습니다. 책에서 스님은 이런 말씀을 합니다.

내가 한동안 맡아 가지고 있던 것들을 새 주인에게 죄다 돌려 드리고 싶다.

누구든지 나와 마주치는 사람들은 내게 맡겨 놓은 것들을 내가 먼 길을 떠나기 전에 두루두루 챙겨 가기 바란다. 그래서 이 세상에 올 때처럼 빈손으로 갈 수 있도록 해주기 바란다.

삶의 비참함은 죽는다는 사실보다도 살아 있는 동안 우리 내부에서 무언가 죽어 간다는 사실에 있다. 자신을 삶의 변두리가 아닌 중심에 두면 어떤 환경이나 상황에도 크게 흔들림이 없을 것이다. 모든 것을 담담하게 받아들일 수 있는 삶의 지혜와 따뜻한 가슴을 지녀야 한다.

살아 있는 모든 것은 때가 되면 그 생을 마감한다. 이것은 그 누구도 어길 수 없는 생명의 질서이며 삶의 신비이다. 만약 삶에 죽음이 없다면 삶은 그 의미를 잃게 될 것이다. 죽음이 삶을 받쳐 주기 때문에 그 삶이 빛날 수 있다.

아름다운 마무리

요한복음 14장 27절에서 예수님은 이렇게 말씀합니다.

"나는 너희에게 평화를 주고 간다. 내 평화를 너희에게 주는 것이다. 내가 주는 평화는 세상이 주는 평화와는 다르다."

공관복음서(共觀福音書, Synoptic Gospels : 신약성서 첫머리의 네 복음서 중 '요한의 복음서'를 제외한 '마태오의 복음서', '마르코의 복음서', '루가의 복음서'를 통틀어 일컫는 말)가 전하는 예수님은 길게 말씀하는 분이 아닙니다. 예수님의 가르침과 비유들은 대부분 어렵지 않게 기억할 수 있을 정도로 짧습니다. 그런데 요한복음은 다릅니다. 요한복음의 예수님은 길게 말씀하십니다. 듣고 정확하게 기억하는 것이 불가능할 정도로 길지요. 특히 예수님은 요한복음 14장부터 16장에서 제자들에게 길게 말씀하셨고, 17장에서는 마지막으로 하나님께 기도를 드리셨는데, 이 기도 역시 상당히 깁니다. 저는 이 부분이 불교식으로 말하면 예수님의 임종게에 해당된다고 생각합니다. 예수께서 제자들에게 마지막으로 남기신 말씀이기 때문입니다.

> 너희는 걱정하지 마라. 하나님을 믿고 또 나를 믿어라. 내 아버지 집에는 있을 곳이 많다……(14:1).

> 너는 내가 아버지 안에 있고 아버지께서 내 안에 계시다는 것을 믿지 않느냐? 내가 너희에게 하는 말도 나 스스로 하는 말이 아니라 아버지께서 내 안에 계시면서 몸소 하시는 일이다. 내가 아버지 안에 있고 아버지께서 내 안에 계시다고 한 말을 믿어라. 못 믿겠거든 내가 하는 이 일들을 보아서라도 믿어라. 정말 잘 들어두어라. 나를 믿는 사람은 내가 하는 일을 할 뿐만 아니라 그보다 더 큰일도 하게 될 것이다. 그것은 내가 이제 아버지께 가서 너희가 내 이름으로 구하는 것이면 무엇이든지 이루어주겠기 때문이다. 그러면 아들로 말미암아 아버지께서 영광을 받으실 것이다. 너희가 내 이름으로 구하는 것이면 무엇이든지 다 내가 이루어주겠다. 너희가 나를 사랑하면 내 계명을 지키게 될 것이다. 내가 아버지께 구하면 다른 협조자를 보내 주셔

서 너희와 영원히 함께 계시도록 하실 것이다. 그분은 곧 진리의 성령이시다. 세상은 그분을 보지도 못하고 알지도 못하기 때문에 그분을 받아들일 수 없지만 너희는 그분을 알고 있다. 그분이 너희와 함께 사시며 너희 안에 계시기 때문이다(14:10-17).

나는 너희에게 평화를 주고 간다. 내 평화를 너희에게 주는 것이다. 내가 주는 평화는 세상이 주는 평화와는 다르다. 걱정하거나 두려워하지 마라(14:24).

아버지께서 나를 사랑하신 것처럼 나도 너희를 사랑해 왔다. 그러니 너희는 언제나 내 사랑 안에 머물러 있어라. 내가 내 아버지의 계명을 지켜 그 사랑 안에 머물러 있듯이 너희도 내 계명을 지키면 내 사랑 안에 머물러 있게 될 것이다. 내가 이 말을 한 것은 내 기쁨을 같이 나누어 너희 마음에 기쁨이 넘치게 하려는 것이다. 내가 너희를 사랑한 것처럼 너희도 서로 사랑하여라. 이것이 나의 계명이다. 벗을 위하여 제 목숨을 바치는 것보다 더 큰 사랑은 없다. 내가 명하는 것을 지키면 너희는 나의 벗이 된다. 이제 나는 너희를 종이라고 부르지 않고 벗이라고 부르겠다. 종은 주인이 하는 일을 모른다. 그러나 나는 너희에게 내 아버지에게서 들은 것을 모두 다 알려주었다(15:9-15).

이와 같은 예수님의 가르침에서 저는 법정 스님의 말씀을 읽을 수 있고, 또한 법정 스님의 삶에서 예수님 삶의 모습을 발견합니다.

인생의 한 주기가 끝나 매듭이 지어지는 일을 어느 종교에서는 '입적入寂'이라 부르고, 어느 종교에서는 '선종善終'이라고 부르며, 또 다른 어느 종교에서는 '소천召天'이라고 부릅니다. 이렇게 부르는 이름이 다양한 것처럼 죽음 이후에 펼쳐질 세상에 대한 생각도 종교마다 다릅니다. 어느 종교에서는 '열반涅槃'이라 부르고, 어느 종교에서는 '천국天國'이라 부릅니다.

그러나 이 세상에 머물러 사는 동안 어떻게 살아야 할 것인가에 대한 가르침은 종교 간에 큰 차이가 없습니다. 더 많이 가지려고 아등바등하지 말고, 더 많이 움켜쥐기 위해 눈에 불을 켜고 달려들지 말고 반대로 내려놓으라고 가르칩니다. 부질없는 데 마음 쓰지 말고 정말로 가치 있는 일에 마음을 모으라고 가르칩니다. 삶의 진정한 가치는 소유하는 것에 있지 않고, 존재 그 자체에 있다고 가르칩니다. 혼자만 잘 살려고 남을 누르거나 남에게 빼앗으려 하지 말라고 가르칩니다. 반대로 보태주고 나누면서 더불어 살아가는 데 참된 인생의 행복이 있다고 가르칩니다.

사정이 이런데 왜 종교 간에 서로 다투어야 하는지 저는 그 이유를 모르겠습니다. 다른 점보다 비슷한 점이 더 많은데 말입니다. 백보 양보하더라도, 다른 점들이 있다 하더라도 이토록 비슷한 점들이 많은데 말입니다. 더욱이 '이 세상에서 어떻게 살아갈 것인가?' 하는 문제에 대한 가르침은 대동소이한데 말입니다.

우리는 지난 40여 년 동안 소중한 가르침을 주신 법정 스님을 떠나보냈습니다. 그분을 떠나보내며 슬퍼한다면, 그것은 스님의 뜻에 맞지 않다고 생각합니다. 어느 분이 했던 말처럼 법정 스님은 느낌표처럼 와서 감쪽같이 떠나셨습니다. 이러한 가르침을 주신 스승께서 열반의 세계에 들어 평안히 안식하시기를 빕니다.

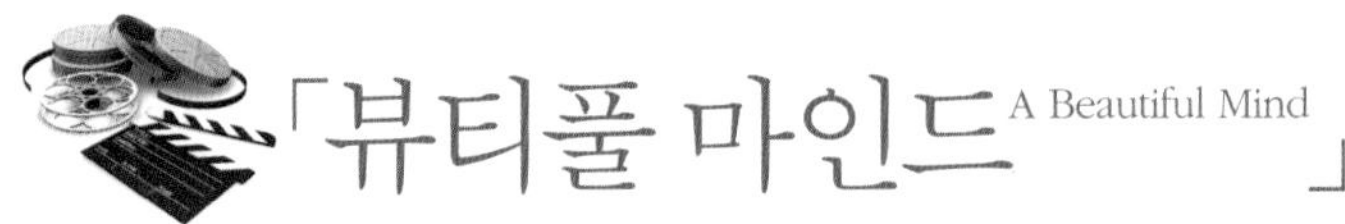

「뷰티풀 마인드 A Beautiful Mind」

… 아름다운 바보

미국 전역의 수재들이 모인다는 프린스턴 대학원에 사회성도 없고 적당히 안하무인이며, 대단히 엉뚱한 '존 내쉬'라는 청년이 입학했습니다. 수재나 천재들 중에는 이런 성격을 가진 사람이 적지 않습니다. 그는 수업에도 들어가지 않고 혼자서 연구에 연구를 거듭합니다. 그에게는 가까운 친구도 없습니다. 룸메이트인 찰스가 유일한 친구입니다. 그런 그가 알리샤를 만나 결혼한 것은 그에게는 행운이라고 해야 할 것입니다. 알리샤에게는 잘못된 선택이라고 해야 할지는 모르겠지만 말입니다.

내쉬는 대학을 졸업한 후 MIT 대학의 교수가 됐습니다. 그러던 어느 날, 그에게 국방성 소속의 '윌리엄 파처'라는 사람이 나타나 국가 안보가 걸린 문제라며 적국 러시아가 대중 잡지 속에 숨겨 둔 암호를 해독하라는 국방성의 명령을 전달합니다. 그는 만사를 제쳐 두고 오로지 그 일에

「뷰티풀 마인드(A Beautiful Mind)」, 2001년
감독 | 론 하워드
주연 | 러셀 크로우(존 내쉬), 에드 해리스(파처), 제니퍼 코넬리(알리샤 내쉬), 폴 베타니(찰스)

만 몰두합니다. 그는 일이 진전되는 대로 보고서를 만들어 비밀 건물의 우편함에 넣곤 했습니다.

한편 아내 알리샤는 남편의 행동이 점점 이상해져 가는 것을 보고 그 사실을 정신병원에 알렸고, 결국 그를 정신병원에 입원시킵니다. 그에게 내려진 진단은 심한 환각 증세를 동반하는 정신분열증이었습니다. 그는 아내에게 그동안 자기가 정부에서 요청한 암호 해독 일을 해왔다고 '고백'하고, 병원에서 나오게 해달라고 간청합니다. 하지만 알리샤가 알아보니 국가 안보에 관련된 암호 해독이나 룸메이트 찰스는 모두 실재 인

물이나 사건이 아닌 환각 속의 사건이고 인물이었습니다.

오랫동안 병원에서 치료를 받은 후 내쉬는 치료약을 계속 복용하는 조건으로 퇴원합니다. 그러나 그 약은 지적, 감정적, 성적 능력을 현저하게 감퇴시키는 심각한 부작용을 일으켰기 때문에 내쉬는 약을 먹지 않고 몰래 버리곤 했습니다. 그는 계속 환각 속에서 살아갑니다. 파처는 끊임없이 그에게 나타나 위협했고, 찰스와 그의 조카 말시도 문득문득 나타나곤 했습니다.

그러던 어느 날, 내쉬는 그들 모두가 환각 속의 인물임을 깨닫습니다. 말시를 만난 지 십여 년이 지났는데도 여전히 말시가 전혀 자라지 않았음을 깨달았던 것입니다. 그 후 내쉬는 그들을 철저하게 무시합니다. 분명 눈에는 그들이 보이고, 그들이 말을 걸어오기도 하지만 그들에게 대꾸하거나 반응을 보이지 않기로 한 것입니다.

내쉬는 프린스턴으로 돌아왔습니다. 학과장이 된 친구 마틴의 도움으로 그는 도서관 출입증을 얻어 거기서 연구에 몰두합니다. 환각 속의

인물들에 대한 내쉬의 '막무가내식 무시 작전'은 비교적 성공적으로 진행되었고, 그는 조금씩 현실에 적응해 갑니다. 그는 도서관에서 학생들과 함께 토론을 벌이기도 하고, 그들을 가르치기 시작했으며, 마침내 정규 클래스를 이끌며 존경받는 교수가 되었습니다.

그러던 어느 날, 낯선 사람이 그를 찾아왔습니다. 그는 내쉬가 노벨상 후보에 올랐는데, 과연 그가 상을 받을 만한 인물인지를 확인하러 온 것입니다. 그에게 내쉬는 이렇게 대답합니다.

"나는 미친 사람이다. 시상식장에서 어떤 일을 벌일지 모른다. 지금도 환각 속의 인물이 내 눈에 보인다."

그는 1994년에 노벨경제학상 수상자가 됐습니다.

곁에서 지켜 주고 보듬어 주는 아름다운 마음

위에서 소개한 영화의 제목이 「아름다운 마음A Beautiful Mind」입니다. '아름다운 마음'이라……. 과연 아름다운 마음은 누구의 마음인가를 생각해 봤습니다. 천재는 절대로 홀로 서지 못한다는 말이 있는데, 제게 이 영화는 그 사실을 확인시켜 주는 것 같았습니다. 일전에 만난 세계적인 피아니스트의 가족이 그를 가리켜 이렇게 이야기하더군요.

"그 아이는 피아노나 칠 줄 알았지, 바보나 다름없어요."

정말 천재는 홀로 서지 못하는 모양입니다.

세상은 어떤 의미에서 참 공평합니다. 하나님은 그런 의미에서 공평한 분이라는 생각이 듭니다. 천재는 곁에서 도와주는 사람이 없으면 자기가 가지고 있는 천재성을 발휘하지 못합니다. 만일 아무도 도와주지 않는데도 잘 하면 그는 천재처럼 보여도 천재가 아닐 가능성이 많습니다. 만일 알리샤가 내쉬 곁에 없었더라면 그가 어떻게 되었을 지를 생각해 보았습니다. 아마 그는 평생을 정신병원에서 보내야 했을 것입니다. 그런 내쉬가 알리샤를 만나 그의 애정 어린 보살핌을 받아 어려움을 극복함으로써 큰 업적을 남긴 학자가 되었고, 존경받는 교수가 되었으며, 노벨상 수상자가 되었습니다.

피아노 치는 것 외에는 바보라는 소리를 듣는 피아니스트도 아내를 잘 만나 지금도 전 세계로 연주 여행을 다니며 활동하고 있는 것처럼 말입니다. 이렇듯 아름다운 마음은 천재의 곁을 지켜 주고, 그의 모난 마음을 부드럽게 만들어 주어 천재성을 발휘하도록 돕는 마음입니다. 극도의 정신분열 증세를 보이는 내쉬의 곁을 끝까지 지키면서 그를 도운 알리샤야말로 아름다운 마음 그 자체라는 생각이 들었습니다. 그런 의미에서 영화 제목은 내쉬를 가리키는 말이 아니라 알리샤를 가리키는 말로 여겨집니다. 그런 마음 때문인지 내쉬 역을 맡았던 러셀 크로우는 아카데미상을 받지 못했고, 알리샤 역을 맡았던 제니퍼 코넬리는 아카데미 여우조연상을 받았습니다.

내쉬는 노벨상 수상 연설에서 알리샤의 아름다운 마음에 대해 다음과 같은 찬사를 보냄으로써 그녀를 향한 고마움을 표현했습니다.

"나는 늘 숫자를 믿으며 살아왔습니다. 이성reason으로 이끌어 주는 방정식과 논리의 숫자를 믿고 살아왔습니다. 하지만 평생 숫자를 추구하며 살아온 끝에 저는 이런 의문을 갖게 되었습니다. '논리라는 것은 무엇인가?' '누가 이성을 결정하는가?' 저는 물리학과 형이상학, 그리고 심지어 환각을 통한 평생의 탐구를 통해 결국 돌아왔습니다. 드디어 나는 인생에서 가장 중요한 것을 발견했습니다. 모든 논리적 이성은 '사랑'이라고 하는 가장 신비한 방정식 안에서 발견될 수 있다는 진실이 그것입니다. (It is in the mystery of love that any logical reason can be found.) 이 밤에 내가 이 자리에 서게 된 것은 오로지 당신 덕분입니다. (You are the reason I am. You are all my reasons.)"

세상은 종교에게 아름다운 바보가 되어 주기를 원한다

이 글의 제목을 '아름다운 바보'라고 붙였습니다. '아름다운'이라는 형용사는 영화 「뷰티풀 마인트」에서 가져왔고, '바보'라는 말은 고 김수환 추기경에게서 왔습니다. 소박하다 못해 유치하게 보이는 자화상 밑에 추기경은 '바보야'라고 적어 넣었답니다. 거기서 '바보'를 가져와 '아름다운 바보'라는 제목을 만들었습니다.

우리나라 사람들은 종교가 있든 없든, 그 종교가 어떤 종교이든 김수환 추기경께서 선종했던 주간을 '김수환 추모 주간'으로 지냈습니다. 저도 다른 사람들처럼 애도하는 마음으로 보냈는데, 언론의 보도를 보면서 적지 않게 놀랐습니다. 제가 과문해서 그런지 모르지만 우리나라 현대사에서 강제로 군중이 동원된 어느 대통령 장례식 때를 제외하면 전 국민이 애도하는 마음으로 치른 장례는 전무후무할 것입니다. 수십만 인파가 조문하기 위해 혹독한 추위에도 불구하고 두세 시간씩 길거리에서 줄을 서서 기다렸습니다. 추기경의 유지를 따라 장기 기증 서약자도 급증했다고 합니다.

우리나라의 가톨릭교인 수는 전체 인구의 6~7%에 불과하다고 하니 '김수환 신드롬'은 가톨릭교인들이 만들어낸 현상일 수는 없습니다. 이러한 현상에는 미디어의 역할이 컸다는 것도 감안해야 합니다. 신문은 한 주간 내내 온통 추기경 이야기로 채워졌고, TV 뉴스는 매일 서너 꼭지 이상을을 보도했습니다. 그리고 장례식이 있었던 날에는 무려 열 꼭지 이상을 추기경에 관한 보도로 채웠습니다. 신문과 방송을 비롯한 미디어에는 참 묘한 구석이 있습니다. 연쇄살인범 사건을 용산 참사를 덮는 데 쓰라는 보도 지침이 내려오면, 미디어는 특정 사실을 부풀려 보도하기도 합니다. 의도적으로 없는 사실을 만들어 내기도 하고, 있는 사실을 없는 듯 묵살하여 여론을 조작하는 경우도 적지 않습니다. 하지만 대개의 경우 미디어는 어쩔 수 없이 사회의 흐름을 반영하고 있고, 사회 구성원들이 무엇을 바라는지를 보여줍니다. '김수환 신드롬'도 오늘의 한국 사회가 어떤 모습을 하고 있는지, 그리고 우리나라 사람들이 무엇을 갈망하고 있는지를 잘 보여주는 사례라고 봐야 하지 않을까요?

종교인의 죽음 앞에서 종교가 없는 사람들도 함께 슬퍼한 김수환 추기경은 이미 한 개인으로서의 종교인이 아닙니다. 그분은 '종교 그 자체'를 상징한다고 말할 수 있습니다. 종파의 다름을 막론하고 사람들이 '종교'라는 것에서 무엇을 바라는지를 김수환 추기경께서 잘 보여주었다고 생각합니다.

세상은 종교더러 천재가 되라고 하지 않습니다. 복잡하고 어려운 법칙을 발견하고, 기발한 물건이나 사상을 발명해서 사람들의 삶의 질을 획기적으로 향상시켜 주는 천재의 역할을 종교가 해 줄 것으로 세상은 기대하지 않습니다. 오히려 세상은 종교더러 '바보'가 되어 주기를 바랍니다. 세상은 종교가 '아름다운 바보'가 되어 줄 것을 기대합니다. 사람들이 기대하는 것은 천재의 두뇌가 아니라 '아름다운 마음'입니다.

사람들은 종교가 머리보다는 가슴을 보여주기를 기대하고 있습니다.

세상이 종교에게서 보고 싶은 모습은 '아름다운 바보'의 모습입니다. 또한 세상이 종교에게서 기대하는 것은 반짝이고 기발한 천재성을 발휘하는 순간뿐만 아니라 정신분열증을 보이고 환각에 사로잡혀 있는 순간에도 곁을 떠나지 않고 지켜 주고 함께 있어 주는 '아름다운 마음'입니다.

영화 「뷰티풀 마인드」에서 내쉬가 이상한 행동을 해서 세상의 조롱을 받을 때나 멋진 턱시도를 입고 노벨상을 받을 때나 변함없이 그의 곁을 지켜 준 사람은 알리샤였습니다. 그것처럼 세상은 종교가 한마음으로 사랑하고 도와주는 '아름다운 마음'이 되어 주기를 바라고 있습니다.

바보 예수

종교에 대한 세상의 이러한 바람은 비단 오늘의 현상만은 아닌 모양입니다. 사도 바울도 이미 2천 년 전에 이것을 깨닫고 다음과 같이 썼으니 말입니다.

> 멸망할 사람들에게는 십자가의 이치가 한낱 어리석은 생각에 불과하지만 구원받을 우리에게는 곧 하느님의 힘입니다. 성서에도 "나는 지혜롭다는 자들의 지혜를 없애버리고 똑똑하다는 자들의 식견을 물리치리라." 하는 말씀이 있지 않습니까? 그러니 이제 지혜로운 자가 어디 있고 학자가 어디 있습니까? 또 이 세상의 이론가가 어디 있습니까? 하느님께서 이 세상의 지혜가 어리석다는 것을 보여주시지 않았습니까? 세상이 자기 지혜로는 하느님을 알 수 없습니다. 이것이 하나님의 지혜로운 경륜입니다. 그래서 하나

님께서는 우리가 전하는 소위 어리석다는 복음을 통해서 믿는 사람들을 구원하시기로 작정하셨습니다. 유다인들은 기적을 요구하고, 그리스인들은 지혜를 찾지만 우리는 십자가에 달리신 (바보) 그리스도를 선포할 따름입니다(고린도전서 1:18-23).

세상이 물질적 가치에 따라서 움직일 때, 통제되지 않는 탐욕의 소용돌이 속에서 모두가 미쳐 돌아갈 때, 너도나도 권력의 한 자락이라도 쥐어 보려고 눈에 불을 켜고 달려들 때 종교는 어떤 일을 해야 합니까? 이럴 때 종교가 해야 할 일은 탐욕의 소용돌이에 같이 휩쓸려 '삼박자 축복'이나 외쳐서는 안 됩니다. 물질에 대한 무한정의 탐욕을 하나님의 축복에 대한 갈망이라고 인정해 주고, 거기에 도장을 찍어 주는 일도 아닙니다. 권력은 하나님께서 주셨으니 권력에 복종해야 한다고 비굴하게 권력에 무릎을 꿇어서도 안 됩니다.

세상이 온통 탐욕에 휩쓸려 생명의 가치가 무참히 짓밟혀도 누구 하나 나서서 "안돼!"라고 외치지 않을 때 종교는 이 세상과도 바꿀 수 없는 한 사람의 생명의 가치를 역설하고, 몸을 던져 그 생명을 감싸 주어야 합니다. 어딜 가도 하소연할 곳 하나 없는 가난하고 짓밟히고 소외된 사람들의 말을 온 마음과 온 귀를 기울여 들어주고, 그들과 함께하는 바보 같은 친구가 되어 주어야 합니다.

이렇듯 종교는 아름다운 마음이 되어야 하고, 바보가 되어야 하는 것입니다. 이것은 세상이 종교에게 바라는 일이고, 종파를 막론하고 모든 종교가 해야 할 일이기도 합니다.

우리 모두 바보가 됩시다. 부드러운 바보가 됩시다. 아름다운 바보가 됩시다. 높이 올라가 세상을 내려다보려 하지 말고 낮은 곳으로 내려가서 세상을 올려다보며 삽시다. 성취와 효율보다는 더불어 살아가는 삶의 아름다운 덕을 지키는 아름다운 바보로 삽시다. 너나 할 것 없이 너무도 영악하고 똑똑한 세상에서 아무리 어렵고 복잡한 논리라도 사랑의 신비 안에서 모두 발견될 수 있음을 믿고, 그러한 믿음 안에서 아름다운 바보로 살아갑시다. 그 길이 유다인이 원했던 기적도 마다하고, 헬라인이 구했던 지혜도 뒤로 하고 십자가의 길을 가셨던 '바보' 예수를 따르는 길입니다.

「빅 피시Big Fish」

여우와
함께 본
영화

네. 번. 째. 이. 야. 기.

끌어안고 같이 울어 주기

"심판하고 잘라내는 정의가 아니라 포근하게 품어 주는 정의,

배제하고 벌을 주는 공평이 아니라 끌어안고 같이 울어 주는 공평,

이것이 하나님의 정의이고 예수님의 공평입니다."

「노스 컨트리 North Country」

…넌 되는데 난 왜 안 돼?

조시 에이미스는 남편의 매질을 견디다 못해 집을 나와 친정집으로 도망쳐 왔습니다. 그녀에게는 아버지가 다른 아들과 딸이 있었습니다. 그러나 고등학생 때 임신해서 아이를 낳는 등 말썽을 피워 온 딸의 귀향이 아버지는 달갑지 않습니다. 그녀는 남의 도움을 받지 않고 자신의 힘으로 아이들을 키우기 위해 직업을 찾다가 광부로 일하고 있는 친구 글로리의 소개를 받아 광부로 취직합니다. 그 광산은 조시의 아버지가 평생 일해 온 광산이기도 했습니다.

이 여인들의 용기 덕분에

때는 1980년대 중반으로 많은 광산들이 문을 닫고 광부들의 대량 실업 사태가 빚어지던 시기였고, 다른 한편으로는 남녀차별금지법이 발효

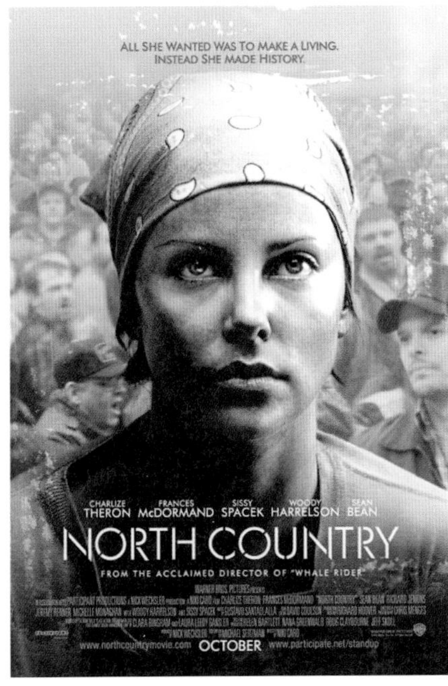

「노스 컨트리(North Country)」, 2005년
감독 | 니키 카로
주연 | 샤를리즈 테론(조시 에이미스), 프란시스 맥도맨드(글로리)

되고 여성 노동자 할당제가 시행되기 시작한 때였습니다. 석탄을 캐는 것은 육체적으로 매우 힘든 일이었지만, 임금이 다른 직업보다 높았으므로 자립하기 위해서 조시는 그 일을 해야 했습니다.

광산에서 여성 광부들을 힘들게 만드는 것은 고된 노동 외에도 여성 광부들을 대하는 남성 광부들의 태도였습니다. 당시에 광부라는 직업은 전통적으로 남성의 전유물이었기 때문에, 남성 광부들에게 여성 광부들은 동료가 아니라 자기들의 일자리를 빼앗아 가는 적에 가까웠습니다. 그래서 남성 광부들은 여성 광부들을 몰아내기 위해 온갖 수단과 방법을

동원했는데, 그야말로 치사하고 악랄하기 그지없었습니다. 여성들에게만 과도하게 힘든 작업을 시키거나 인신공격을 가하는 것은 약과였습니다. 가장 견디기 힘든 것은 남자들이 여자들에게 성적인 수치심을 주는 음담패설을 거리낌 없이 하거나 함부로 몸에 손을 대는 등의 성적 학대와 폭력이었습니다. 한 여성이 간이 화장실에 용변을 보러 들어갔는데, 여러 남자들이 화장실을 뒤집어 엎어버리기도 합니다. 그 안에 있던 여성은 오물을 뒤집어쓰고 말았지요. 그러고 나서 남자들은 그저 장난이었다고 말합니다. 또한 여성 탈의실에 음란한 내용의 낙서를 하기도 했고, 여성 광부의 도시락에 음란한 물건을 넣어 두기도 했습니다.

조시는 열심히 일해서 가족들의 신뢰와 사랑을 회복하는 것은 물론 아이들을 잘 기르고 싶었습니다. 아이들에게 능력 있는 엄마가 되고 싶었고, 자기 삶을 독립적으로 꾸려 나가는 모습을 보여줌으로써 부모에게 인정받는 딸이 되고 싶었습니다. 그러나 여성 광부들에 대한 남성들의 성적 모욕과 학대에 가까운 조롱, 그럼에도 불구하고 적극적으로 문제를

제기하고 개선하려는 그녀에게 노조와 회사 측은 무관심과 무대책으로 일관합니다. 이런 모습은 그녀의 마음속에서 자라고 있는 희망의 싹을 무참하게 짓밟아버리고 맙니다. 노조와 회사 측은 그 정도의 장난과 농담을 가지고 뭘 그렇게 야단이냐고 오히려 조시를 힐난합니다.

그런데 더 놀라운 사실은 그녀의 노력에 대한 여성 광부들의 무관심과 냉대, 그리고 멸시였습니다. 그렇게 시끄럽게 굴어 봐야 상황은 달라지지 않는다면서 여성 광부들은 자포자기하고 있었던 것입니다. 남성들은 자기 밥그릇을 보호하기 위해 적극적으로 여성을 모욕하고 학대하는 가해자의 길을 걷는 데 반해 여성들은 자기를 보호하기 위해 모욕과 학대를 참고 견디고 침묵으로 일관하는 피해자의 길을 택했던 것입니다.

마침내 조시가 한 남성 광부로부터 성적인 공격을 받았습니다. 그녀는 이 사건을 회사에 보고하고 조치를 취해 주도록 요구했습니다. 그러자 어려운 일이 있으면 무엇이든 말하라던 사장은 그 일을 보고하러 온 조시를 그 자리에서 해고합니다. 이에 조시는 소송을 제기하기로 결심합니다.

그녀가 아는 유일한 변호사는 빌 화이트였습니다. 하지만 빌은 변호사로서 성공하지 못하고 고향에 내려와 있는 처지였습니다. 게다가 그녀가 소송을 부탁하자 빌은 그런 소송은 계란으로 바위치기라며 오히려 그녀를 설득해서 포기시키려고 합니다. 우여곡절 끝에 결국 빌은 소송을 맡았지만, 상대방 변호사는 빌과는 급이 다른 유능한 여성 변호사였습니다. 누가 봐도 빌과 조시의 패배로 결말지어질 소송이었습니다. 그들이 승소할 수 있는 유일한 방법이 있다면, 그것은 다수의 피해자들이 집단으로 소송을 제기하는 것뿐이었습니다.

결국 조시는 동료 여성 광부들을 하나하나 찾아다니며 설득하지만 해고될 것을 두려워한 동료들은 아무도 나서지 않습니다. 패배가 코앞에 다가온 절체절명의 순간에 루게릭병으로 죽어 가던 글로리가 소송에 참여하겠다는 의사를 밝힙니다. 그러자 방청석에 앉아있던 다른 여성 광부들도 하나씩 일어나 참여 의사를 표명했고, 심지어 조시의 부모와 일부 남성 광부들까지 합세하여 결국 승소를 이끌어냅니다.

작은 불씨 하나가 큰 불을 일으킬 수 있다

위의 이야기는 2005년에 개봉된 「노스 컨트리」라는 영화의 줄거리입니다. 법정 드라마는 몇 편만 보면 유사한 다른 영화의 결말을 어느 정도 예상할 수 있습니다. 하지만 아무리 뻔한 내용이라도 정의의 편이 불리하다가 마지막 순간에 뒤집어져서 이기는 이야기는 늘 감동을 주기에 자꾸 보게 됩니다.

위의 영화는 1984년에 미국 최초로 일어난 직장 내 성폭력 집단소송 사건인 '젠슨 대 에벨레스 광산' 사건을 토대로 만든 영화라고 합니다. 하지만 영화는 기본 줄거리만 실제 사건에서 가져왔고, 대부분은 만들어 낸 이야기랍니다. 영화에서 중요한 의미를 찾는다면, 이 소송으로 인해서 직장 안에서 일어나는 온갖 형태의 크고 작은 성적 모욕과 성폭력 행위가 엄격한 법의 제재를 받게 됐다는 사실입니다. 오늘날 우리 사회에서 여성들이 직장 내 성폭력으로부터 보호받을 수 있는 법률적 안전장치는 이 소송 사건으로 인해 만들어진 셈입니다. 이런 일이 민주국가임을 자랑하는 미국에서 불과 20여 년 전에 일어났다는 사실이 놀랍지 않습니까?

작은 불씨 하나가 큰 불을 일으킨다는 말은 산불에만 적용되는 것이 아닙니다. 불의와 맞서 싸운 힘없는 소수의 투쟁이 이 세상에 정의를 세우는 토대가 되기도 합니다. 아주 작은 일에서 시작됐지만 크고 지속적인 의미를 갖는 결과를 만들어 내는 경우도 많습니다.

조디 포스터Jodie Foster에게 오스카상 트로피를 안겨 준 1988년 영화 「피고인The Accused」은 '강간'이라는 범죄 행위의 법적인 개념을 바꾸어버린 영화라고 합니다. 미국에서는 6초에 한 번씩 강간 범죄가 저질러진다니 이만하면 '강간의 나라'라고 불러도 될 정도입니다. 이런 범죄 행위의 법적 정의를 한 영화가 바꾸어버렸다면 놀랍고 대단한 일 아닙니까? 이 영화 이후로 남자든 여자든 한편이 성행위 중단을 원했음에도 불구하고, 그 의사를 무시하고 행위를 계속했다면 그가 거부한 시점이 언제든 간에 그 행위는 법적으로 강간 행위가 인정되어 처벌을 받게 된 것입니다. 비록 양자가 동의하여 행위를 시작했더라도 도중에 이런 일이 일어났다면 즉각 중단해야 강간죄가 성립하지 않는다는 이야기가 됩니다. 영화 한 편이 이러한 변화를 가져왔으니 굉장한 일 아닙니까?

네 의가 내 의보다 낫구나!

창세기 38장과 요한복음 8장의 공통점은 두 장 모두 성매매 또는 간음에 관한 이야기를 전한다는 데 있습니다. 요한복음의 이야기는 이 세상에 널리 알려져 있습니다. 간음하다 현장에서 붙잡혀 온 여인을 사람들(대부분 남자들이었겠지요)이 예수님 앞으로 끌고 와서 대들 듯이 물었습니다.

"모세는 이런 여자를 돌로 쳐 죽이라고 했는데, 당신은 어떻게 하겠소?"

그러자 예수께서는 한참 동안 침묵하시며 땅바닥에 손가락으로 뭔가를 쓰고 계시다가 고개를 들어 말씀하셨습니다.

"너희 중에 죄 없는 자가 먼저 이 여자를 돌로 쳐라."

그러자 이번에는 군중의 입이 얼어붙었습니다. 그들은 여자를 치려던 돌을 내려놓고 하나둘씩 사라졌다고 했습니다. 예수님은 여인에게 "나도 네 죄를 묻지 않을 테니 다시는 죄를 짓지 말라."라고 말씀하신 후 그녀를 보내셨습니다. 많은 사람들이 알고 있는 이야기입니다.

이 이야기에 비해 덜 알려져 있지만, 더 흥미로운 이야기는 창세기 38장에 나오는 유다와 다말에 관한 이야기입니다.

야곱의 열두 아들 중 하나인 유다에게 '에르', '오난', '셀라'라는 세 아들이 있었습니다. 그들 중 '다말'이라는 여인과 결혼한 맏아들 에르가 자식 없이 죽었습니다. 이스라엘의 율법에 따르면 큰아들이 후손 없이 죽으면 동생이 형수와 동침하여 형 집안의 후손을 잇게 해야 했습니다. 이를 동양의 풍습으로는 '형사취수제兄死取嫂制'라 하고, 영어권에서는 'Levirate marriage'라고 부릅니다.

유다는 둘째 아들 오난을 맏며느리 다말의 방에 들여보내 그녀와 동침하게 했습니다. 그런데 오난은 형수에게 자식을 만들어 주지 않으려고 정액을 바닥에 흘려버렸습니다. 이 행위가 하나님 눈에 거슬려 오난이 죽고 말았습니다. 졸지에 두 아들을 잃은 유다는 막내 셀라마저 해를 입을까 봐 다말에게 "셀라가 어른이 될 때까지 친정집에 가 있으라."라고 말하여 그녀를 친정으로 쫓아 보냈습니다. 말로는 "셀라가 어른이 될 때까지……."라고 했지만, 사실 유다는 큰며느리 다말을 내친 것입니다.

그 후 꽤 긴 세월이 흘렀습니다. 다말은 유다의 관심에서 멀어져 있었던 모양입니다. 막내 셀라가 성인이 된 후에도 유다가 다말을 부르지 않았으니 말입니다. 하루는 유다가 양털을 깎으러 길을 떠난다는 소식을 들은 다말은 창녀처럼 차려 입고 길가에 나가 앉았습니다. 유다는 너울로 얼굴을 가린 다말이 자기 며느리인 줄도 모르고 그녀를 샀습니다. 몸값으로 새끼 염소 한 마리를 나중에 보내 주겠다고 했으니 화대조차 외상으로 한 셈입니다. 다말은 담보로 유다의 인장과 지팡이를 맡기라고 했지요. 유다가 그녀의 제안에 동의함으로써 거래가 이루어지자 두 사람은 동침했고, 다말은 임신을 했습니다.

나중에 유다가 친구를 시켜 새끼염소 한 마리를 주고 인장과 지팡이를 찾아오려 했습니다. 친구가 그 동네에 가서 창녀 다말을 찾았지만, 그 동네에는 창녀가 없다는 이야기만 듣고 다말을 찾지 못했습니다. 처음부터 다말이 꾸민 일이니 그런 창녀가 있을 리 없지요.

그로부터 석 달이 지난 후 다말이 임신을 했다는 소문이 유다의 귀에 들어왔습니다. 화가 머리끝까지 난 유다는 당장 다말을 끌어와서 화형에 처하라고 명했습니다. 가족들의 생사여탈권을 가부장이 쥐고 있었던 모양입니다. 그때 다말은 가지고 있던 인장과 지팡이를 유다에게 보내며 이 물건의 주인이 아기의 아버지라고 밝혔습니다. 그러자 유다는 "이 아이가 나보다 더 의롭구나."라고 말했다는 것입니다.

세 이야기를 모아 하나의 그림을 그리면

창세기와 요한복음의 이야기, 그리고 영화 「노스 컨트리」는 서로 조금씩 다른 메시지를 전하고 있습니다. 세 가지 메시지를 종합할 때 우리는 비로소 전체적인 그림을 그릴 수 있습니다.

요한복음 이야기는 간음의 문제와 함께 '불평등'의 문제를 다루고 있습니다. 군중들은 간음한 여인을 예수께서 어떻게 다룰지에 관심을 가졌지만, 예수님의 눈에는 간음한 여인보다 그녀를 끌고 와서 윽박지르는 군중의 태도가 더 큰 문제였습니다. 간음은 혼자 할 수 없습니다. 간음은 남자와 여자가 같이 하는 것입니다. 따라서 그것이 범죄라면 남자와 여자 모두의 범죄이지 어느 한편만의 범죄일 수 없습니다. 그럼에도 불구하고 사람들이 간음 현장에서 붙잡아 예수님 앞에 끌고 온 사람은 여자뿐이었습니다. 남자는 투명인간처럼 사라졌습니다!

권리에만 같은 잣대를 적용해서는 안 됩니다. 죄에도 같은 잣대가 적용되어야 합니다. 유전무죄有錢無罪, 무전유죄無錢有罪는 정당하지 않다는 이야기입니다. 물론 죄에 대한 처벌에도 같은 잣대가 적용되어야 합니다. 남자와 여자가 간음죄를 졌으면 둘 다 똑같이 처벌받아야 합니다. 그래서 구약성서에서는 가난하다고 해서 죄지은 사람을 처벌하지 않으면 안 된다고 했습니다. 물론 요즘은 거꾸로 돈이 있다고 해서 죄를 짓고도 처벌받지 않는 경우가 더 많지만 말입니다.

예수님은 사람들이 사라지자 여자에게 이렇게 말했습니다.

"나도 네 죄를 묻지 않겠다. 그러니 어서 돌아가라. 그리고 이제부터 다시는 죄를 짓지 말라."

예수님도 간음을 죄로 여기셨음에 분명합니다. 그러니 "네 죄를 묻지 않겠다."라거나 "다시는 죄를 짓지 말라."라고 말씀하셨지요. 간음은 분명 예수님 눈에도 죄였습니다.

하지만 예수님은 그 사건에서 간음보다 더 큰 죄를 보셨는데, 불평등의 죄가 그것입니다. 불평등은 추상적인 개념이 아닙니다. 그것은 일상적인 삶에서 피부로 느끼는 현실입니다. 똑같이 간음죄를 저질렀는데 여자만 처벌을 받아야 하는 불평등, 그런 불평등에 대해서 아무 인식도 없고 아무 문제도 느끼지 못하는 군중들의 무개념, 바로 이것이 예수님의 눈에는 더 큰 문제요 더 큰 죄였습니다.

창세기 38장의 이야기 역시 성매매보다 더 중요한 것이 있음을 말합니다. 이 점에서 이 이야기는 요한복음 8장의 이야기와 공통점을 갖습니다. 다말이 저지른 성매매의 죄(이 죄는 유다도 같이 저질렀습니다.)보다 더 중한 죄는 다말에 대한 유다의 '생존권 박탈죄'입니다. 다말이 죽은 남편의 동생과 동침하면서까지 아이를 낳아야 했던 이유는 두 가지였습니다. 하나는 유다 집안의 가문을 잇기 위함이었고, 다른 하나는 다말의 생존권이 달린 문제였기 때문입니다.

다말이 남자 없이는 못 살 정도로 성적으로 활발한 여자여서 너울을 쓰고 길거리에 나가 창녀 노릇을 했던 것이 아닙니다. 자기의 생존권을 전혀 고려하지 않고 다말의 존재조차 까맣게 잊어버린 시아버지에게 자신의 생존권을 주장할 수 있는 유일한 방법이었기 때문입니다. 인간의 생존권은 그 무엇과도 바꿀 수 없는 최소한의 권리이기 때문에 나중에 유다도 "이 아이가 나보다 더 의롭구나."라고 고백했던 것입니다.

성 범죄에 대한 무감각이 문제

마지막으로 영화 「노스 컨트리」에서 제기하는 문제는 인간의 평등권과 생존권, 더 나아가서 성과 인종, 피부색과 상관없이 모든 인격이 누려야 할 '인격권'을 무시하고 침해하는 일이 얼마나 일상적으로 자주 벌어지는가 하는 문제입니다. 이런 일은 지금 이 시간에도 너무나 쉽게 벌어지고 있습니다. 우리 주위에서 흔히 볼 수 있고, 우리 자신조차 별 생각 없이 비슷한 짓을 저지르는 경우도 드물지 않습니다. 그런 짓을 저질러 놓고도 의식하지 못하는 경우가 허다합니다.

영화에서 남자 광부들은 여자 광부들을 성적으로 희롱하고 농락하면서도 그런 짓이 농담이고 장난이라 말합니다. 당하는 사람의 비참한 느낌은 아랑곳하지 않고 그저 재미있으라고 한 짓이라는 것이지요. 여러분도 이 영화를 보면 얼굴이 화끈거리고 분노가 치밀어 오르며 치가 떨릴 것입니다. 남자들의 행위가 얼마나 치졸하고 비루하고 졸렬한지 눈뜨고 못 볼 정도입니다. 그런 짓을 하고서도 그저 농담이었다고, 장난이었다고 얼버무리고 맙니다!

19세기에나 있었을 법한 일들이 불과 20여 년 전에도 행해지고 있었던 것입니다. 또한 지금도 그와 비슷한 일들이 우리 주위에서 끊임없이 벌어지고 있습니다. 지금도 사람들은 온갖 핑계들을 대며 성적인 범죄를 저지릅니다. 사업상 어쩔 수 없이 여자가 접대하는 술집에 갈 수 밖에 없다느니, 남들이 다 그러는데 나만 안 그러면 왕따를 당한다느니 하는 추한 핑계를 대면서 한 사람의 평등권과 생존권을, 한 사람의 인격권을 침해하고 무참히 짓밟고 있습니다. 그런 거짓말을 이제는 그만두어야 합니다. 다른 사람은 차치하고 가족들에게 부끄러운 사람이 되지 마십시오. 자식에게 부끄러운 부모가 되지 마십시오.

세상에는 하지 말아야 할 일들이 많습니다. 저지르지 말아야 할 죄의 목록은 길고도 깁니다. 그래서 교회에 가면 하지 말라고 하는 일이 얼마나 많은지 하도 들어서 귀에 못이 박힐 지경입니다. 그런데 가만히 따져보면 교회에서 하지 말라고 하는 이른바 '죄'의 목록 중에는 '왜 이런 것까지 하지 말라고 하는가?'라는 의문이 드는 것들도 많습니다. 별 것도 아닌데 마치 대단한 죄인 양 호들갑을 떠는 경우도 얼마든지 있습니다.

사회에는 범죄를 규정하는 기준인 법이 있습니다. 마찬가지로 종교적인 죄를 규정하는 기준도 있어야 합니다. 왜 그런 행위를 하지 말아야 하는지, 왜 그것이 죄인지를 분명히 판단하는 기준이 있어야 합니다. 왜 술 마시고 담배 피는 것이 교회에서 그렇게 대단한 금기가 되어야 하는지 모르겠습니다. 건강을 위해서라면 이해가 되고 간접 흡연의 피해를 주지 않기 위해서라면 공감할 수 있지만, 그런 일들이 종교적으로 무슨 대단한 죄인 양 호들갑을 떠는 것은 이해할 수 없습니다. 어떤 행위가 죄라면 그렇게 판단할 명백한 기준이 있어야 합니다. 무엇을 기준으로 해서 그 행위가 잘못인지를 납득할 수 있어야 합니다. 만약 납득할 수 없다면, 그것을 죄라고 부를 수 있을까요?

무엇이 죄이고 무엇이 죄가 아닌지, 그리고 무엇이 무거운 죄이고 무엇이 가벼운 죄인지를 구분하는 기준들 중 하나는 '사람의 생존권과 평등권과 인격권을 존중하는가, 그렇지 않은가?'라고 생각합니다. 성매매가 죄인 이유는 그것이 사람의 인격을 짓밟는 행위이기 때문입니다. 성희롱과 성학대, 성폭력이 농담이나 장난이 될 수 없는 중대한 범죄인 이유는 그것이 피해자의 인격은 말할 것도 없고 본인도 모르는 사이에 가해자의 인격까지 파괴하기 때문입니다.

저는 우리가 무슨 일을 하든지 같이 일하는 사람들, 주위에 있는 사람들, 그리고 만나는 모든 사람들의 생존권과 평등권, 인격권을 존중하는 그리스도인이 됐으면 좋겠습니다. '나 혼자 몸부림친다고 뭐가 바뀌는데……'라고 생각하시는 분이 있습니까? 바로 그런 생각 때문에 세상이 안 바뀌는 겁니다. 그런 생각이 바로 악마의 유혹입니다. 내가 바뀌면 내 아내와 남편이 바뀔 것이고, 내 아이들이 바뀔 것입니다. 그리고 내 직장 동료들이 영향을 받을 것이고, 그들의 가족이 영향을 받게 될 것입니다. 나 하나가 바뀌면 바뀔 수 있는 사람들이 매우 많습니다. 그러니 '나 하나가 무슨 일을 할 수 있다고……'라는 생각을 버리고 '내가 바뀌면 할 수 있다'라는 생각을 가슴 속에 담았으면 좋겠습니다.

여러분은 할 수 있습니다. 우리는 할 수 있습니다. 우리가 세상을 바꿀 수 있습니다.

「서편제」

··· 삶의 그늘

1960년대 초, 어느 산골 주막에 30대 남자가 찾아듭니다. 그는 주막 여인의 소리를 들으며 회상에 잠깁니다. 어린 시절 그가 살던 동네에 '유봉'이라는 이름의 소리꾼이 찾아 듭니다. 그는 동네 아낙과 사랑에 빠져 '동호'를 낳은 후 동호 모자를 데리고 마을을 떠납니다. 유봉과 그의 딸 송화, 그리고 동호 모자가 함께 살았는데, 동호 어머니는 아기를 낳다가 그만 숨을 거둡니다.

그 후 유봉은 열성을 다해 송화에게는 소리를, 동호에게는 북을 가르칩니다. 그러다 전쟁이 일어나 생활이 극도로 어려워졌는데, 그런 상황에서도 가족의 생계를 돌보지 않은 채 소리에만 몰두하는 유봉을 보다 못한 동호는 그와 다투고 집을 나가버립니다. 동호가 떠난 뒤 상심한 송화는 소리 배우기를 거부합니다. 유봉은 송화의 소리를 완성하는 데 집착한 나머지 송화가 집을 떠나지 못하게 하려고, 그리고 눈이 멀면 소리

「서편제」, 1993년
감독 | 임권택
주연 | 김명곤(유봉), 오정해(송화), 김규철(동호)

가 된다고 믿고 눈을 멀게 하는 약을 만들어 송화에게 먹입니다.

유봉이 죽은 후 눈이 먼 송화는 시골 마을을 떠돌아다니며 소리를 팔아 생계를 이어갑니다. 동호는 송화를 찾아서 온 남도를 떠돌다가 어떤 마을에 눈먼 여자 소리꾼이 있다는 소문을 듣고 찾아갑니다. 두 사람은 서로 통성명도 하지 않은 채 송화는 동호의 북장단에 맞춰 밤새 소리를 합니다. 송화의 소리와 동호의 북이 만나 그간의 한을 풀어내는 장면은 이 영화의 하이라이트입니다.

1993년 개봉 당시 서울에서만 관객 백만 명을 넘기며 열풍을 일으켰

던 영화 「서편제」의 줄거리 중 일부입니다. 이 영화는 이청준의 소설 「남도 사람들」과 「소리의 빛」을 토대로 만든 영화이며, 임권택 감독이 한국의 전통 예술을 주제로 만든 첫 영화이기도 합니다.

저는 판소리를 자주 듣지는 않습니다. 더욱이 이곳 미국에는 국악 방송이 없어서 국악 연주를 들을 기회가 별로 없습니다. 가끔 국악 연주자가 방문해서 공연할 때도 있지만 일 년에 몇 번 되지도 않고, 라디오 방송에는 국악 프로그램이 없기 때문입니다. 국악을 들을 수 있는 거의 유일한 방법은 인터넷으로 한국의 국악 방송을 듣는 것입니다.

저는 판소리는 들을 때마다 한편으로는 마음이 슬퍼지면서도 다른 한편으로는 위로를 받습니다. 판소리에서는 '득음得音'의 경지라는 것이 있다는데, 저는 그 경지에 오른 소리를 알아듣는 귀를 갖지 못했기 때문에 그냥 들으며 제 나름대로 소리를 판단합니다. 그러니 제 판단이 옳다고는 할 수 없지만, 그래도 제 마음을 슬프게 하면서도 위로하는 소리는 잘 하는 소리이고, 그렇지 않은 소리는 잘하지 못하는 소리라고 생각하며 듣고 있습니다.

소리에 그늘이 졌다

소리꾼들 사이에서 득음의 경지를 표현하는 말로 '소리에 그늘이 졌다'는 말이 있는데, 이 말은 소리꾼에게 최고의 칭찬이라고 합니다. 이 '득음' 또는 '그늘진 소리'는 의학적으로 '성대결절聲帶結節'에서 나오는 소리라고 합니다. 즉 성대에 절묘한 결절이 만들어져서 나오는 소리에 불과하다는 것이지요. 그러니까 그늘진 소리는 의학적으로 성대를 지나치게 혹사해서 생긴 병의 일종이라고 합니다.

소리꾼은 연습하는 과정에서 소리를 수도 없이 지르다 보면 성대가 곪아서 터져버립니다. 그래서 피를 토하면 인분 삭인 물을 마셔서 곪아 터진 목을 달래고 또 연습을 합니다. 소리가 배에서부터 울려 나와 성대를 통과하면서 거기 맺혀 있는 거친 결절에서 공명이 되어 나올 때 사람의 심금을 울리는 그늘진 소리가 되는 것입니다. 뒤틀리고 흉하게 일그러져 형성된 성대결절에 공명이 되어야 삶의 슬픔과 아픔, 처절함이 담긴 소리가 나오

는 모양입니다. 그렇게 만들어지는 소리를 '수리성'이라고 부르는데, 소리꾼들은 수리성을 최고의 소리로 친다고 합니다.

'소리에 그늘이 졌다!' 참 멋진 말 아닙니까? 요즘 영어 열풍이 몰아치고 있다는데, '소리에 그늘이 졌다'는 말을 무슨 수로 영어로 표현하겠나 싶습니다. '목소리'라는 뜻의 'voice'라는 단어와 '그늘'이라는 뜻의 'shadow'라는 단어를 가지고 '소리에 그늘이 졌다'는 우리말의 정감을 어떻게 표현할 수 있겠습니까?

이상하게도 성서는 사람의 외모에 대해 거의 전적으로 무관심합니다. 성서에서 사람의 외모를 묘사하는 경우는 극히 드뭅니다. 잘 해봐야 '준수하게 생겼다'는 정도입니다. 그래서 우리는 아브라함이 어떻게 생겼는지, 모세가 키가 컸는지 작았는지, 준수하게 생겼다는 다윗이 어떻게, 얼마나 아름다웠는지 모릅니다. 심지어 예수님이 어떻게 생겼는지에 대해서도 성서에는 한 마디도 언급이 없습니다. 예수님의 콧날이 오뚝했는지, 눈이 컸는지, 마른 편이었는지 뚱뚱한 편이었는지 우리는 전혀 알지 못합니다. 얼마 전에 컴퓨터로 복원한 예수님의 얼굴이 신문에 보도되었는데, 그 모습은 그동안 우리가 상상해 온 것과는 크게 달랐습니다. 그것마저도 실제 모습이 아니라 컴퓨터로 복원한 얼굴일 뿐이지만 말입니다.

외모는 아니지만 예수님을 묘사하는 구절이 성서에 전혀 없지는 않습니다. 우선 이사야 53장의 말씀을 생각해 볼 수 있습니다. 학자들이

'고난 받는 야훼의 종의 노래'라는 제목을 붙인 이 노래를 오랫동안 그리스도인들은 예수님에 대한 예언으로 받아들였습니다.

그는 메마른 땅에 뿌리를 박고 가까스로 돋아난 햇순이라고나 할까?
늠름한 풍채도, 멋진 모습도 그에게는 없었다.
눈길을 끌 만한 볼품도 없었다.
사람들에게 멸시를 당하고 퇴박을 맞았다.
그는 고통을 겪고 병고를 아는 사람,
사람들이 얼굴을 가리고 피해 갈 만큼 멸시만 당하였으므로
우리도 덩달아 그를 업신여겼다.

이 노래는 누군가를 묘사하고 있습니다. 비록 외모를 직접적으로 묘사하지 않고, 대부분이 모호한 은유로 표현되어 있지만 누군가를 묘사하고 있음에 분명합니다. 게다가 '메마른 땅에 뿌리를 박고 가까스로 돋아난 햇순'이나 '사람들이 얼굴을 가리고 피해 갈 만큼 멸시만 당한 사람'이라는 표현은 외모에 대한 묘사 그 이상입니다.

그 다음으로 요한복음 1장에서 세례자 요한은 예수님을 가리켜 "보라, 세상 죄를 지고 가는 하나님의 어린양이로다."라고 말했습니다. 요한이 예수님을 가리키며 '보라!'라고 말했으니 이는 시각에 호소하는 말일 수밖에 없습니다. 그런데 다음에 나오는 말은 '죄를 지고 가는 하나님의 어린양'입니다. 이 말은 시각으로 판단할 수 있는 외모에 대한 말은 분명

아닙니다. 그 이상을 가리키는 말로 읽어야 합니다.

예수님의 그늘진 삶

예수님에게는 '그늘'이 있었습니다. 구세주요 하나님의 아들에게 그늘이 있었다는 말에 얼른 공감하지 않을 수도 있습니다. 예수님에게는 먹고 마시며 웃고 떠드는 잔치 분위기가 분명히 있었습니다. 하지만 예수님은 늘 희희낙락하기만 했던 분은 아니었습니다. 우리가 복음서를 읽으면서 분명히 느끼는 점은 그분에게는 잔치 분위기 못지않게 그늘진 면이 있었다는 사실입니다. 우리는 이사야 53장이나 요한복음 1장을 읽으면서, 그리고 그 밖의 다른 여러 구절들을 읽으면서 예수님의 삶에 드리워져 있던 그늘을 느낍니다.

그분은 실제로도 외모가 볼품없었을 가능성이 큽니다. 요한복음 8장 57절을 보면 사람들이 예수께 "당신이 아직 쉰 살도 못 되었는데, 아브라함을 보았단 말이오?"라며 따지고 들었다는 말이 나옵니다. 겨우 서른 살 내외였던 예수님을 쉰 살 정도로 봤다는 이야기는 예수님의 외모가 추레하고 볼품없었다는 것으로 읽을 수 있습니다. 하긴 자신의 고통과 인류의 병고를 짊어지고 사람들에게 멸시를 당하고 퇴박을 맞았던 분의 외모가 늠름했다면 그게 더 이상한 일이겠지요. 또한 그분이 십자가를 지고 가실 때 길가에 모여 있던 수많은 군중들 가운데 자원해서 대신 십자가를 지겠다는 사람이 아무도 없었습니다. 세례자 요한은 이러한 예수님을 가리켜 '세상 죄를 지고 가는 어린양'이라고 불렀던 것입니다. 세상의 죄를 지고 가는 어린양에게 왜 그늘이 없었겠습니까. 그 모습이 얼마나 피곤하고 그늘진 모습이었겠습니까.

따지고 보면 삶의 그늘이 없는 사람은 없습니다. 모든 사람이 각자의 삶의 무게를 지니고 있듯이 각자의 삶의 그늘을 안고 살아갑니다. 그래서 모든 삶은 그늘진 삶입니다. 저는 판소리에서 '소리에 그늘이 졌다'는 말을 염두에 두고서 득음의 경지라는 '소리의 그늘'과 사람들이 안고 가는 '삶의 그늘'을 비교하며 생각해 보았습니다.

소리의 그늘은 끝없는 연습과 수련을 통해 얻어진다고 했습니다. 그렇게 해서 얻어진 그늘진 소리가 사람의 가슴을 적시고 영혼을 위로해 주지요. 그렇다면 삶의 그늘은 어떻습니까? 삶의 그늘은 누구에게나 있습니다. 모두의 삶에는 그늘진 부분이 있게 마련입니다. 하지만 삶의 그늘을 어떻게 대하고, 어떤 태도로 받아들이는가는 사람마다 다릅니다. 그것 때문에 신세 한탄으로 세월을 보내는 사람이 있는가 하면, 남을 탓하고 남에게 불평하는 것으로 일관하는 사람도 있습니다. 하나님을 탓하고 하늘을 향해 삿대질하느라 일생을 허비하는 사람도 있습니다. 자기 삶의 그늘이 남의 탓이라며 남을 향해서, 그리고 하늘을 향해서 불평하느라 아무 것도 못하는 사람들 말입니다.

내 삶의 그늘로 남의 그늘을 끌어안는 사람

소리꾼의 성대에 생긴 결절이 배에서 나오는 소리를 감싸 안아 사람의 가슴을 적시고, 영혼을 끌어안는 그늘진 소리를 만들어내듯이 주름 잡힌 내 삶의 그늘을 이웃의 삶의 그늘과 공명시켜 모두의 아픔을 치유하는 사람도 있습니다. 예수님이 바로 그런 분이었습니다. 이사야 53장의 고난 받는 야훼의 종의 노래에서 메시아는 '사람들에게 멸시를 당하고 퇴박을 맞았다'라는 말로 끝나지 않고 이렇게 이어집니다.

> 그 몸에 채찍을 맞음으로 우리를 성하게 해주었고,
> 그 몸에 상처를 입음으로 우리의 병을 고쳐주었구나.

소리꾼의 그늘진 소리를 들을 때 마음 한 구석이 슬퍼지면서도 한없이 위로가 되듯이, 예수님이 당하신 고난의 이야기를 읽으면서 우리는 한편으로 슬퍼지고 죄책감을 느끼면서 다른 한편으로 한없이 깊은 위로를 받습니다. 예수님은 사람들에게 멸시를 당하고 퇴박을 맞으면서 생긴 당신의 삶의 그늘로 사람들을 끌어안으셨습니다. 죄인이라고 해서 소외되고, 여자라고 해서 차별을 당하고, 병들었다고 해서 멸시를 당하던 사람들의 그늘진 삶을 당신의 그늘로 끌어안음으로써 상처를 치유하셨고 구원해 주셨던 것입니다.

우리는 모두 삶의 그늘을 가지고 있습니다. 우선, 그 그늘이 왜 있는

가를 생각해 볼 필요가 있습니다. 그늘의 원인을 생각해 보라는 이야기가 아닙니다. 그늘의 원인을 생각해 보면 즉각적으로 남을 탓하게 되어 있기 때문입니다. 그런 생각은 그늘을 없애는 데도 별 도움이 되지 않습니다. 그늘의 원인이 아니라 그늘의 이유 또는 목적이 무엇인지를 생각해 보십시오.

삶의 그늘은 늘 거기에 있습니다. 이방인이 아니라 늘 내 곁에 있으므로 피하려고 해도 피할 수 없는 것이 삶의 그늘입니다. 그렇다면 이 그늘을 내 삶을 갉아먹는 적으로 삼지 말고 삶의 깊은 의미와 가치를 만들어 내는 친구로 삼을 필요가 있습니다. 저는 삶의 그늘을 친구로 만드는 길을 예수께서 몸소 보여주심으로써 가르치셨다고 생각합니다. 당신 자신이 가지고 있던 그늘로 이웃의 그늘진 삶을 끌어안음으로써 서로 치유하는 길을 예수께서는 걸어가셨던 것입니다.

이와 같은 예수의 길을 따라간다면 우리는 삶의 그늘을 탓하지 않고, 그것 때문에 상처를 받지도 않을 것이며, 오히려 남에게 덕을 베풀고 이웃의 상처를 치유하는 삶을 살 수 있을 것입니다. 그럴 때 예수 그리스도의 삶이 우리의 삶 속에서 의미 있게 부활할 것입니다.

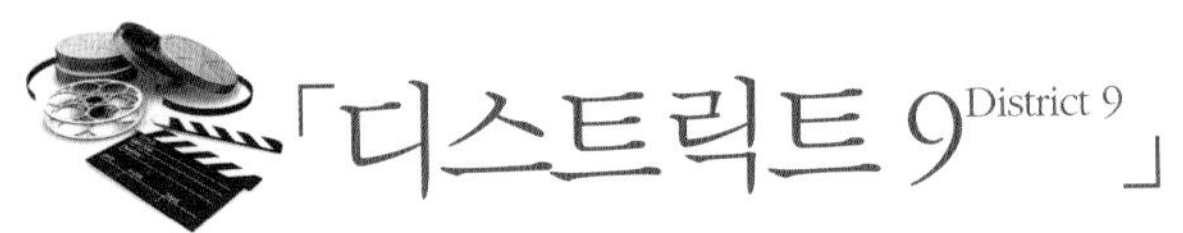

「디스트릭트 9 District 9」

… 사람이 그어 놓은 경계선

「디스트릭트 9」은 2009년 여름에 개봉된 영화입니다. 적은 예산으로 만든 영화인데도 많은 평론가들의 관심을 끌었고, 흥행에서도 큰 성공을 거둔 이 영화는 보기 드문 남아프리카공화국 영화이기도 합니다. 줄거리가 매우 흥미롭고, 그리스도교 신앙에 대해서도 시사하는 바가 큰 영화입니다.

조난당한 외계인들의 구조 요청

영화 속 1982년, 남아프리카공화국 요하네스버그 상공에 거대한 우주선 한 척이 나타나 석 달 동안 꼼짝 않고 상공에 떠 있었습니다. 남아프리카공화국은 물론이고 전 세계의 이목이 이 우주선에 집중되었습니다. 사람들은 '우릴 모두 죽이러 온 것 아닐까?' 하는 불안한 마음으로 우주

「디스트릭트 9(District 9)」, 2009년
감독 | 닐 블롬캠프
주연 | 샬토 코플리(비커스 메르바), 바네사 헤이우드(타냐 메르바), 제이슨 코프(그레이 브래드냄)

선을 지켜봤습니다.

이 대목에서 영화는 아직까지 SF 영화들이 보여준 전형적인 스토리를 벗어납니다. 우주선에는 1백만이나 되는 외계인들이 타고 있었는데, 그들은 가공할 위력으로 지구를 공격해 인류를 몰살하러 오지 않았다는 것입니다. 그들은 원인도, 치료 방법도 모르는 전염병에 걸려서 도움을 받기 위해 지구에 불시착했습니다. 스티븐 스필버그 감독의 「ET」는 홀로 낙오된 외계인 과학자가 지구 어린이들의 도움을 받아 집으로 돌아간다는 스토리니까 외계인이 사람의 도움을 받아 곤경에서 벗어난다는 이야기가 처음은 아닙니다. 하지만 이렇게 전염병에 걸린 외계인들이 떼를 지어 몰려와 지구인들에게 도움을 구하는 이야기는 처음 봤습니다.

이 영화의 이야기를 재미있다고 해야 할지, 신선하다고 해야 할지 잘 모르겠습니다. 왜냐하면 지구인들은 최악의 어려움에 빠진 외계인들을 돌보기는커녕 그들을 차별하고 멸시하고 학대하니까요. 정부에서는 요하네스버그 내에 외계인 수용 지역인 '디스트릭트 9'을 만들어서 그들을 임시로 수용했습니다. 하지만 그 안에서 범죄가 급증하는 등 여러 가지 문제가 발생하자 그 주위에 사는 사람들이 정부에 거세게 항의하기 시작했습니다. 그러자 정부에서는 그동안 숫자가 늘어 180만이나 되는 외계인들을 요하네스버그에서 멀리 떨어진 곳에 '디스트릭트 10'을 설정한 후 강제 이주를 시키기로 결정합니다. 그런 다음 그 일을 민간 군수업체인 'MNUMulti National United'에 맡겼습니다. MNU는 '비커스'라는 사람을 외계인 강제 이주 프로젝트의 책임자로 임명했습니다.

사람들은 외계인들에게 가혹했다!

영화는 외계인들을 관리하고, 강제 이주시키는 과정에서 스스로를 '만물의 영장'이라고 부르며 자랑스럽게 여겨 온 사람들이 외계인들에게 얼마나 비인도적인 만행을 저질렀는지를 충격적인 영상으로 보여줍니다. 과거 언젠가 벌어졌던 것 같은 일이 다시 벌어졌을 때 우리는 그것을 '데자뷰deja vu'(최초의 경험임에도 불구하고, 이미 본 적이 있거나 경험한 적이 있는 것 같은 이상한 느낌이나 환상)라고 부릅니다. 영화는 우리들이 익히 알고 있거나 직간접적으로 경험했던 것 같은 다양한 광경들을 보여줍니다.

영화의 무대인 남아프리카공화국은 이 영화의 감독 닐 블롬캠프Neill Blomkamp의 모국이기도 합니다. 촬영은 주로 소웨토의 치아벨로 지구에서 이뤄졌다는데, 실제로 그 지역 쓰레기 매립지에 살던 주민들이 20km 떨어진 임시 주거지로 강제 이주된 일이 있었답니다. 치아벨로의 환경이 영화보다 더 영화적이어서 영화를 찍기 위해 따로 세트를 만들 필요가 없을 정도였답니다. 그래서 영화 제작비가 고작(?) 3천만 달러인 저예산 영화를 만들 수 있었던 모양입니다. 3천만 달러가 보통 사람에게는 엄청나게 큰돈이지만, 영화 제작비로서는 아주 적은 돈에 불과합니다. 웬만한 대작 영화는 제작비가 1억 달러가 넘으니까 말입니다.

고작 3천만 달러를 들인 저예산 영화가 2009년 10월 초까지 1억 8천만 달러 이상을 벌어들였으니까 속된 말로 대박을 터뜨린 셈입니다. 영화 제목이 「디스트릭트 9」인데, 이것도 패러디입니다. 실제로 케이프타운 도심지에 '디스트릭트 6'라는 주거 지역이 있다고 합니다. 이 지역은

1966년에 남아공 정부에 의해 백인 전용 주거 지역으로 정해지면서 그곳에 살던 6만여 명의 흑인들을 강제로 이주시켰다고 합니다. 이쯤 되면 이 영화가 SF 판타지 영화인지, 다큐멘터리 영화인지 분간하기 어려울 정도입니다.

영화 줄거리를 다 이야기할 수는 없고, 한 가지만 더 이야기해 보겠습니다. 비커스는 외계인을 강제 이주시키는 일을 말할 수 없이 잔인하고 무자비하게 실행합니다. 그러다가 어느 날 비커스는 성분을 알 수 없는 외계 물질에 노출되고 말았습니다. 그 후 그에게 유전자 변이가 일어나 한쪽 팔이 외계인의 팔로 변해 갔습니다. 그는 즉시 격리되었고, 과학자들은 그의 몸 전체가 외계인으로 변하기 전에 팔을 잘라내기로 결정했습니다. 하지만 비커스는 그것을 거부하고 병원에서 탈출하여 '디스트릭트 9'으로 도망쳤습니다. 외계인을 강제 이주시키던 사람이 바로 그들이 사는 구역으로 숨어들 수밖에 없게 됐으니, 얼마나 아이러니컬합니까?

우리도 '디스트릭트 9'에 살다 나온 사람들 아닌가?

불과 수십 년 전까지만 해도 미국으로 이민 온 우리 동포들도 '디스트릭트 9' 안에서 살았습니다. 그 안에 살면서 우리가 당하는 온갖 차별에 항의도 하고, 울분도 터뜨리면서 고통스러운 세월을 보냈지요. 그런데 지난 수십 년 동안 우리 동포들은 말 그대로 죽기 살기로 땀 흘리고 고생해서 겨우 '디스트릭트 9' 바깥으로 나왔습니다. 그런데 개구리 올챙이 적 생각을 못한 채 엄한 시어머니 밑에서 고생한 며느리가 시어머니 되면 더 엄한 시어머니가 된다는 말처럼 우리는 '디스트릭트 9' 안에 있을 때 당했던 차별 못지않게 맵고 아프게 지금 거기서 살고 있는 사람들을 무시하며 차별하고 있지 않습니까?

제가 미국에 처음 왔을 때 저는 두 가지 사실에 놀랐습니다. 하나는 라디오에서 '고국 소식'이라고 해서 소식을 전하는 사람들이 말도 안 될 정도로 편향되고 보수적인 이야기를 하는데, 많은 한인 동포들이 그 말을 그대로 믿는다는 것이었습니다. 다른 하나는 한인 동포들이 자기들이 당하는 인종차별은 비난하고 욕하면서 정작 자기들이 인종차별을 하고 있다는 사실을 깨닫지 못한다는 점이었습니다.

우리 한인 동포들도 우리들보다 힘든 처지에 있는 다른 인종을 멸시하고 차별하는 것이 사실 아닙니까? 제가 처음 '멕작'이라는 말을 들었을 때 저는 그 말을 '백작'으로 알아듣고 '여기는 귀족들이 사는가?'라고 생각했습니다. 알고 보니 그 말은 멕시코 사람들을 차별하고 낮추어 부르는 말이었습니다. 사람은 정말 자기보다 힘없는 사람에게 관대할 수 없는 존재입니까? 자기보다 덜 가진 사람을 존중할 수 없는 존재입니까?

제가 좋아하고, 마음으로나마 같이 하는 '국경 없는 의사회'라는 비정부기구NGO가 있습니다. 원래 이름은 불어로 'Médecins Sans Frontières MSF' 이고, 영어로는 'Doctors without Borders'라고 부릅니다. 재난이 있는 곳이면 어디든, 어느 편이든 상관하지 않고 달려가서 의료 활동을 벌이는 의사들의 모임입니다. 제가 이 단체를 좋아하는 까닭의 절반은 그 이름에 '국경 없는'이라는 말이 들어 있기 때문입니다. '국경 없는'라는 표현이 얼마나 좋은 말입니까! 국경이 없다! 경계선이 없다! 나와 남을 가르는 금이 없다니, 이보다 더 좋은 말이 어디에 있겠습니까?

새들은 사람이 그어 놓은 경계선이나 국경선에 아랑곳하지 않고 자유롭게 넘나들고, 강물은 철조망을 쳐 놓아도 아랑곳하지 않고 자유롭게 흘러갑니다. 심지어 사막의 모래바람도 국경 너머로 날아가고, 중국에서 비롯된 황사 바람도 서해 바다를 건너 한국 땅까지 불어오는데, 유독 사람들은 여권이 없으면 국경을 넘을 수 없습니다.

사람들은 경계랍시고 땅바닥에 금을 그어 놓거나 벽을 쌓거나 철조망을 세워 놓고 사람들이 자유롭게 다니지 못하게 가로막고 있습니다. 샌디에이고 아래에 멕시코와 맞닿은 국경이 있습니다. 그 근처를 갈 때마다 뉴스나 영화에서 그곳을 비춰줄 때마다 저는 생각합니다. 멕시코로 가는 쪽은 한가로운데, 미국으로 오는 쪽은 늘어선 줄이 얼마나 긴지 모릅니다. 저는 이 광경을 볼 때마다 기가 막히고 답답합니다. 도대체 저따위 경계선이 무엇이라서 저런 그림을 만들어내는가 말입니다!

세상에는 본래 경계가 없었는데, 사람이 만든 것 아닌가요? 모든 경계선은 결국 사람이 사람을 구별하고 차별하기 위해 그어놓은 것이 아닙니까? 그리고 그 경계선은 땅과 하늘과 바다에 그어지기 전에 먼저 우리 마음속에 그어졌습니다. 삼팔선은 삼팔선에만 있는 것이 아니라고 절규한 분은 고 김남주 시인입니다. 1945년에 그어진 삼팔선은 한반도의 허리를 가른 경계선만은 아닙니다. 삼팔선은 그보다 훨씬 오래 전부터 우리 마음속에 그어져 있었고, 그것이 1945년에 바깥으로 튀어 나와 한반도를 갈랐을 뿐입니다.

신앙은 그어져 있는 경계선을 지우는 것

여기서 제가 좋아하는 노래 가사 하나를 소개하겠습니다. 윤도현 밴드가 부른 「철망 앞에서」라는 노래입니다.

내 맘에 흐르는 시냇물 미움의 골짜기로
물살을 가르는 물고기 떼 물위로 차오르네
냇물은 흐르네 철망을 헤집고
싱그런 꿈들을 품에 안고 흘러 구비쳐 가네
저 건너 들에 핀 풀꽃들 꽃내음도 향긋해
거기 서 있는 그대 숨소리 들리는 듯도 해
이렇게 가까이에 이렇게 나뉘어서
힘없이 서 있는 녹슨 철조망을 쳐다만 보네

빗방울이 떨어지려나 들어봐 저 소리
아이들이 울고 서 있어 먹구름도 몰려와
자 총을 내리고 두 손 마주잡고
힘없이 서 있는 녹슨 철조망을 걷어버려요
자 총을 내려 두손 마주잡고
힘없이 서 있는 녹슨 철조망을 걷어버려요
저 위를 좀 봐 하늘을 나는 새 철조망 너머로
꽁지 끝을 따라 무지개 내 마음이 오는 길
새들은 나르게 냇물도 흐르게
풀벌레 오가고 바람은 흐르고 맘도 흐르게
자 총을 내리고 두 손 마주 잡고
힘없이 서 있는 녹슨 철조망을 걷어버려요
자 총을 내려 두 손 마주잡고
힘없이 서 있는 녹슨 철조망을 걷어 버려요
녹슬은 철망을 거두어 마음껏 흘러서 가게

저는 사도 바울에 대해 잘 알지 못했을 때는 바울을 그리 좋아하지 않았습니다. 바울이 그리스도교 신앙을 잘 정리해서 선포했지만, 여전히 그에게 전적으로 공감되지 않는 면이 남아 있었습니다. 그런데 바울을 좀 더 깊이 읽고, 더 많이 알게 된 다음에 제 생각이 바뀌었습니다. 물론 아직도 저는 바울에게 의문부호를 가지고 있는 점들이 남아 있지만, 그 모든 것을 상쇄하고도 남을만한 미덕을 바울에게서 발견했습니다. 바울은 예수 그리스도의 해방과 자유 복음의 핵심을 그 누구도 할 수 없을 정도로 명쾌하게 한 마디로 요약했습니다. 저는 그 한 마디 때문에 바울을 깊이 좋아하고 존경하게 된 것입니다. 그 말씀은 갈라디아서 3장 26절 이하와 에베소서 2장 14절 이하의 말씀입니다.

> 여러분은 모두 믿음으로 그리스도 예수와 함께 삶으로써 하나님의 자녀가 되었습니다. 세례를 받아서 그리스도 안으로 들어간 여러분은 모두 그리스도를 옷 입듯이 입었습니다. 유대인이나 그리스인이나 종이나 자유인이나 남자나 여자나 아무런 차별이 없습니다. 그리스도 예수 안에서 여러분은 모두 한 몸을 이루었기 때문입니다.
>
> 그리스도야말로 우리의 평화이십니다. 그분은 자신의 몸을 바쳐서 유다인과 이방인이 서로 원수가 되어 갈리게 했던 담을 헐어버리시고 그들을 화해시켜 하나로 만드시고, 율법 조문과 규정을 모두 폐지하셨습니다. 그리스도께서는 자신을 희생하여 유다인과 이방인을 하나의 새 민족으로 만들어 평화를 이룩하시고, 또 십자가에서 죽으심으로써 둘을 한 몸으로 만드셔서 하나님과 화해시키시고, 원수 되었던 모든 요소를 없이하셨습니다.

신앙은 한 순간의 열광이 아닙니다. 신앙은 많이 생각하고 깊이 명상하는 것이며, 하나님과 대화하고 소통하는 것이며, 때로는 지독하게 의심하는 것입니다. 신앙은 기도이며 자기 성찰입니다. 신앙은 온 인류를 품에 안고 계시는 하나님의 넓은 가슴을 깨닫고 느끼는 것입니다. 신앙은 경계를 긋는 일도 아니고, 벽을 쌓는 일도 아닙니다. 오히려 신앙은 그어져 있는 경계를 지우는 일이고, 높이 서 있는 장벽을 망치로 깨뜨려 무너뜨리는 일입니다. 그런 점에서 유전자 변이가 일어나 외계인이 되어 가는 비커스의 이야기인 영화 「디스트릭트 9」은 그리스도인들에게 시사하는 바가 큽니다.

예수 그리스도께서는 사람 사는 세상에서 서로 원수가 되어 갈리게 했던 담을 헐어버리시고 서로 화해시키셨는데, 우리는 그 담을 다시 쌓고 '디스트릭트 9'과 같은 것을 만들고 있지는 않습니까? 언어와 문화, 인종과 피부색, 종교가 다르다고 해서 서로 이기고 누르려 하고, 종국에는 나와 다른 사람들을 게토 안으로 몰아넣으려 하지는 않습니까?

그리스도인들은 예수께서 헐어버린 담을 다시 쌓으려 하지 말고 문화와 인종, 종교의 차이가 만들어 낸 장벽들을 예수께서 하셨던 것처럼 망치로 두들겨 헐어버려야 할 것입니다. 이것이 이 세상에서 우리 그리스도인들이 해야 할 일이라고 믿습니다.

「마더」

··· 어머니 하갈

얼마 전에 정신대로 끌려갔던 분들을 찍은 사진 한 장을 보게 되었습니다. '정신대'라는 비극적이고 절박한 삶의 상황에서도 사진을 찍었다는 사실이 우선 놀라웠습니다. 그런데 저를 더 놀라게 만든 것은 그 가운데 만삭인 채로 사진을 찍은 여인이 있었다는 사실입니다. 갓 20세 전후로 보이는 사진 속의 조선 처녀는 만삭인 상태였습니다. 사진 설명을 보니 그 여인의 이름도 없었습니다. 그 할머니는 얼마 전에 돌아가셨다고 했습니다.

저는 그 사진을 보면서 가슴이 찢어지는 아픔을 느꼈습니다. 하루에도 수십 명의 일본 군인들을 몸으로 받아들였을 여인이 그 와중에 아버지가 누군지도 모르는 아이를 임신했던 것입니다. 얼마나 기가 막힌 상황입니까! 사진을 찍었을 때가 만삭이었으니 분명 그 아이를 낳았겠지요. 제 생각은 '그 아이가 어떻게 됐을까?' 하는 데까지 미쳤습니다. 낳은 직후에 버려졌을까? 아니면 살아남았을까? 살아남았다면 아직 생존해 있을 가능성도 있는데, 어디서 어떻게 살고 있을까? 그 아이는 자기 출생에 대해서 알고 있을까? 알았다면 언제 알게 됐을까? 그 아이는 평생 자기 아버지가 누군지도 모르고 자랐겠지요. 어머니조차 아이 아버지가 누군지 몰랐을 터인데, 자식이 알 턱이 없겠지요. 어머니는 말 그대로 '미혼모'였던 셈입니다. 물론 당시의 그녀 처지를 '미혼모'라는 말로는 다 표현할 수 없지만 말입니다.

사라와 하갈의 갈등

구약성서 창세기에는 '하갈'이라는 여인이 나옵니다. 하갈은 구약성서에서 주인공이 아니라 잠시 등장했다 사라지는 단역이지만, 그녀에 관한 짧은 이야기에는 생각해 볼 점들이 있습니다. 하갈은 이집트인으로서 본래는 아브라함의 아내 사라의 몸종이었는데, 사라가 늙도록 아이를 낳지 못하자 사라가 그녀를 남편의 소실로 들여보냄으로써 하루아침에 지위가 '격상'된 인물입니다. 아브라함 부부는 그녀를 통해서 후손을 보려 했으니, 하갈은 '씨받이'였던 셈입니다.

그리하여 마침내 하갈에게 아기가 생겼습니다. 아브라함에게는 얼마나 귀한 자식이었습니까. 그래서 하갈은 정실부인인 사라를 업신여기고 으스댔던 모양입니다. 사라는 남편에게 불평을 했지만 남편은 가부장답게 이 문제에 적극적으로 개입하지 않고 "당신이 알아서 하시오." 하는 식으로 한발을 뺐던 모양입니다.

사라는 하갈을 박대하기 시작했습니다. 하갈은 사라의 박대를 피해 임신한 몸으로 집을 나왔는데, 그녀에게 하나님의 천사가 나타났습니다. 천사는 하갈에게 자초지종을 듣고 나서 고생을 참고 견디라고 격려하면서 이렇게 말했습니다.

"내가 네 자손을 아무도 셀 수 없을 만큼 많이 불어나게 하리라. 너는 아들을 배었으니 그 이름을 이스마엘이라 하여라. 네 울부짖음을 야훼께서 들어주셨다. 네 아들은 들 나귀 같은 사람이라 닥치는 대로 치고 받아 모든 골육의 형제들과 등지고 살리라." (창세기 16:10-12)

이 말에는 축복과 저주가 모두 들어 있습니다. 하갈은 다시 아브라함의 집으로 돌아갔고, 얼마 후에 이스마엘을 낳았습니다.

그로부터 14년이 흐른 후 아브라함의 정실부인 사라가 90세에 기적적으로 아들 이삭을 낳았습니다. 아이 낳기를 포기하고 하갈이 낳은 이스마엘로 하여금 대를 이으려다가 기적적으로 자신의 아들을 낳았으니, 사라가 얼마나 기세등등했을지는 안 봐도 짐작할 수 있습니다. 어느 날 사라는 이삭이 이스마엘과 놀고 있는 것을 보고 기겁을 해서 남편 아브라함에게 하갈과 이스마엘을 내쫓으라고 요구했습니다. 이삭을 유일한 상속자로 만들기 위해서는 이스마엘을 쫓아내야 한다고 생각했던 것이지요. 이때도 아브라함은 우유부단한 태도를 보입니다. 둘 다 자기 자식이니 입장이 난처했을 수 있습니다. 이때 하나님이 아브라함에게 사라의 말대로 하라고 분부하시며 이스마엘에 대해 주신 약속을 재확인하셨습니다.

다음 날, 하갈과 이스마엘은 약간의 양식과 물만 가지고 집을 떠납니다. 쫓겨난 것이지요. 그들이 브엘세바 광야에 당도했을 때 양식과 물이 다 떨어졌습니다. 광야에서 물과 양식이 떨어졌으니 곧 죽게 된 상황에 처한 것입니다. 하갈은 차마 자식이 죽는 모습을 눈뜨고 볼 수 없었기에 이스마엘로부터 멀리 떨어져서 울고 있었습니다. 어린 이스마엘도 울었습니다. 그때 하나님의 천사가 나타나 이렇게 말했습니다.

"하갈아, 어찌 된 일이냐? 걱정하지 마라. 하나님께서 저기서 네 아들의 울부짖는 소리를 들으셨다. 어서 가서 아이를 안아 일으켜 주어라. 내가 그를 큰 민족이 되게 하리라."

천사가 하갈의 눈을 열어 주자 그녀의 눈에 샘이 보였고, 두 사람은 그 물을 마시고 살아났습니다.

영화 「마더」의 어머니

하갈의 이야기를 읽으면서 영화 「마더」를 생각했습니다. 「살인의 추억」과 「괴물」을 만든 봉준호 감독의 작품으로, 배우 김혜자 씨가 주연한 바로 그 영화입니다.

어느 시골 읍내에서 약재상을 맡아 꾸려 가는 여인에게 하나밖에 없는 아들 도준은 그녀의 전부였습니다. 그런데 도준은 제 앞가림도 제대

「마더」, 2009년
감독 | 봉준호
주연 | 김혜자(도준 모), 원빈(도준)

로 못하는 약간 '모자란' 아이여서 엄마 속을 태웁니다. 이 두 사람에게는 씻을 수 없는 상처가 있는데, 도준이 다섯 살 때 살기가 어려워 엄마가 박카스에 농약을 타서 도준에게 먹이고 자기도 죽으려 했다가 실패했던 일이 그것입니다. 그 때의 후유증으로 도준이 조금 모자란 아이가 되었지요. 나중에 알게 되지만 도준은 그 때의 일을 생생하게 기억하고 있었습니다.

그런데 조용하던 마을에 살인 사건이 일어납니다. 누군가가 '문아정'이라는 여고생을 살해한 후 그 시신을 온 동네사람이 다 보도록 폐가

옥상에 걸어놓은 것입니다. 아정은 둔기에 맞아 살해되었고, 현장에서 도준의 이름이 쓰여 있는 골프공이 발견되면서 도준은 살인 용의자로 체포됩니다. 도준은 그날 밤 친구 진태를 술집에서 기다리다가 만나지 못하고 돌아오다가 길에서 우연히 아정을 만났고, 그녀를 희롱하다가 우발적으로 돌덩이를 던져 죽였다는 것입니다.

엄마는 벌레 한 마리도 죽이지 못하는 아들이 사람을 죽였을 리가 없다고 호소하지만, 경찰은 골프공이라는 결정적인 증거 때문에 그녀의 호소에 귀 기울이지 않습니다. 그래서 엄마는 스스로 탐정이 되어 진범을 찾아 아들의 무죄를 밝히려고 합니다. 처음에는 도준의 친구 진태를 의심했지만 곧 오해임이 밝혀졌고, 아정의 친구들을 탐문하다가 그녀가 학생들 사이에서는 유명한 아이였음을 알게 됩니다. 아정은 치매에 걸린 할머니를 모시고 사는 소녀가장으로서 쌀을 받고 몸을 팔았던 것입니다.

엄마는 아들의 무죄를 밝히려고 탐문을 시작했지만, 조사하면 할수록 아들이 범인이라는 사실을 알게 됩니다. 결정적인 대목은 고물상 주인이 도준의 범행을 목격했다는 사실을 알게 되는 장면인데, 그녀는 고물상 주인을 죽인 후 고물상에 불을 질러 그의 입을 막습니다. 그 후 다운 증후군을 앓고 있는 '종팔'이라는 청년이 범인으로 지목되고, 도준은 풀려납니다. 엄마는 체포되어 구치소에 갇혀 있는 종팔을 만나서 "넌, 엄마도 없니?"라고 묻는데, 이 장면이 매우 인상적입니다. 풀려난 도준은 불타버린 고물상에 갔다가 거기서 엄마의 침통을 발견하고는 그것을 엄마에게 돌려줍니다.

영화 「마더」는 줄거리를 요약하는 것만으로는 전체 내용을 파악할 수 없는 복잡한 구조를 가지고 있습니다. 배우들의 작은 몸짓 하나, 짧은 대사 한 마디에 깊은 의미가 암시되어 있기 때문에 다른 생각을 하지 말고 집중해서 봐야 재미를 즐길 수 있는 흥미로운 영화입니다.

'모성母性'이란 참 묘한 것입니다. 여자는 약하지만 어머니는 강하다는 진부한 말도 있지만, 모성은 매우 강하고 아름답습니다. 모성은 그 어떤 아름다운 여성보다 더 아름답습니다. 그렇지만 이 아름다운 모성이 맹목적이고 이기적이며, 이악스러울 때도 많습니다. 모든 것이 모성이라는 말로 합리화되지 않음에도 불구하고 많은 어머니들이 그렇게 믿고, 또 그 믿음을 실천에 옮깁니다. 하지만 모성은 어쩔 수 없이 맹목적이라고 믿고, 불가항력이라고 여기는 게 올바른 태도는 아닙니다. 그처럼 맹목적인 태도가 자녀를 해칠 수도 있기 때문입니다. 그래서 우리는 어떻게 하면 모성이 맹목적인 것으로 흐르지 않을 수 있는지를 생각해 보지 않을 수 없습니다. 어떻게 하면 모성이 자기 자식만 눈에 담는 이기주의에 빠지지 않을 수 있는지를 진지하게 물어야 합니다. 이 물음에 대한 대답의 실마리를 성경에 나오는 몇 명의 어머니에게서 봅니다.

솔로몬의 어머니 밧세바와 「마더」의 어머니

'어머니'와 관련하여 성경에서 떠오르는 인물이 적지 않습니다. 선악과를 따 먹고 남편도 먹게 한 '인류의 어머니' 하와에서 시작해서 나이 90세에 얻은 아들을 보고 비로소 웃었다는 이삭의 어머니 사라, 에서와 야곱 두 아들 중 야곱을 편애한 결과 둘을 원수로 만드는 데 일조한 어머니 리브가, 유모가 되어 이집트 왕궁에 들어가 아들 모세를 키운 어머니 요게벳, 아기를 갖지 못하다가 기도 끝에 얻은 아기를 하나님께 바친 사무엘의 어머니 한나, 불륜이라는 세간의 비난을 극복하고 결국 아들을 왕위에 앉힌 솔로몬의 어머니 밧세바 등이 있습니다. 그리고 예수님의 어머니 마리아와 딸을 살리기 위해 개 취급도 마다하지 않았던 페니키아 출신 어머니 등 모두가 할 말이 많은 어머니들입니다.

솔로몬의 어머니 밧세바는 무척 기구한 삶을 살았습니다. 다윗 왕의 부인으로서, 또 다윗의 뒤를 이어 왕위에 오른 솔로몬의 어머니로서 그녀는 물질로 보나 명예로 보나 부러울 것 없는 삶을 살았다고 말할 수도 있겠지만, 한 꺼풀만 벗기고 들여다보면 그녀의 삶은 참으로 기구했습니다. 그녀의 첫 남편 우리야는 둘째 남편 다윗에 의해 살해됐습니다. 그녀는 첫 남편의 살인자와 결혼한 셈입니다.

여자가 애인과 공모해서 남편을 죽이는 영화가 드물지 않지만 밧세바의 경우는 여기에도 속하지 않습니다. 세상에 이런 운명을 산 사람이 얼마나 될까 싶습니다. 그녀는 한 많은 자기 삶을 보상받는 길은 어떻게든 아들 솔로몬을 왕좌에 앉히는 일이라고 생각했을 법합니다. 그래서 그녀는 예언자 나단과 공모해서 기어이 솔로몬을 왕좌에 앉혔습니다. 자식을 향한 어머니의 '맹목적'인 사랑이라는 말이 절로 떠오르는 대목이 아닐 수 없습니다.

밧세바의 모정이나 영화 「마더」에 나오는 어머니의 그것을 지고지순한 모성이라고 부를 수는 없습니다. 두 어머니는 오히려 미화할 수 없는 모성의 어두운 면을 보여줍니다. 두 어머니는 따스하면서도 동시에 차가운 가슴을 가지고 있는, 그리고 특별해 보이지만 사실은 가장 보편적인 어머니라고도 말할 수 있습니다.

성서에 밧세바를 묘사한 내용이 많지 않아서 그녀의 성격을 이해하기는 쉽지 않습니다. 그래서 많은 부분을 상상력에 의지할 수밖에 없지요. 영화 「마더」를 보면서 주인공과 밧세바를 대비시켜 보았습니다. 우리야 장군의 아내 밧세바는 목욕을 하다가 다윗의 눈에 띄어 그의 부름을 받아 아이를 잉태합니다. 마침 우리야가 전쟁터에 나가 있었으므로 다윗은 알리바이를 만들기 위해 그를 전쟁터에서 불러들였지만, 강직하고 충성스런 우리야는 아내와 동침하지 않습니다. 그러자 다윗은 전투가 가장 치열한 곳으로 우리야를 보내 결국 죽게 만듭니다.

밧세바는 이 모든 사실을 알았을 것입니다. 둘째 남편이 첫째 남편의 살인자라는 사실을 말입니다. 게다가 불륜의 결과로 태어난 아들은 태어난 지 얼마 되지 않아 죽었습니다. 성서에 따르면 이 아기의 죽음은 하나님이 다윗의 죄를 용서했다는 징표였습니다. 밧세바의 두 번째 결혼생활은 이처럼 복잡한 상황 속에서 시작되었습니다. 과연 그녀는 무슨 생각을 하며 왕비로 살았을까요?

모성과 관련하여 「마더」의 어머니에게서 눈에 띄는 점은 그녀의 죄의식입니다. 그녀는 도준이 다섯 살 때 함께 죽으려고 농약이 든 박카스를 도준에게 준 적이 있고, 도준은 그것을 뚜렷하게 기억합니다. 하지만 도준은 살인 사건에 연루되어 감옥에 갔을 때까지도 그러한 사실을 엄마에게 말하지 않았습니다. 나중에 도준이 고물상 화재 현장에서 불에 그을린 엄마의 침통을 발견하였고, 그것을 엄마에게 건네주었을 때 그가 뭔가를 알고 있지만 침묵할 것임을 암시합니다. 엄마와 아들 사이에 '침묵의 연대'가 맺어진 셈입니다.

불륜 관계로 맺어진 다윗과 밧세바 사이에도, 그리고 왕위 계승권이 없는 솔로몬을 왕좌에 앉히려 했던 밧세바와 솔로몬 사이에도 이와 비슷한 침묵의 연대가 있었으리라 상상할 수 있습니다. 「마더」가 아들을 죽이려 했던 '외상적traumatic' 사건 이후의 이야기이듯이 밧세바의 이야기도 둘째 남편이 첫째 남편을 죽인 외상적 사건 이후의 이야기로 읽을 수 있습니다. 밧세바의 모성은 이때 이미 건강한 모성일 수 없었던 것입니다. 밧세바의 모성이나 「마더」의 모성이 불편하게 받아들여지는 이유가 여기에 있습니다. 외상적 사건 이후에 맺어진 새로운 침묵의 연대, 바로 이것이 사건은 해결되었지만 결말을 못 짓게 하는 요인입니다.

귀신 들린 딸의 어머니와 「마더」의 어머니

신약성서 마가복음 7장에 나오는 귀신들린 딸을 가진 어머니의 모성도 밧세바와 「마더」의 어머니 못지않게 맹목적입니다. 그녀는 예수가 귀신들린 사람을 잘 고친다는 소문을 듣고 예수님을 찾아와 막무가내로 그의 앞에 엎드려 눈물로 호소했습니다. 그 자리에 모여 있던 사람들은 그녀를 끌어내려 했지만 그녀는 막무가내였지요. 딸을 위해서라면 그 어떤 수모도 견딜 수 있다는 자세였습니다.

하지만 그녀를 가장 힘들게 만든 말은 믿고 찾아왔던 예수님의 입에서 나왔습니다. "자녀들이 먹는 빵을 개에게 던져 주는 것은 옳지 않다." 성서학자들은 예수님 입에서 나왔을 것 같지 않은 이 말을 좋게 해석하느라 온갖 방법을 동원했지만, 만족스런 결과를 얻지 못했습니다. 제가 죽은 다음에 예수님을 만나면 가장 먼저 그때 왜 그렇게 말씀했냐고 묻고 싶습니다. 하지만 당사자는 이런 모욕을 당하고도 개의치 않았습니다. "선생님, 그렇긴 합니다만 상 밑에 있는 강아지도 아이들이 먹다 떨어뜨린 부스러기는 얻어먹지 않습니까?"

누가 이런 말을 할 수 있겠습니까? 어머니만 할 수 있는 말입니다. 어머니이기 때문에 그녀는 이렇게 말할 수 있었습니다. 굴욕을 감수하는 것은 용기입니다. 이러한 용기는 어머니만 가질 수 있는 용기입니다. 「마더」의 어머니는 배운 것도 없고, 가진 것도 없는 어머니였습니다. 아들 도준만 조금 모자란 것이 아니라 엄마도 조금 모자라 보입니다. 그녀는 아들 사건을 맡은 변호사와 도준의 친구 진태에게 농락까지 당합니다.

그런 어머니의 입에서 놀라운 말이 터져 나옵니다. 새롭게 범인으로 지목된 종팔을 만났을 때 그녀는 "넌, 부모가 안 계시니? 엄마가 없니?" 라고 묻습니다. 저는 이 장면을 보면서 등골에서 식은땀이 흐르고 숨이 막혔습니다. '촌철살인'이라는 생각이 들어 무릎을 치면서 성서에 나오는 귀신 들린 딸의 엄마가 말한 "상 밑에 있는 강아지도 아이들이 먹다 떨어뜨린 부스러기는 얻어먹지 않습니까?"라는 말이 떠올랐습니다.

물론 두 말이 주는 느낌은 다르지만, 거기에는 기대할 것이라고는 아무 것도 없이 무방비의 벌거벗겨진 상태에 있는 자식에 대한 뜨거운 모성이 담겨 있습니다. 「마더」의 어머니는 결국 목격자를 죽이면서까지 진범인 아들을 구했는데, 종팔에게는 그런 짓을 해 줄 엄마가 없습니다. 귀신 들린 딸에게는 그녀를 위해서라면 기꺼이 개라도 되어 줄 수 있는 엄마가 있습니다. 아정에게는 그런 엄마가 없어서 그녀는 쌀을 받고 몸을 팔다가 우발적으로 살해되었습니다. 그것도 쌀을 주고 그녀의 몸을 산 수많은 남자들에 의해서가 아니라 그럴 요량도 없는 도준에 의해서 말입니다.

어머니는 누구인가?

석가모니 부처와 제자 아난다가 길을 걷다가 사람 뼈가 무더기로 쌓여 있는 곳을 지나게 되었습니다. 부처가 그곳에서 멈추더니 그 뼈들을 향해서 큰절을 했습니다. 이 광경을 보고 아난다가 놀라서 물었습니다.

"세존께서는 세상 사람들의 존경을 한 몸에 받으시는 지체 높으신 분인데, 어찌하여 버려진 마른 뼈다귀를 보고 엎드려 절을 하십니까?"

부처가 이렇게 대답했습니다.

"나는 뼈를 보고 절을 한 것이 아니다. 저 뼈들 중에는 전생의 부모님의 뼈도 있을 수 있기 때문에 부모님을 생각하고 거기에 절했던 것이다."

그러면서 이런 말을 덧붙였습니다.

"저 뼈들 중에 희고 무거운 것은 남자의 뼈이고, 검고 가벼운 것은 여자의 뼈다."

아난다가 다시 물었습니다.

"사람이 입는 옷은 남녀의 구별이 있지만 뼈에는 성 구별이 없는데, 어떻게 남자 뼈와 여자 뼈를 구분하십니까?"

부처께서 이렇게 대답했습니다.

"남자들은 살아있을 때 사찰이나 드나들고 경전이나 암송하면서 편하게 살기 때문에 죽어서도 그 뼈가 희고 무겁다. 하지만 여자들은 결혼하여 낳은 아기에게 젖을 먹이는데, 그 젖이 바로 피에서 만들어지는 것 아닌가? 한 아기가 태어나서 자랄 때까지 먹는 젖의 양이 무려 7,150갤런(27,065.7리터)이나 되기 때문에 어머니들의 뼈는 그렇게 시커멓게 썩고 가벼워지는 것이다."

밧세바든 귀신들린 딸의 어머니든 「마더」의 어머니든 부처의 말대로 모든 어머니의 뼈는 시커멓고 가볍습니다. 여성들은 각자 다른 삶을 살지만 거기에는 '어머니'로서의 삶이라는 공통점이 있습니다. 어머니들은 맹목적으로 자식에게 집착합니다. 집착하는 모습은 조금씩 다르지만 말입니다.

밧세바는 여자관계가 복잡한 남편과의 사이에서 외상적 사건을 겪은 후에 얽힌 복잡한 인맥 속에서 자기 아들을 왕좌에 앉히는 일에 맹목적으로 집착했습니다. 이방인 여인은 귀신들려 사람다운 삶을 살지 못하는 딸을 위해 수치와 모멸을 무릅쓰고 예수님께 매달렸습니다. 「마더」의 어머니는 아들의 살인 누명(진범인 것으로 나중에 밝혀졌지만)을 벗길 수만 있다면 무슨 짓이든 할 수 있었습니다.

이러한 어머니들을 보면 어머니의 사랑은 맹목적인 것이 아니라 분명한 목적이 있음을 봅니다. 다른 사랑과 비교하면 상대적으로 더 무조건적이고 더 맹목적이기는 하지만 완전히 그렇지는 않습니다. 그래서 우리는 어머니의 사랑을 본능적, 맹목적이라면서 무조건 긍정할 수만은 없습니다. 예수의 어머니 마리아를 생각해 보면 더욱 그런 생각이 듭니다.

'마리아'라고 하면 그 앞에 붙는 수식어로 '동정녀'를 떠올리는 사람이 많겠지만, 사실 마리아에게 더 어울리는 수식어는 '예수의 어머니'라는 수식어입니다. 마리아의 동정성보다 더 중요한 것은 마리아의 모성, 어머니로서 마리아의 신앙입니다. 예수님 생애 내내 전면에 나서지 않고 무대 뒤에 머물렀던 마리아가 전면에 드러나 모성을 보여준 때는 예수님이 십자가에 매달린 때였습니다. 더 중요한 사실은 그때 드러난 모성은 모든 어머니에게서 보는 일반적인 모성이 아니었다는 점입니다.

예수님이 숨을 거두는 순간 마리아는 그분의 십자가 아래에 있었습니다. 베드로도 가지 않았던 그곳, 야고보 등 예수님의 동생들도 가지 않았던 그곳에 마리아는 몇 명의 여인들과 예수님의 '사랑하는 제자'와 함께 있었습니다. 예수님은 마리아를 사랑하는 제자에게 맡겼습니다. 예수님은 사랑하는 제자를 가리키며 마리아에게 "어머니, 이 사람이 어머니의 아들입니다."라고 말했고, 마리아를 가리키며 사랑하는 제자에게 "이 분이 네 어머니시다."라고 말했습니다.

예수님은 왜 어머니를 그에게 맡겼는지를 생각해 본 적이 있습니까? 예수에게는 육신의 동생들이 있었으니 가족의 도리로 보면 당연히 어머니를 동생들에게 맡겨야 했습니다. 아무 말씀도 하지 않았다면 그렇게 됐겠지요. 그런데 굳이 예수님께서 어머니를 제자에게 맡기신 데는 특별한 의미가 있다고 볼 수 있습니다.

사도행전을 보면 예수님의 어머니 마리아는 제자들 중 하나로 제시됩니다. 그렇다면 예수께서 어머니를 제자에게 맡기신 뜻은 단순히 봉양

하라는 뜻이 아니었다고 봐야 합니다. 마리아의 노후를 책임지라는 뜻이 아니었다는 이야기입니다. 또한 마리아가 예수님의 뜻을 받아들인 것은 '사랑하는 제자'에게 늙은 몸을 의탁하려는 의지가 아니었습니다. 예수님과 어머니 마리아는 하나님 나라의 복음을 전하는 복음 전도자가 되기로 완전한 의견의 일치를 보았던 것입니다. 여기서 우리는 마리아와 예수님 사이에 모성을 뛰어넘는 그 무엇이 있었음을 봅니다. 마리아가 자신의 모성을 육신의 어머니로서의 그것을 넘어서는 그 무엇으로 받아들인 것처럼 예수님도 아들로서의 도리를 넘어서는 그 무엇으로 받아들였던 것입니다.

사실 모성은 아름답기는 하지만 그것만으로는 불안하고 위태로울 때가 많습니다. 모성은 자기 자식밖에는 눈에 들어오지 않는 이기적인 성격을 가지고 있기 때문입니다. 그래서 모성은 모성을 초월할 때 진정 아름답습니다. 모성이 모성 이상의 가치와 결합될 때 그 모성은 이지러짐 없는 완전한 모양을 갖게 됩니다. 예수님의 어머니가 그랬듯이 말입니다.

어머니가 자식이라는 좁은 렌즈를 통해서만 세상을 바라보지 않고 더 넓은 시야를 가지려면 마리아처럼 모성을 뛰어넘는 공동선을 향한 열망과 만나야 합니다. 어머니도 세상을 보는 넓은 눈을 가져야 하고, 그 넓은 세상에서 내 자식이 무엇을 해야 하는지, 내가 무엇을 해야 하는지를 생각해야 온전해진다고 믿습니다.

「모정Losing Isaiah」

… 포도원 이야기

구약성서의 예언자들은 인류 역사 그 어디서도 비슷한 예를 찾을 수 없는 독특한 사람들입니다. 물론 '예언자'라는 이름으로 불린 사람들은 구약성서의 그들 말고도 많았지만, 그들과 같은 심정과 태도로 그들과 같은 역할을 행했던 사람들은 없었습니다.

저는 한때 예언자가 어떤 사람인지 이해했다고 생각했던 때가 있습니다. 물론 예언자와 예언서에 대해서 더 알아야 할 사실들이 많다는 것은 알았지만, 그래도 그들에 대해서 알아야 할 중요하고 핵심적인 내용들은 다 깨우쳤다고 생각했습니다. 그런데 그 후로도 예언서를 읽을 때마다 새로운 사실을 깨닫곤 하는 겁니다. 그런 점에서 제게 예언자는 무엇을 알았다고 하는 생각이 얼마나 잘못된 것인지를 깨닫게 해주는 사람인 셈입니다. 마르지 않는 샘 같다고나 할까요. 과연 예언자의 세계는 파면 팔수록 새로운 물이 나오는 샘물과 같습니다. 성경의 말씀이 다 그렇기는 하지만 말입니다. 파 들어갈수록 전에 맛보지 못했던 새로운 물이 나오는 우물 같은 것이 성서입니다.

예언자는 하나님의 심장에 들어갔다 나온 사람

예언자를 흔히 '하나님 말씀의 전달자'라고 부릅니다. 하나님에게 말씀을 받아서 백성들에게 전달하는 '메신저messenger'라는 뜻입니다. 이 말은 옳지만 오해를 불러일으키는 말이기도 합니다. 예언자는 하나님의 말씀을 전하는 메신저이지만, 이 말은 꿈이든 비전이든 아니면 직접 들려오는 음성이든 어떤 방식으로든 하나님에게 말씀을 받아서 그 말씀을 일점일획도 보태거나 빼지 않고 그대로 전달하는 사람이라는 뜻은 아닙니다. 예언자는 그런 사람이 아닙니다.

예언자는 하나님으로부터 말씀을 듣기 전에 먼저 하나님의 심장에 들어가 본 사람입니다. 구체적인 하나님의 말씀을 받기 전에 먼저 하나님의 계획에 대해 알게 된 사람이고, 하나님의 계획을 알기 전에 먼저 하나님의 심장 속에 들어가서 거기서 끓고 있는 하나님의 뜨거운 마음과 정열을 느낀 사람입니다. 그들은 하나님의 입에서 떨어진 말씀만을 받은 사람이 아닙니다. 발언되지는 않았지만 하나님의 속마음에 있는 뜨거운 열정을 직관적으로 느끼고 파악한 사람이 예언자입니다.

「모정(Losing Isaiah)」, 1995년
감독 | 스티븐 질렌홀
주연 | 제시카 랭(마가렛), 할리 베리(카일라)

한 아들에 두 어머니

마가렛은 남편과 딸 하나를 두고 병원에서 소셜워커(social worker : 사회복지사)로 일하는 백인이고, 카일라는 흑인 마약 중독자로서 아버지가 누군지도 모르는 아이를 낳아 키우는 미혼모입니다. 이 사건이 일어나기 전까지 둘은 서로 마주칠 일도 없었던 사람들입니다. 어느 날, 카일라는 슬럼에서 마약을 하다가 아기가 너무 울자 그를 잠시 쓰레기장 종이 상자 안에 넣어 둡니다. 아주 버릴 생각은 없었고, 마약을 다 하면 아기를 다시 데려올 생각이었지요. 그런데 카일라가 깨어 보니 다음날 아침이었고, 깜짝 놀라서 쓰레기장에 달려가 보니 벌써 쓰레기차가 와서 쓰레기를 수거해 간 다음이었습니다. 카일라는 아기가 죽었다고 생각했습니다.

한편 아기는 쓰레기차 프레스에 눌리기 직전에 울음소리를 들은 청소부에 의해 구조되어 병원으로 실려 갔습니다. 진단해 보니 아기도 마약에 중독되어 있었습니다. 아기 이름이 '이사야'라는 사실을 알아낸 마가렛은 일정 기간 동안 가족으로부터 아무 연락이 없자 이사야를 자기 집으로 데려옵니다. 한편 카일라는 아기를 잃어버린 날 저녁에 가게에서 좀도둑질을 하다가 체포되어 재활 프로그램에 들어갑니다.

그로부터 3년 후 이사야는 마가렛 집에 정식으로 입양되었고, 카일라는 재활에 성공했습니다. 물론 둘은 만날 일 없이 각자의 삶을 살아갑니다. 카일라는 사회사업 기관의 카운슬러에게 책 읽기를 배우는데, 하루는 카일라가 숙제를 해오지 않아 카운슬러에게 야단을 맞습니다. 그런데 사실은 그녀가 숙제를 해오지 않은 것이 아니라 숙제로 읽어야 할 부분이 임신한 여자에 관한 내용이었는데, 이사야 생각이 나서 차마 책을 읽을 수 없었던 것입니다. 카일라는 울면서 카운슬러에게 이사야에 대해 이야기합니다.

얼마 후 카운슬러는 이사야가 살아서 누군가의 집에 입양되어 갔음

을 알게 되고, 그 사실을 카일라에게 알려 줍니다. 이 사실을 알게 된 카일라는 일이 손에 잡히지 않습니다. 그녀는 몰래 서류를 뒤져 마가렛의 집 주소를 알아내서 며칠 동안 그 근처를 배회하며 멀리서 자기 아들을 바라봅니다. 마침내 그녀는 소송을 통해 아이를 찾아오기로 결심하고, 무료 법률 서비스 단체의 도움을 받아 한 흑인 남자 변호사를 선임합니다.

한편 마가렛은 소송이 제기되었다는 편지를 받고 놀라서 변호사를 선임하여 대응하는데, 그녀가 선임한 변호사는 흑인 여성이었습니다. 마가렛은 이사야를 빼앗길까 봐 전전긍긍하고, 카일라는 법정에서 잘 보이려고 예쁘게 단장하는 등 소송 준비에 신경을 씁니다.

무엇이 아이를 위해 좋은가?

소송이 성립된 까닭은 입양 당시 친부모 어느 편으로부터도 입양에 동의한다는 법적 효력을 갖는 문서가 없었기 때문입니다. 물론 당시에는 이사야의 친모를 찾으려고 신문에 광고를 내는 등 법률에 규정된 방법들을 사용했음에도 불구하고 친모에게 연락을 받지 못해서 입양이 성립되었던 것입니다. 하지만 이제 친모가 나타났으니 사정이 달라졌다는 것이

지요.

법정에서 부각된 이슈는 두 가지였습니다. 하나는 과연 카일라가 어머니로서 이사야를 잘 키울 수 있는 자격과 조건을 갖추고 있는지 여부였습니다. 카일라는 얼마 전까지만 해도 마약중독자였고, 재활에 성공했다고 하지만 지금도 먹고 살기가 버거운 가난한 흑인 여성입니다. 마가렛의 변호사는 이 점을 부각시켜 친모보다는 양부모가 이사야를 키우는 것이 그녀를 위해서도 좋다고 주장합니다.

다른 이슈는 과연 흑인 아이가 백인 양부모 슬하에서 자라는 것이 아이에게 좋은지 여부였습니다. 흑인은 흑인의 정체성을 가지고 자라야 한다는 것이지요. 이 문제는 카일라의 변호사가 집요하게 제기한 이슈였습니다.

여러 증인들이 나와서 증언을 하는데, 그중 인상적인 장면 두 가지만 소개합니다. 마가렛의 변호사와 증인으로 나온 복지기관 관계자의 대화입니다. 증인은 인종과 피부색이 다른 양부모와 아이를 연결시켜 주는 일을 하는데, 자기들이 하는 일은 어디까지나 일시적일 뿐이라며 이렇게 말합니다.

"궁극적으로는 다른 모든 조건들이 동일하다면, 백인 아이는 백인 부모에게, 흑인 아이는 흑인 부모에게 입양하는 것이 아이를 위해 좋습니다."

그러자 마가렛의 변호사는 기다렸다는 듯이 이렇게 묻습니다.

"만일 다른 모든 조건들이 동일하지 않다면 어떻게 됩니까?"

그러자 증인은 분노한 표정으로 이렇게 말합니다.

"나는 이 일을 하면서 가난한 흑인 아이를 부유한 백인 가정에 입양하는 것이 아이를 위해서도 좋다는 말을 지긋지긋하게 들어왔습니다. 도대체 그 말이 지향하는 가치가 무엇입니까? '아이를 위해 좋다'는 말이 뜻하는 것이 무엇입니까? 어떤 점에서 아이를 위해 좋다는 말입니까? 부유하면 다 아이를 위해 좋다는 말입니까?"

이 증인은 백인 여성이었습니다.

나중에는 마가렛이 증인석이 앉았습니다. 카일라의 변호사는 그녀에게 흑인 아이가 주인공으로 나오는 동화를 읽어 준 적이 있느냐, 흑인으로서의 정체성을 깨닫고 확립하기 위해서 백인 양부모가 무엇을 해줄 수 있느냐고 묻습니다. 마가렛은 이렇게 대답합니다.

"나는 이사야를 사랑합니다. 나는 그 아이의 엄마입니다. 나는 엄마로서 그 아이를 사랑합니다. 그 아이가 아는 사람은 우리뿐입니다. 나는 이 법정에서 흑인이니 백인이니 하는 말은 수없이 들었지만, '사랑'이라는 말은 한 번도 듣지 못했습니다. 나는 이사야를 사랑하며, 그 아이의 엄마입니다."

영화가 어떻게 끝나는지는 이야기하지 않겠습니다. 이런 문제에 어차피 정답은 있을 수 없으니까요. 영화에서 어떤 결론이 나왔는지는 그렇게 중요하지 않습니다. 이 영화가 떠오른 이유는 포도원 노래가 이사야서에 나오기 때문입니다. 이사야를 읽으며 떠오른 영화가 바로 이 영화였습니다. 우리나라에는 「모정」이라는 제목으로 개봉되었으며, 원래 제목은 「루징 이사야Losing Isaiah」입니다. 제시카 랭이 마가렛 역을, 할리 베리가 카일라 역을 맡아 열연했습니다.

포도원 주인의 마음

이사야 5장에 나오는 '포도원의 노래'는 이렇게 노래합니다.

임의 포도밭을 노래한 사랑의 노래를 내가 임에게 불러드리리라.
나의 임은 기름진 산등성이에 포도밭을 가지고 있었네.
임은 밭을 일구어 돌을 골라내고 좋은 포도나무를 심었지.
한가운데 망대를 쌓고 즙을 짜는 술틀까지도 마련해 놓았네.
포도가 송이송이 맺을까 했는데 들포도가 웬 말인가?
예루살렘 시민들아! 유다 백성들아! 이제 나와 포도밭 사이를 판가름하여라.
내가 포도밭을 위하여 무슨 일을 더 해야 한단 말인가?
내가 해주지 않은 것이 무엇이 있는가?

포도가 송이송이 맺을까 했는데 어찌하여 들포도가 열렸는가?
이제 내가 포도밭에 무슨 일을 할 것인가를 너희에게 알리리라.
울타리를 걷어 짐승들에게 뜯기게 하고 담을 허물어 마구 짓밟히게 하리라.
망그러진 채 그대로 내버려두리라.
순을 치지도 아니하고 김을 매지도 않아 가시덤불과 엉겅퀴가 덮이게 하리라.
구름에게 비를 내리지 말라고 명하리라.
만군의 야훼의 포도밭은 이스라엘 가문이요,
주께서 사랑하시는 나무는 유다 백성이다.
공평을 기대하셨는데 유혈이 웬 말이며 정의를 기대하셨는데 아우성이 웬 말인가?

노래는 포도원 주인이 좋은 포도가 열리게 하기 위해 할 수 있는 모든 일을 했다고 합니다. 밭을 일구고 돌을 골라낸 후 좋은 포도나무를 심었습니다. 망대도 쌓고 술틀까지 마련해 놓은 다음에 좋은 포도가 열리기만을 기다렸다는 것입니다. 그런데 아뿔싸! 열린 포도를 맛보니 시고 떫어 먹을 수 없는 들포도였습니다. 이럴 수가 있나! 실망한 포도원 주인은 울타리를 걷고 담을 헐어버렸습니다. 그러고는 가시덤불과 엉겅퀴가 포도밭을 덮을 때까지 내버려 두었습니다. 노래의 결말은 이렇습니다.

"만군의 야훼의 포도밭은 이스라엘 가문이요, 주께서 사랑하시는 나무는 유다 백성이다. 공평을 기대하셨는데 유혈이 웬 말이며 정의를 기대하셨는데 아우성이 웬 말인가?"

예수님은 '패러디의 천재'라고 부를 수 있습니다. 기존의 이야기나 글을 조금 비틀어서 뜻을 변경하거나 분명히 하는 패러디의 천재가 예수님입니다. 예수님은 마태복음 21장에서 이사야서 5장의 포도원의 노래를 패러디했습니다.

비유의 포도원 주인 역시 포도원에 울타리를 치고 포도즙을 짜는 확을 파고 망대를 세웠습니다. 이사야 5장과 똑같습니다. 그 다음부터 이야기가 조금 달라집니다. 주인은 직접 농사를 짓거나 농부를 시켜서 포도를 가꾸지 않고 포도원 전체를 소작인에게 맡긴 후 먼 길을 떠났습니다. 주인이 없는 상태에서 포도 농사의 전권이 소작인들에게 맡겨진 것입니다.

수확할 때가 되자 주인은 소작료를 받아오라고 종들을 보냈습니다. 그런데 소작인들은 소작료를 내주기는커녕 주인이 보낸 종들을 때려 죽였다고 했습니다. 다음에 주인은 더 많은 종들을 보냈지만 소작인들을 같은 짓을 되풀이했습니다. 두 번 실패한 주인은 마지막에는 '내 아들은 알아보겠지!'라고 생각하여 아들을 보냈는데, 소작인들은 아들을 알아보기는커녕 아들을 죽이고 포도원을 통째로 차지하려 했다는 것입니다.

여기까지 말씀한 후 예수님은 청중들에게 물었습니다.

"포도원 주인이 돌아오면 그 소작인들을 어떻게 하겠느냐?"

대답은 뻔합니다.

"그 악한 자들을 모조리 죽여 버리고, 제때에 소작료를 바칠 다른 소작인들에게 포도원을 맡길 것입니다."

그런데 이렇게 대답한 청중들 중에는 비유에서 주인이 보낸 종들과 아들을 죽인 소작인들에 해당하는 자들도 있었으니, 그들은 자기 입으로 자기 죄를 고백한 셈입니다. 이 비유가 가지고 있는 묘미들 중 하나입니다.

예수님은 이러한 비유를 통해서 '공평을 기대하셨는데 유혈이 웬 말이며, 정의를 기대하셨는데 아우성이 웬 말인가?' 라는 포도원 노래의 결론이 구체적으로 의미하는 바가 무엇인지를 풀이하셨습니다. 포도원 노래는 그저 '유혈과 아우성' 이라고만 했지 누가 누구 때문에 피를 흘리고 아우성을 쳤는지를 밝히지 않습니다. 그런데 비유에서 예수님은 피를 흘리고 아우성을 친 사람들은 포도원 주인이 보낸 종들과 아들이고, 그들로 하여금 피를 흘리게 하고 아우성을 치게 만든 사람들은 불의한 소작인들임을 분명히 밝히셨습니다.

더 재미있는 점은 비유에서 분명히 밝히지 않은 부분이 포도원 노래에 분명히 드러나 있다는 사실입니다. 비유는 포도원 주인이 종들과 아들을 시켜 받아 오라고 했던 '소작료'가 무엇을 의미하는지 밝혀져 있지 않습니다. 그런데 이사야서의 '포도원의 노래' 에서는 그것이 '정의와 공평' 임을 분명히 밝히고 있습니다. 포도원 주인이 밭을 일구고 돌을 골라낸 후 좋은 포도나무를 심고 망대도 쌓고 술틀까지 마련해 놓고서 열매가 맺히기를 기다렸던 좋은 포도는 바로 '정의와 공평' 이었던 것입니다. 포도원 주인이 소작료를 내지 않고 종들과 아들을 죽인 소작인들을 모조리 죽여 버리고 제때에 소작료를 낼 다른 소작인들에게 포도원을 맡겨서라도 꼭 받으려 했던 소작료는 바로 '정의와 공평' 이었습니다.

품어 주는 정의, 끌어안고 같이 울어 주는 공평

낳은 정이냐 기른 정이냐? 이 주제는 오랫동안 수많은 만화와 TV 연속극의 주제였습니다. 둘 사이에서 하나를 선택하기 어려운 이유는 둘 모두에서 '어머니의 가슴'을 느끼기 때문입니다. 카일라처럼 마약에 취해서 아기를 버린 어머니라 할지라도 그녀가 친모인 이상 아이를 찾으려 하는 그녀를 손가락질하기 힘듭니다.

마가렛은 첫 공판을 마친 후 집에 와서 남편의 품에 무너지며 이렇게 말합니다. "여보, 그 여자 봤지? 너무 아름답지?" 이 말은 물론 외모가 아름답다는 뜻이었겠지만, 저는 친모가 가지고 있는 어머니로서의 본성을 카일라에게서 엿본 마가렛의 불안한 마음을 표현한 것으로 읽었습니다. 양쪽 어머니가 모두 아름다운 까닭은 우리가 어머니의 심장을 느끼기 때문일 것입니다.

공평과 정의! 좋은 말입니다. 공평과 정의를 싫어할 사람은 거의 없을 것입니다. 물론 경우에 따라서 자기 이해利害가 개입되면 달라지겠지만 말입니다. 저는 예수님의 비유에서 이런 점을 느낍니다. 공평과 정의를 거창하게 생각해서는 그 가치를 구현하기 힘들다는 점입니다. "정의가 강물처럼 흐르게 하라!"라거나 "이 땅에 정의를 세우자!"라는 구호를 소리 높여 외치는 것보다 더 중요한 것은 하루하루 살아가는 일상생활에서 작은 정의와 소박한 공평을 실천하는 일입니다.

정의와 공평은 적어도 그리스도인들에게는 사람들이 만들어낸 가치가 아닙니다. 그것은 우리가 하나님의 심장에 들어가 본 다음에 깨닫고 느끼게 된 가치들입니다. 우리는 하나님의 가슴에서 정의를 보았고, 공평을 느꼈습니다. 하나님의 가슴에서 정의와 공평을 끄집어내서 나의 일상생활로 가져온 것입니다. 그래서 이 정의는 차갑지 않은 더운 정의이고, 이 공평은 메마르지 않고 물기에 젖은 공평입니다. 하나님의 가슴에서 가져왔기 때문입니다.

하나님께서 우리에게 기대하시는 것이 무엇일까를 생각해 봅니다. 하나님은 우리가 필요 이상으로 많이 알고 득도得道하기를 원하지는 않는다고 생각합니다. 바르게 살아가는 데 그렇게 많은 지식이 필요하지 않고, 그렇게 높은 수준의 득도가 필요하다고 생각하지 않습니다. 그보다 더 중요한 일은 '하나님의 가슴'을 느끼는 일이고, 올바르고 정의롭게 살려고 하는 결심에 따뜻함을 불어넣는 일입니다. 심판하고 잘라내는 정의가 아니라 포근하게 품어주는 정의, 배제하고 벌을 주는 공평이 아니라 끌어안고 같이 울어주는 공평, 이것이 하나님의 정의이고 예수님의 공평이 아니겠습니까!

예수와 함께 본 영화

다. 섯. 번. 째. 이. 야. 기.

욕망, 삶, 희망,
그리고 인간의 존엄성

"양심의 목소리라고 부르든 하나님의 음성이라고 부르든
우리 영혼의 가장 깊은 곳에서 울려 나오는 목소리에 귀 기울이고,
거기에 맞추어 존엄한 삶을 살았으면 좋겠습니다."

「박쥐」

…그들은 왜 선악과를 따먹었을까?

결말을 알고 본다면 추리영화처럼 싱겁고 재미없는 영화도 없을 것입니다. 영화 「식스 센스The Sixth Sense」의 결말을 알고 본다고 상상해 보면 김빠진 사이다 같겠지요.

인생도 그와 비슷하다고 생각합니다. 아무리 과정이 중요하다지만 결말을 미리 안다면 인생 역시 김빠진 사이다 꼴이 될 것입니다. 그래서 저는 점집에 가는 사람을 이해하지 못합니다. 점쟁이 말이 맞든 맞지 않든 그것은 상관없습니다. 설사 용한 점쟁이가 앞날을 알려 준다고 해도 저는 그걸 미리 알고 싶지 않습니다. 일어날 일을 미리 안다면 무슨 재미로 인생을 살겠나 싶기 때문입니다. 사람의 한평생 삶이 정해져 있는 길을 따라가는 것이라면, 그래서 의외의 사건도 없고 극적인 반전도 없으며, 뜻밖의 사람과 만나 생각하지도 않게 얽히는 일이 없다면 인생은 너무 밋밋하고 재미가 없겠다는 생각이 듭니다. 굳이 노력하고 애쓰며 분

투하는 삶을 살 이유가 없겠다 싶기도 합니다.

이런 생각은 하나님도 마찬가지일 거라고 추측합니다. 하나님이 '전지전능'해서 내가 내일 무슨 일을 할지, 그리고 10년 후에 어떤 사람이 되어 있을지를 미리 다 안다면 그분이 내게 무슨 '기대'라는 것을 할 수 있겠습니까? '기대'의 첫째 조건은 '불확실성'입니다. 불확실하니까 기대도 하는 것이고, 불확실한 중에도 뭔가 신뢰할 만한 구석이 있을 때 '기대'가 가능하니까 말입니다.

하나님께서 인간의 생사화복生死禍福을 주관하시고, 역사를 이끌고 나아가시며, 각 개인의 삶을 인도해 주신다고 저는 믿습니다. "모든 것이 합력하여 선을 이룬다."라는 사도 바울의 믿음을 저도 가지고 있습니다. 하지만 이 믿음은 '운명론'과는 다릅니다. 사람의 운명이 기차가 궤도를 따라서 가듯 미리 정해져 있어서 삶이 정해진 길을 따라서 간다는 운명론은 하나님의 섭리에 대한 신앙과는 아무 상관이 없습니다. 개인이든 공동체든, 아니면 인류 전체든 사람의 역사는 하나님과 사람 사이의 대화와 소통과 상호작용의 결과입니다. 어떻게 대화하고 어떻게 소통하며, 어떻게 상호작용을 하느냐에 따라 결과가 달라진다는 이야기입니다. 이러한 믿음이 진정한 의미의 '섭리 신앙'입니다. 하나님과 사람 양편 모두 자유로운 존재이므로 둘 사이의 소통과 상호작용이 어느 방향으로 갈 것인지는 아무도 모르지만, 어쨌든 둘은 서로 대화하면서 길을 만들어 나가지요. 그래서 미래는 모든 가능성을 향해 열려 있는 시간이라고 하는 것입니다.

왜 하필 그게 따먹고 싶었을까?

창세기 2~3장에 나오는 이야기는 성경에서 가장 널리 알려져 있는 이야기들 중 하나입니다. 하나님이 흙으로 빚은 다음 코에 입김을 불어넣어 사람(아담)을 만든 이야기, 에덴동산 안에 있던 생명나무와 선악과나무 이야기, 다른 열매를 다 따먹어도 되지만 선악과만은 따먹지 말라는 하나님의 금령, 아담이 동물들에게 이름을 붙여 준 이야기, 동물들 가운데 배필을 찾지 못해 하나님이 아담의 갈비뼈를 가지고 여자를 만든 이야기, 그리고 여자가 뱀의 말을 듣고 남편과 함께 선악과를 따먹은 이야기, 하나님이 아담과 하와, 뱀과 땅을 심판하신 이야기, 아담과 하와에게 가죽옷을 입혀 그들을 에덴에서 내쫓으시고 생명나무에 이르는 길목을 '불칼'로 지킨 이야기 등이 거기 적혀 있습니다.

아담과 하와가 선악과를 따먹은 이야기는 오랫동안 성서가 전하는 이야기가 그대로 읽히지 않고, 그 위에 '타락'과 '원죄'라는 교리가 덧씌워져서 읽혀 왔습니다. 교회에서는 오랫동안 이 이야기를 죄와 죽음이 어떻게 이 세상에 들어왔는지를 설명하는 이야기로 읽어 왔습니다. 과연 그런 이야기일까요?

하나님은 생명나무와 선악과나무를 동산 '한 가운데'에 두셨습니다(2:9). 하나님은 16절에서 "동산 각종 나무의 실과는 네가 임의로 먹되 선악을 알게 하는 나무의 실과는 먹지 말라. 네가 먹는 날에는 정녕 죽으리라."라고 말씀하셨습니다. 이 금령은 상당한 의문을 일으킵니다. 사람이 선악과를 먹는다면 그날로 정녕 죽을 것이라 했는데, 그렇다면 본래 사람은 죽지 않고 영원히 살도록 창조되었을까요? 아담은 실제로 선악과를 따먹은 날 죽지 않고 930세까지 살았는데, 이것은 어찌된 일일까요?(6:4) 하나님께서 허튼소리를 하셨을까요? 하나님은 사람을 만드시고 "보시기에 매우 좋았다."라고 감탄하셨는데, 사람은 결국 하나님의 금령을 어겼으니 '매우 좋았다'라는 말을 어떻게 이해해야 할지도 문제입니다. 이렇게 될 것을 하나님은 모르셨을까요? '전지전능한 하나님이 그럴 리가……'라고 생각한다면, 이렇게 생각해 봐야 합니다.

만약 하나님께서 사람이 선악과를 따먹을 줄 미리 아셨다면, 두 가지 문제가 생깁니다. 첫째로 '매우 좋았다'라는 하나님의 감탄이 문제가 될 수밖에 없고, 둘째로 하나님이 미리 아셨다면 금령이 의미를 잃어버리니 그것도 문제가 아닐 수 없습니다. 어길 줄 뻔히 알면서도 금령을 내렸다면 스스로 모순일 수밖에 없고, 만일 몰랐다면 하나님은 전지전능한 분일 수 없겠지요.

한편 하나님이 생명나무와 선악과나무를 '동산 한 가운데' 두셨다는 것도 문제입니다. 외진 곳보다는 동산 한 가운데가 눈에도 잘 띄었을 터인데, 견물생심見物生心이라고 진정 사람이 선악과를 먹지 않기를 원하셨다면 하나님은 왜 그 나무를 발길이 닿지 않는 외진 곳에 두시지 않았을까요? 하나님은 사람이 선악과를 따먹을지 여부가 궁금하셨을까요? '궁금' 이라는 말이 정 불편하면 '시험' 이라는 말로 바꿔도 괜찮겠습니다.

미리 결과를 알고 하는 것은 시험이라고 할 수 없습니다. 결과를 모르기 때문에 결과를 알려고 시험하는 것입니다. 아브라함이 아들 이삭을 하나님께 제물로 바칠지 바치지 않을지는 마지막 순간까지 아무도 몰랐습니다. 물론 하나님은 아담과 하와가 금령을 지키기 바라셨고, 아브라함이 명령을 따르기를 원하셨겠지요. 그러나 하나님은 순종을 억지로 강요하는 분은 아닙니다. 순종하는 척하는 것이나 맘에도 없는데 두려워서 하는 순종은 하나님이 원하시는 바가 아닙니다. 하나님은 마음에서 우러나오는 동의와 순종을 원하십니다.

저는 여기서 사람에 대한 하나님의 존중과 신뢰를 봅니다. 비록 자주 하나님의 신뢰를 저버리지만, 그래도 사람을 무한히 존중하고 신뢰해 주시는 하나님이 저는 말할 수 없이 좋습니다. 자주 배반을 당하면서도 사람의 자유로운 결단을 끝내 존중하시는 하나님, 이분이 제가 믿는 하나님입니다.

시험 문제는 간단했습니다. "동산 각종 나무의 열매는 네가 임의로 먹되 선악을 알게 하는 나무의 열매를 먹지 말라." 실패가 초래할 결과는 "네가 먹는 날에는 반드시 죽으리라."라고 명시되어 있습니다. 먹는 바로 그날에 여지없이 반드시 죽는다는 이야기입니다.

금령을 생각하기 전에 허락된 것을 먼저 생각해 봅시다. 하나님은 금령을 주시기 전에 "동산 각종 나무의 열매는 네가 임의로 먹되……"라고 말씀하심으로써 선악과 이외에 모든 것이 허락됐음을 분명히 밝히셨습니다. 생명나무 열매를 포함해서 말입니다. 금지된 것은 선악과 하나뿐이었는데, 그걸 먹었으니! 그게 왜 그렇게 먹고 싶었을까요? 하긴 하지 말라면 더 하고 싶게 마련이지만, 그래도 금지된 것이 오직 하나였는데 그걸 어긴단 말입니까! 허락된 많은 것들에 대해 감사하지 않고 금지된 것 하나를 불평하는 존재가 사람이라고는 해도 금지된 것을 불평하기 전에 허락된 것에 대해 먼저 감사하고, 없는 것을 아쉬워하기 전에 있는 것들을 만족하고 고마워하는 것이 신앙 아니겠습니까?

영화 「박쥐」에서 죄의식과 구원은?

"주 예수 그리스도의 이름으로 저에게 다음과 같은 것을 허락하소서……. 살이 썩어 가는 나환자처럼 모두가 저를 피하게 하시고…… 두 뺨을 떼어 내어 그 위로 눈물이 흐를 수 없도록 하시고…… 머리에 종양이 든 환자처럼 올바른 지력을 갖지 못하게 하시고, 영원한 순결에 바쳐진 부분을 능욕하여…… 저를 치욕 속에 있게 하소서. 아무도 저를 위해 기도하지 못하게 하시고, 다만 주 예수 그리스도의 자비만이 저를 불쌍히 여기도록 하소서……."

등골이 오싹해지는 이 기도문은 영화 「박쥐」에서 장차 뱀파이어가 될 신부 상현이 하나님께 바친 기도문입니다. 「박쥐」는 「공동경비구역

「박쥐」, 2009년
감독 | 박찬욱
주연 | 송강호(신부, 상현), 김옥빈(태주)

JSA」와 「올드보이」를 만든 박찬욱 감독이 만들고, 송강호, 김옥빈, 김해숙 등이 출연한 영화로서 비평가와 관객으로부터 찬사와 비판을 동시에 받은 작품입니다. 대강의 줄거리를 살펴보면 다음과 같습니다.

상현은 신부로서 성직자 일 이외에도 틈틈이 병원 환자를 돌보는 등 신앙으로나 봉사활동으로나 주변 사람들의 존경을 받는 성직자입니다. 하지만 속으로는 고통과 죽음의 현실에 대해 깊은 슬픔과 의구심을 품고 있는 고뇌하는 신앙인이기도 합니다. 그러던 중에 상현은 죽음의 바이러

스 EV Emmanuel Virus 백신 개발을 위해 자기 몸을 실험용으로 바치기로 작정하고 아프리카로 건너갑니다. 하지만 실험은 실패했고, 그는 치명적인 병에 걸립니다. 그리고 정체불명의 피를 수혈한 후 기적적으로 완쾌됩니다. 이 소식은 급격히 퍼져 나갔고, 상현에게 병을 치유하는 은사가 있다고 믿는 동네 사람들이 그에게 몰려듭니다.

상현은 옛 친구인 강우와 그의 가족을 만나 종종 그들과 시간을 보내는데, 거기서 강우의 아내 태주와 치명적인 불륜 관계를 맺습니다. 그런데 갑자기 상현의 병이 재발하더니 햇볕을 쬐자 뱀파이어가 되고 맙니다. 뱀파이어가 된 상현은 처음에는 초인적인 능력을 갖지만 곧 피에 굶주린 자신을 발견하고 괴로워합니다. 고통과 번민은 상현을 떠나지 않습니다. 그는 스스로 목숨을 끊으려 하지만 실패하고 자신의 의지에 반해서 점점 더 간절히 피를 찾아다니는데, 이 와중에 EV 증상이 다시 나타납니다. 이 증상은 피를 마시면 사라지곤 합니다.

한편 병든 남편 강우, 시어머니 나 여사와 함께 무의미한 삶을 살던 태주는 상현에게 호감을 갖게 됩니다. 결국 두 사람은 강우를 살해하고,

그 충격으로 나 여사는 전신마비 상태에 빠집니다. 두 사람은 한동안 죽은 강우의 환영에 시달리는데, 나중에 강우가 태주를 폭행하지 않았다는 사실을 알게 된 상현은 미친 듯이 태주를 죽이려고 합니다. 하지만 홀로 남는 것이 두려운 상현은 태주에게 자기 피를 마시게 함으로써 태주도 뱀파이어가 되고 맙니다.

뱀파이어가 된 상현과 태주는 피를 구하는 방법을 놓고 계속해서 다툽니다. 태주는 사정없이 사람을 죽여 피를 얻는 반면에 상현은 가급적 사람을 죽이지 않고 피를 구하려 했기 때문입니다. 그러던 중 상현과 태주는 강우의 친구들과 모여 마작을 하게 되는데, 이를 보던 전신마비 상태의 나 여사가 눈짓과 손가락으로 글씨를 써서 두 사람이 강우의 살인자임을 알립니다. 그러자 태주는 강우의 친구들을 죽입니다. 사태의 심각성을 깨달은 상현은 태주와 함께 도망가는데, 도중에 자기를 받드는 사람들이 모여 있는 캠프장에 가서 일부러 한 여자를 강간하려다가 발각되어 쫓겨나는 사건을 연출합니다. 상현은 나 여사를 차에 싣고 태주와 함께 차를 타고 도망칩니다. 가는 도중 잠을 자다 깨어난 태주는 도착한 곳이 햇빛을 피할 수 없는 절벽 위라는 것을 알고 필사적으로 몸을 가리려 하지만 상현의 방해로 실패하고, 결국 둘은 떠오

르는 태양을 피하지 못한 채 재로 변하고 맙니다.

「박쥐」는 뱀파이어 영화입니다. 마늘도 십자가도 두려워하지 않고, 날카로운 송곳니도 없으며, 다른 사람들은 그들을 뱀파이어라고 생각하지도 않지만 상현과 태주는 자기들이 뱀파이어가 됐다고 의심하지 않고 남의 피를 마십니다. 이 영화를 보면서 초대교회初代教會, early church 그리스도인들이 사람을 죽이고 그 피를 마시는 집단이라는 오해를 받았던 일이 묘하게 떠올랐습니다. "이 잔은 너희를 위해 흘리는 내 피니 이것을 행할 때마다 나를 기억하라."라는 예수의 말씀과 함께 치렀던 성찬 예식에서 포도주가 아닌 진짜 피를 마신다고 오해했던 사람들이 떠오른 것이지요.

영화 「박쥐」를 감상하는 방법은 여러 가지가 있겠지만, 저는 이 영화를 창세기 3장과 관련시켜 읽어 봤습니다. 고아에서 신부가 되고, 신부에서 뱀파이어가 된 상현은 나름 모범적인 성직자였지만 고통과 죽음으로 얼룩진 현실에 대해 깊은 슬픔과 적대감을 품게 됩니다. 여기에는 그가 고아 출신인 점도 어느 정도는 작용했겠지요. 그가 자기 몸을 백신 실험에 사용하기로 한 것은 사실상 자살을 택한 것이나 마찬가지로서 양립할 수 없는 감정적, 영적 대립 상태에서 벗어나려는 몸부림이었다고 생각합니다. 그는 뱀파이어가 된 후 하나님에게 "저는 이제 모든 쾌락을 갈구합니다."라고 밝히고 친구의 아내와 동침하는데, 이는 적어도 겉으로는 그러한 대립에서 해방됐음을 보여줍니다. 물론 나중에 보면 결코 해방됐다고 말할 수 없지만 말입니다.

한편 태주는 여러 가지 면에서 상현과는 다른 인물입니다. 그녀는 본래부터 잃어버릴 것이 없는 사람입니다. 상현처럼 고아 출신인 그녀의 삶은 기대와 희망도 없는 어두운 삶이었습니다. 이런 그녀에게 신부 상현과의 만남은 지루하고 희망 없는 삶에서 벗어날 수 있는 가능성을 열어 주었습니다. 그녀가 달밤에 속옷 차림으로 뛰어다니면서도 "나 부끄러움 타는 여자 아니에요."라고 말했을 때 상현은 어떤 생각을 했을까요? 불륜에 빠질 상대방이 부끄러움을 모르는 여자라서 내심 안도했을까요? 그녀는 뱀파이어가 된 후에도 같은 말은 반복합니다. 두 번째 같은 말을 들었을 때 상현에게 든 생각은 달랐으리라 생각합니다.

부끄러움을 타지 않는다는 태주의 말은 선악과를 먹은 후 아담과 하와가 벌거벗은 것이 부끄러워 몸을 가렸다는 이야기를 떠올립니다. 아담과 하와가 느낀 '부끄러움'은 단순히 치부가 드러났기 때문이 아닙니다. 아담과 하와가 벗었으면서도 서로 거리낄 것이 없었다는 말은 둘 사이가 '완전한 관계'였음을 보여줍니다. 성서에서는 이것이 어떤 관계인지 설명하지 않지만, 그것이 깨졌음을 보여주는 표현으로 '벗은 것을 부끄러워했다'라고 표현한 것은 의미심장합니다. 태주는 본래부터 자기는 부끄러움을 타는 여자가 아니라고 말했지만 (이 말을 글자 그대로 믿어야 할지는 의문이지만) 상현은 처음부터 끝까지 부끄러움과 죄의식을 지니고 갑니다. 저는 이 부끄러움과 죄의식이 구원과 관련되어 있다고 생각합니다.

하나님에 대한 신뢰를 시험받다

그럼 사람으로 하여금 먹고 나서 부끄러움을 알게 한 선악과에 대해 생각해 보겠습니다. 선악과는 말 그대로 '선악을 알게 하는 나무 열매'이니 이것을 먹으면 선과 악을 구별하는 지식이 생기겠지요. 그렇다면 하나님께서 그것을 금하신 이유가 무엇인지 궁금하지 않을 수 없습니다. 하나님은 아담과 하와가 선악을 구분하여 아는 지식을 갖기를 원치 않으셨을까요? 아쉽게도 성서는 여기에 대해 대답하지 않습니다. 다만 아담과 하와가 그것을 먹고 벗은 것을 부끄러워했고, 나중에 하나님께서 사람들이 그것을 먹고 "우리 중 하나 같이 되었다."라고 말씀하셨다고 전할 뿐입니다.

시험의 목적은 선악과를 먹고 나서 사람들이 무엇을 더 알게 되었는지, 또는 다른 어떤 존재로 바뀌었는지를 아는 것에 있지 않았습니다. 사람이 금령을 지키느냐, 지키지 않느냐를 아는 것에 있었습니다. 다시 말해서 금령을 주신 하나님에 대한 '신뢰trust' 여부를 확인하는 것에 있었다는 이야기입니다. 아담과 하와는 식욕과 지식욕, 탐미 욕구를 만족시키기 위해 하나님에 대한 '신뢰'를 저버렸습니다. 에덴동산에 자신들의 욕구를 만족시켜 줄 것들이 선악과 하나는 아니었을 텐데, 두 사람은 그것들과 하나님에 대한 신뢰를 맞바꿨던 것입니다.

그럼 하나님을 믿으려면 '무식'해야 할까요? 선악과 이야기는 믿음을 가지려면 의문을 갖거나 따져서는 안 된다는 말을 하려는 걸까요? 눈 딱 감고 무조건 믿으란 말입니까? 그렇다면 이 이야기는 '반계몽주의'를 조장하는 이야기가 되겠지요. 실제로 한국 그리스도교는 반계몽주의적인 성격이 강합니다. 따져보고 묻는 태도가 신앙에 도움이 되지 않는다는 생각이 교회 안에 널리 퍼져 있습니다. 하지만 이 이야기는 지식이 불필요함을 말하려는 것이 아니라 그것도 중요하지만 그것보다는 하나님에 대한 신뢰가 더 중요하다는 사실을 말합니다. 즉 시험의 목적은 지식도 중요하지만 그보다는 하나님에 대한 신뢰가 더 중요함을 확인하는 데 있었다고 하겠습니다.

따라서 이 이야기가 '죄sin'에 대한 이야기라면, 여기서 말하는 죄는 불순종이나 교만이라 하기보다는 '신뢰하지 않음'으로 봐야 하겠습니다. 하나님과 하나님의 말씀을 신뢰하지 않은 것이 아담과 하와가 저지른 죄였습니다.

신뢰하지 않는 것에서 불순종이나 교만이 나오며 한계를 넘어서는 자율도 추구하게 되니, 죄는 근본적으로 '신뢰 없음'이라는 말에 공감합니다. 여기서 한 걸음 더 나아가면 이 이야기에서 말하는 신뢰는 하나님이 '말씀하신 것'에 대한 신뢰뿐만 아니라 '말씀하지 않은 것'에 대한 신뢰까지 포함합니다. 하나님은 선악과를 먹으면 '하나님처럼 된다.'라는 말씀을 하지 않았습니다. 뱀도 알고 있었던 사실을 하나님은 아담에게 알리지 않으셨습니다. 그것이 사실이라 해도 사람이 반드시 알아야 할 사실은 아니었던 모양입니다. 모르는 편이 나았기에 하나님께서 사람에게 알리지 않았던 것 같습니다. 하나님에 대한 신뢰는 이런 신뢰까지를 포함한다고 저는 믿습니다.

선악과와 죄의식, 그리고 구원

영화 「박쥐」에 대해서 한 평론가는 이렇게 썼더군요.

"「박쥐」는 종교적 구원을 탐구한다기보다는 그것의 이미 완료된 실패를 출발점으로 삼는다. 무언가 끔찍한 그러나 피할 수 없는 사태가 벌어졌고, 그것에 대처하려는 모든 시도가 실패한 다음 「박쥐」의 이야기는 시작된다."

— 허문영, '무한변주 될 근친상간의 신화', 「시네 21」, 2009. 6.4

위의 필자가 말하려는 바가 무엇인지는 알겠지만, 만일 필자가 그리스도교를 염두에 두고 썼다면 그리스도교에서 구원은 '종교적 탐구'의 대상도 아니거니와 구원을 추구하는 일에 있어서 '실패'라는 말은 어울리지 않습니다. 그리스도교에서 구원이 단순히 구세주에 의해 주어지는 것이라는 의미에서 그렇다는 뜻이 아닙니다.

성서에서 선악과 이야기가 첫 부분에 나오는 까닭은 앞으로 펼쳐질 이야기들이 거기서 출발한다는 뜻입니다. 즉 사람이 선악과를 따먹고 부끄러움을 알게 됨으로써 알 것을 알게 되었고, 하나님을 완전히 신뢰하지 않는 존재가 되었다는 것에서 출발합니다. 그래서 사람은 죄의식도 갖게 되었고, '죄에서의 구원'도 필요해진 것입니다.

영화 「박쥐」에서 상현과 태주는 이 상황에서 극한의 쾌락을 추구하다가 결국 비극적인 파멸을 맞이합니다. 죄의식은 한편으로는 죄를 깨닫고 거기서 벗어나려는 의지를 일으키지만, 다른 한편으로는 거기에 안주하게 만들기도 합니다. 죄의식에 시달리면서도 그것을 즐기는 이율배반이 거기에 있습니다. 그 결말은 비극적 파멸일 수밖에 없습니다. 상현이 마지막 순간에 태주와 함께 죽음을 선택한 것은 죄의식 속에 머물러 있으면서 쾌락을 중단하기 위해 어쩔 수 없이 택할 수밖에 없었던 길이었다고 생각됩니다.

영화 「박쥐」도 결국 죽음으로 마무리됩니다. 이 글도 죽음에 대한 이야기로 마무리하겠습니다. 사람은 선악과를 먹었기 때문에 자연적인 죽음을 맞게 된 것은 아닙니다. 선악과와 상관없이 사람은 죽게 되어 있었습니다. 생명과를 먹지 않는 한 말입니다. 자연적인 죽음은 선악과 때문에 세상에 들어온 '이방인'이 아닙니다. 아담은 선악과를 따먹고도 900년 정도를 더 살았습니다. 그리고 하나님께서 "반드시 죽으리라."라고 말씀하셨을 때 그 '죽음'은 자연적인 죽음을 가리키는 말이 아니라고 봐야 합니다.

그렇다면 이 이야기에서 죽음과 생명은 무엇일까요? 아쉽게도 창세기 3장은 질문에 답하지 않습니다. 다만 이 생명이 하나님과의 관계에서 매우 중요한 요소였으리라는 추측은 가능합니다. 예수님은 이 세상에 '영원한 생명'을 주러 오셨다고 했는데, 혹시 예수께서 말씀하신 '생명'과 창세기 2~3장의 '생명' 사이에 어떤 관련이 있지는 않을까요?

「언 에듀케이션 An Education」

··· 살아봐야 아는 인생

1961년, 영국 런던 교외에 사는 열여섯 살 여학생 제니에게는 넉넉하지 않은 집안 살림이지만, 딸을 옥스퍼드 대학에 보내는 것을 최우선으로 생각하는 부모가 있습니다. 그녀는 부모의 말을 잘 듣고, 공부도 잘하며, 학교 오케스트라에서 첼로를 연주하는 착하고 똑똑한 모범적인 학생입니다. 비오는 어느 날 우연한 사건이 일어나기 전까지는 그랬습니다.

바깥세상에 대한 호기심

비오는 날 제니가 오케스트라 연습이 끝나고 우산도 없이 첼로를 들고 혼자 집으로 돌아가는데, 고급 승용차 한 대가 멈추더니 30대의 멋진 남자가 그녀를 태워 주겠다고 했습니다. 친절한 왕자님처럼 다가온 데이

「언 에듀케이션(An Education)」, 2009년
감독 | 론 쉐르픽
주연 | 캐리 멀리건(제니), 피터 사스가드(데이비드)

비드와 운명적으로 만난 것이지요. 어리고 순진한 제니는 금방 데이비드에게 반했고, 둘은 데이비드의 친구들과 함께 클래식 음악 연주회에도 가고, 재즈를 연주하는 식당에서 저녁도 먹습니다. 열여섯 살 제니가 데이비드에게 홀딱 넘어간 거죠. 데이비드는 사람을 설득하는 데는 도통한 경지에 도달했습니다. 그는 자신만만하게 제니의 부모님을 만나는데, 그들조차 데이비드에게 홀랑 넘어가고 말지요.

제니가 원하는 것은 세상 구경이었습니다. 바깥세상을 더 많이 보고 알고 즐기고 싶은 제니의 욕구를 데이비드는 맘껏 충족시켜 줍니다. 교복만 입고 다니던 제니는 멋진 드레스를 입고 오드리 헵번 헤어스타일을 하고 데이비드와 함께 황홀한 시간을 보냅니다. 그들은 분위기 좋은 재즈 클럽에서 담배를 피우며 밥 먹고 술을 마셨습니다. 값비싼 예술품들이 거래되는 경매장에 가서 그림도 삽니다. 옥스퍼드 관광은 말할 것도 없고, 제니가 그토록 가고 싶었던 파리에 가서 에펠 탑도 보고, 날이 저무는 세느 강변에서 둘은 여유로운 시간을 한껏 즐깁니다. 제니는 그 나이의 소녀가 동경하는 삶의 기회를 잡은 것이었지요.

제니는 바깥세상이 자기에게 줄 많은 가능성을 봅니다. 그녀는 데이비드에게 금방 매혹될 정도로 순진한 십대였지만, 동시에 영리하고 재치가 있어서 자신이 뭘 원하는지를 잘 알고 있었기 때문에 데이비드에게 얻어낼 수 있는 것들을 확실하게 챙기지요. 그런데 두 사람이 함께 지내면서 제니는 불가피하게 데이비드가 어떤 사람인지 알게 됩니다.

데이비드는 매우 교양 있는 사람이지만, 그의 교양은 돈을 벌어들이는 데 사용되는 수단일 뿐입니다. 그는 저평가된 예술품을 싸게 사들이거나 아무 것도 모르는 순박한 사람들이 소유한 골동품을 헐값에 사들여 돈을 법니다. 때로는 도둑질까지 합니다. 백인 거주 지역의 집을 사들여 흑인에게 세를 주면서 데이비드는 휴머니스트의 교양을 운운하지만, 실상은 백인들이 흑인들 때문에 싼 값에 집을 팔고 떠나기를 유도하는 사업 전략일 뿐입니다.

2010년 아카데미 여우주연상 후보에 올랐던 케리 멀리건이 제니를 연기한 「언 에듀케이션」이라는 영화의 줄거리입니다. 제목에서 보듯이 영화는 '교육'이 주제입니다. 제니에게는 앞뒤 꽉 막히고 말끝마다 돈 타령에 문화적 소양과는 거리가 먼 아빠와 말이 없는 엄마, 제니의 가족 앞에서 답답하기 그지없이 굴고 라틴어

사전을 생일선물이랍시고 주는 남자 친구가 있습니다. 그런 제니가 지적이고 유머러스하며, 예의바르고 설득력 있고, 재력과 수준 높은 취향과 안목까지 갖춘 남자 데이비드에게 빠지지 않을 도리가 없습니다. 미술품 경매장에 가서 비싼 값에 그림을 사고, 고급 재즈 클럽에서 담배를 피워대며 최고급 위스키를 홀짝거리는 황홀한 세계, 더욱이 데이비드와 그의 친구들은 제니를 한 사람의 성인으로, 그리고 여성으로 대해 줍니다.

이런 세상맛을 봤는데 "넌 똑똑하니까 네가 원하는 무엇이든 될 수 있어!"라며 꼭 옥스퍼드에 진학하라는 문학 선생님의 말이 귀에 들어오겠습니까? 제니는 선생님에게 "그래봐야 고작 당신처럼 따분한 삶을 살 거 아니에요?"라고 쏘아붙입니다. 멋진 주말여행에 취한 제니는 위험을 경고하는 교장에게 "왜 교육이 필요한 거죠?"라고 당돌하게 묻습니다. 제니에게 옥스퍼드는 안경 낀 못생긴 여학생들이나 다니는 답답한 곳이고, 데이비드가 펼쳐 보여준 세상은 낭만과 자유가 넘실대는 신세계였던 것입니다.

하지만 결국 둘의 연애는 참담하게 끝납니다. 결혼을 위해 대학을 포기하고, 학교도 자퇴한 제니는 데이비드가 유부남이라는 사실을 알게 됩니다. 그의 실체는 부유한 친구 옆에서 교양을 팔아 돈을 버는 바람둥이였던 것입니다. 제니는 자기 부모에게 유부남이란 사실을 직접 고백하라고 데이비드를 종용하지만, 결국 그렇게 하지 않음으로써 둘의 관계는 끝나고 맙니다. 제니는 그 후 미련을 확실히 끊고 엉클어진 자기 인생을 추스르기 시작합니다. 그녀는 교장 선생님을 찾아가 복학할 방법을 찾아 다시 학업에 열중합니다.

세상의 겉모습이 전부가 아님을 깨달은 제니는 결국 1년 후에 옥스퍼드 대학에 진학합니다. 짧았던 '학교 밖의 교육'을 통해 삶이 그리 녹녹치 않음을 깨달은 제니는 자발적으로 '학교 안의 교육'을 선택한 것입니다. 다시 학교로 돌아가고 싶어 교장 선생님을 만난 제니가 "선생님은 제가 여자로서 인생을 망쳤다고 생각하세요?"라고 물었을 때 교장 선생님은 "넌 아직 어린애일 뿐이야."라고 대답합니다.

제니는 자기 부모에게도 "왜 대책 없이 나이 많은 남자에게 끌리는 나를 말리지 않았느냐?"라고 묻지만, 부모는 아무런 대답도 못합니다. 제니가 방문을 닫고 방으로 들어간 후 딸에게 차와 쿠키를 가지고 간 아버지는 닫힌 문 앞에 서서 흐느끼며 이렇게 말합니다.

"난 평생을 불안에 떨면서 살았단다. 널 그렇게 살게 하고 싶지 않았단다."

전도서의 끝없는 탐구 정신

구약성서 중 전도서라는 책은 참 묘한 책입니다. 성서의 다른 책들과는 그 내용이 아주 다르지요. 세상만사 모든 것이 헛되다는 말로 시작하는 전도서는 재물을 누리는 것도 헛되고, 지혜를 얻는 것도 헛되며, 바르게 살아보려고 애쓰는 것도 헛되다고 말합니다. 허무주의의 냄새가 짙습니다. 이런 책이 왜, 어쩌다가 성서에 들어와 있는지 알 수 없을 정도로 전도서는 냉소적이고 비관적입니다. 착한 사람은 착하게 살다가 망하고, 못된 사람은 못되게 살면서도 고이 늙어 가더랍니다. 나쁜 사람이 받아야 할 벌을 착한 사람이 받는가 하면 착한 사람이 받아야 할 보상은 나쁜 사람이 받으니 이 또한 헛된 일이 아니냐는 것입니다. 그러니 인생의 낙이라는 게 기껏 각자 몫의 음식을 먹고 즐기고, 술을 마시며 기뻐하는 것이고, 깨끗한 옷을 입고 머리에 기름을 바르고 하늘 아래서 허락 받은 덧없는 인생을 애인과 함께 끝 날까지 즐기며 사는 것이라니!

전도서를 읽어 보면 이유 없이 비관적이고 냉소적이지 않다는 것을 알 수 있습니다. 여기에는 두 가지 이유가 있습니다. 인간 사회의 도덕과 질서가 완전히 무너져버린 점이 그 하나이고, 상황이 이런데도 창조주요 생명의 근원이라는 하나님은 저 멀리 하늘에 계셔서 땅 위에 사는 사람들의 일에 관여하지 않는 것처럼 보인다는 점이 다른 하나입니다.

전도서의 하나님은 변하지 않는 분입니다. 하나님이 구부려 놓으신 것을 펼 사람이 없다고 했고, 하나님이 하시는 일은 모두 한결같아서 누가 보태거나 뺄 수 없다고도 했습니다. 전도서의 하나님은 사람의 기도를 듣고 마음을 바꾸시는 분이 아닙니다. 예언자들의 하나님은 벌하려다가도 회개하면 벌하려던 계획을 철회하는 분인데, 전도서의 하나님은 그렇지 않습니다. 한번 구부려 놓았으면 웬만해선 펴지 않으시는 분이고, 일단 더했으면 좀처럼 빼지 않으시는 분이 전도서의 하나님입니다.

전도자가 직면한 물음은 인간 사회의 도덕과 질서가 완전히 무너져 버려서 정의란 것을 찾아볼 수 없는 상태에서 그것을 바로잡아 주시리라 믿었던 하나님이 땅의 일에는 상관하지 않고 저 멀고먼 하늘에 머물러 계실 때 우리는 어떻게 살아야 하느냐는 것이었습니다.

우리가 전도서에서 배워야 할 점은 그 끝없는 탐구 정신입니다. 전도자는 두 눈을 크게 뜨고, 마음을 활짝 열고 자연 세계와 인간 세계를 면밀하게 살펴보고 탐구했습니다. 그는 "하늘 아래 벌어지는 모든 일을 알아보아 지혜를 깨치려고 무척 애를 써보았다(전도서 1:13)."라고 했습니다. 자기보다 더 많이 지혜를 깊이 깨친 사람이 없고, 자기만큼 인생을 깨쳐 더 많은 지혜를 얻은 사람이 없다는 그의 말, 어떻게 사는 것이 지혜로운 일이고, 어떻게 사는 것이 어리석고 얼빠진 일인지 알아보려고 무진 애를 써 보았다는 그의 말은 허황된 자랑이 아닙니다.

전도자는 지혜를 깨쳐 보려고, 세상의 이치를 알아보려고 안 해본 일이 없었습니다. 그는 진지한 탐구정신을 가지고 사물을 관찰했을 뿐만 아니라 투철한 실험정신으로 무장해서 실제로 실험도 해봤다고 했습니다. 그는 향락에도 몸을 담가 봤고, 술독에도 빠져 봤으며, 크게 사업도 벌여 봤다고 했습니다. 그는 이성으로 할 수 있는 일을 다 해봤고, 감성을 동원해서 할 수 있는 일도 다 해봤습니다. 그냥 책상머리에 앉아 상상으로만 그렇게 한 것이 아니라 몸으로 직접 부딪쳐 가며 '실험'도 해보았습니다. 그리고 자기가 관찰한 것들과 실험을 통해서 몸으로 체득한 것들을 면밀히 기록하기까지 했습니다. 바로 이 기록이 전도서입니다.

전도자가 한 일은 여기에 그치지 않습니다. 그는 한 걸음 더 나아갑니다. 그는 자신이 보고 느끼고 실험하고 깨달은 것들을 끊임없이 되새기고 성찰했습니다. 전도서를 읽다 보면 "나 스스로에게 말하기를……(I said to myself)"라는 말이나 "이제 나는 알았다……(Now I know)."라는 말이 적지 않게 등장합니다. 이런 말들은 관찰과 생각, 실험을 통해서 알게 된 것을 그가 얼마나 많이 되새기고, 반성하고, 성찰했는지를 보여줍니다. 전도자의 장점은 면밀하게 관찰하고 실험해봤다는 것에서 그치지 않습니다. 그는 관찰과 실험을 통해서 알게 된 것이 정말로 옳은지를 끊임없이 되새겨 보며 반성하고 성찰했던 것입니다.

생각 좀 하면서 믿자

많은 그리스도인들이 아무 생각 없이 그저 '하나님의 은혜', '성령의 은혜' 하면서 하나님으로부터 거저 주어지는 은혜만 바라보고 삽니다. 자기는 아무 것도 하지 않고 그저 모든 것이 '은혜'라는 미명 하에 거저 주어진다고 믿는 그리스도인들이 많습니다. 이러한 그리스도인들에게 전도서는 소중한 자극을 주는 책입니다.

불교에서 깨달음을 얻는 길이 여러 가지 있듯이 그리스도교에서 은혜를 받는 방법도 여러 가지입니다. 특히 선불교에서는 깨달음이 섬광처럼 얻어진다고 말들 하는데, 그렇게만 알면 절반만 아는 것입니다. 그것이 전부가 아니라는 말입니다. 그 섬광 같은 찰나의 깨달음을 얻기 위해서 수행자는 밑도 끝도 없는 길고 긴 수행을 해야 합니다. 순간의 깨달음은 길고 깊은 수행의 결과라는 것입니다.

그리스도교에서 은혜를 받는 것도 이와 비슷합니다. 하나님께서 은혜를 주시는 방법은 여러 가지입니다. 흔히 말하는 초자연적인 은혜나 계시는 모든 수단이 통하지 않을 때 주어지는 극단적인 경우라고 하겠습니다. 대부분의 경우 하나님의 은혜는 평범하고 일상적인 일들을 통해 주어집니다. 그렇게 평범하고 일상적인 일과 사물들에 드러나 있는 하나님의 은혜를 느끼고 깨닫는 길은 끊임없이 관찰하고 생각하며, 되새기고 실험하고 성찰하는 일입니다. 많은 경우에 우리가 필요로 하는 하나님의 뜻은 관찰과 성찰, 그리고 실험이라는 상식적이고 이성적인 방법을 통해 깨달을 수 있습니다. 그런데 이러한 과정을 생략한 채 비상식적이고 초자연적이며, 특별한 계시 같은 방법만 기대하면서 아무런 노력도 기울이지 않는 그리스도인들을 보는 일은 참으로 안타깝습니다.

영화 「언 에듀케이션」의 주인공 제니는 열여섯 나이에 경험할 수 없는 바깥세상을 경험했습니다. 그런 그녀의 경험이 좋은 것이었는지 나쁜 것이었는지는 사람마다 판단이 다를 수 있습니다. 하지만 분명한 사실은 그러한 경험이 그녀를 변화시켰다는 것이고, 그녀로 하여금 다시 학교로 돌아가게 만들었다는 것입니다. 그런 일을 겪고 난 후의 옥스퍼드 생활은 그런 일을 겪지 않고 '순탄하게' 이어진 생활과는 분명히 달랐을 것이라 생각합니다. 그녀는 세상이 어떤 것인지, 그리고 세상이 겉으로 보는 것과는 크게 다르다는 사실을 온 몸으로 체험했으니까 말입니다.

하나님은 자연 세계를 창조하신 창조주요, 인간의 역사를 이끌어 가시는 역사의 주님입니다. 우리가 믿는 하나님이 이런 분이라면 우리는 하나님의 섭리와 뜻이 자연 세계 안에 숨겨져 있듯이 드러나 있고, 드러나 있듯이 숨겨져 있다고 믿어야 옳을 것입니다. 우리가 믿는 하나님이 인간의 역사를 이끌어 가시는 분이라면 인간이 개인적으로나 공동체적으로 만들어 나가는 구체적인 현실 역사에 하나님의 섭리와 뜻이 숨겨져 있듯이 드러나 있고, 드러나 있듯이 숨겨져 있다고 믿어야 옳지 않겠습니까?

따라서 우리가 하나님의 뜻을 깨닫고, 그분의 은혜를 받는 첫걸음은 감각기관을 통한 관찰이어야 한다고 생각합니다. 그 다음 단계는 이성을 동원해서 생각하고 성찰하는 것이고, 온몸으로 실험하는 일입니다. 초감각적이고 초이성적인 은혜는 그 다음 단계겠지요. 초자연적인 은혜도 있지만 그것에만 매달려서는 안 된다는 이야기입니다. 이것이 전도서가 우리에게 가르쳐 주는 교훈이고, 전도서가 성서 안에 포함된 이유라고 생각합니다.

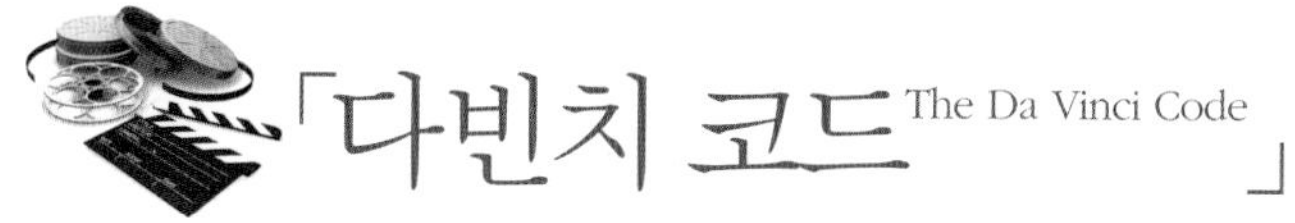

「다빈치 코드The Da Vinci Code」

… 누가 내 형제자매요, 어머니냐?

영화 「다빈치 코드」는 전 세계에서 4천만 권 이상이 팔린 댄 브라운Dan Brown의 추리소설을 원작으로 해서 만든 작품입니다. 영화로 만들어지기 전에 이미 소설의 내용 때문에 가톨릭과 개신교를 막론하고 교회는 한 목소리로 반대와 비난의 목소리를 높였습니다. 「다빈치 코드」는 예수님의 생애에 대해서 그동안 교회가 믿고 가르쳐 왔던 내용과 전혀 다른 내용을 마치 사실인 것처럼 묘사하고 있기 때문입니다. 아마 소설이 그토록 큰 인기를 얻지 못했더라면 교회에서도 큰 관심을 보이지 않았을 것입니다. 과거에도 비슷한 내용의 소설이나 연구서들이 여럿 있었는데, 그때마다 교회가 이처럼 과민하게 반응하지는 않았습니다. 그런데 『다빈치 코드』가 베스트셀러가 되었고, 소설과는 비교할 수 없을 정도로 파급 효과가 큰 영화로 만들어졌기 때문에, 교회가 더욱 민감하게 반응했다고 볼 수 있겠습니다.

「다빈치 코드(The Da Vinci Code)」, 2006년
감독 | 론 하워드
주연 | 톰 행크스(로버트 랭던), 오드리 토투(소피 느뵈)

다빈치 코드 현상

그리스도교계는 교파를 막론하고 「다빈치 코드」가 그리스도교의 역사와 신앙을 심각하게 왜곡했다고 비난했습니다. 가톨릭교회는 감정을 드러내지 않고 비교적 점잖게 영화가 초래할 폐해에 대한 우려를 표시하며 영화를 보지 말라고 권했습니다. 개신교계의 반응은 크게 둘로 갈라졌습니다. 그저 소설일 뿐이라며 크게 문제를 삼지 않는 부류가 있는가 하면, 매우 강하게 비난하는 부류가 있습니다. 후자 쪽이 훨씬 숫자가 많고, 반응도 더 격렬했습니다. 예를 들면, 한국 보수교회의 대표 연합체인 '한

국기독교총연합(한기총)'은 '순교의 각오'로 영화 개봉을 막겠다며 법원에 상영금지 가처분 신청을 냈는데, 이 신청이 법원에서 기각되어 영화는 개봉되고 말았습니다. 하지만 누가 이 문제 때문에 순교했다는 이야기는 아직까지 듣지 못했습니다. 한 번 웃고 넘어갈 해프닝일 수도 있겠지만, 어쨌든 한국 교회에서 '순교'라는 말이 너무 남발되는 느낌입니다.

저는 소설도 읽고 영화도 봤는데, 제 소감은 둘 다 '별로'였습니다. 소설은 많은 정보를 담고 있고, 재미있기는 하지만 너무 작위적이라는 느낌을 받았고, 영화는 소설을 이미 읽었으니 어떤 장면에서도 긴장감을 느끼지 못했습니다. 추리소설이나 추리영화는 긴장감이 유지되지 않으면 싱겁기 짝이 없지요. 영화 「식스 센스」의 마지막 장면을 미리 알고 영화를 봤다고 생각해 보십시오. 마지막 반전에 놀라지 않는다면 그 영화는 아무것도 아닙니다.

제가 더 관심을 갖는 대목은 소설과 영화의 내용보다 그것이 불러일으킨 반응과 파장입니다. 영화는 '다빈치 코드 현상'이라 이름 붙여도 될 정도로 많은 이야깃거리를 만들어냈습니다. 교회도 분노하기만 하고 정작 현상의 핵심을 제대로 짚어 내지 못한 것처럼 보입니다. 그래서 이러한 현상을 살펴보면서 우리 신앙의 몇 가지 측면을 생각해 보게 되었습니다.

'막달라 마리아'는 누구인가?

영화는 파리 루브르 박물관의 자크 소니에르 관장이 살해당하는 장면으로 시작됩니다. 그는 발가벗겨진 몸으로 죽어 가면서도 안간힘을 다해 손과 발을 활짝 벌린 채 바닥에 드러누워서 죽었습니다. 이는 레오나르도 다빈치가 그린 「비트루비우스의 인체 비례」와 똑같은 모습이었습니다. 이 사건으로 인해 주인공인 하버드 대학의 종교상징학 교수 로버트 랭던과 소니에르 관장의 손녀이자 암호 해독 전문가인 소피 느뵈가 만나서 소니에르 관장이 남긴 암호들을 차례로 풀어냅니다.

비밀의 중심에는 막달라 마리아가 있고, 그 비밀을 푸는 열쇠는 다빈치의 그림 「최후의 만찬」에 있습니다. 「최후의 만찬」은 다빈치의 명작으로서 요한복음 13장의 이야기에 기초하여 그린 그림입니다.

예수께서 이 말씀을 하시고 나서 몹시 번민하시며 "정말 잘 들어두어라. 너희 가운데 나를 팔아넘길 사람이 하나 있다." 하고 내놓고 말씀하셨다. 제자들은 누구를 가리켜서 하시는 말씀인지를 몰라 서로 쳐다보았다. 그때 제자 한 사람이 바로 예수 곁에 앉아 있었는데, 그는 예수의 사랑을 받던 제자였다. 그래서 시몬 베드로가 그에게 눈짓을 하며 누구를 두고 하시는 말씀인지 여쭈어 보라고 하였다. 그 제자가 예수께 바싹 다가앉으며 "주님, 그게 누구입니까?" 라고 묻자 예수께서는 "내가 빵을 적셔서 줄 사람이 바로 그 사람이다." 라고 하셨다. 그러고는 빵을 적셔서 가리옷 사람 시몬의 아들 유다에게 주셨다. 유다가 그 빵을 받아먹자마자 사탄이 그에게 들어갔다. 그때 예수께서는 유다에게 "네가 할 일을 어서 하여라."라고 이르셨다.

예수께 "주님을 배반할 자가 누굽니까?"라고 물었던 제자, 곧 '예수의 사랑을 받던 제자the Beloved Disciple'는 「최후의 만찬」 그림에서 예수님 왼쪽에 앉아 있습니다. 그런데 그림을 잘 보면 이 사람은 다른 제자들과 달리 여자처럼 보입니다. 영화는 이 제자가 바로 '막달라 마리아'였다고 말합니다. 그녀는 최후의 만찬 자리에서 예수님과 가장 가까운 곳에 앉아 있었으며, 예수께 특별한 사랑을 받았던 제자였습니다. 다빈치는 막달라 마리아를 예수님의 열두 제자 지위에 올려놓았다는 것이지요. 여기서부터 영화는 교회의 전통적인 가르침을 벗어납니다.

'성배聖杯, the Holy Grail'는 최후의 만찬 때 사용된 포도주 잔이면서 예수께서 십자가에 달리셨을 때 그분 옆구리에서 흘러나온 피를 담았다는 잔을 가리킵니다. 두 가지 일에 같은 잔이 사용됐다는 기록은 없지만, 성배는 오랫동안 사람들의 상상력을 자극해 왔습니다. 영화 「인디아나 존스」 시리즈에도 '잃어버린 성배를 찾아서' 편이 있습니다.

그런데 다빈치가 그린 「최후의 만찬」 그림을 잘 보면 거기에는 포도주 잔이 없습니다! 그 까닭은 다빈치가 '성배'를 '잔'이 아니라 '거룩한 혈통'이라고 믿었기 때문이라는 것입니다. 예수님에게 혈통이 있었다는 것입니다! 물론 마태복음 1장에 예수님의 긴 족보가 나오므로 예수께 혈

통이 있었다는 이야기가 새롭지는 않습니다. 하지만 영화에서 말하는 혈통은 과거로 거슬러 올라가는 혈통이 아니라 후대로 내려가는 혈통이므로 이는 곧 예수님에게 후손이 있었다는 것이고, 그 자식을 막달라 마리아가 낳았다는 이야기입니다. 예수님은 막달라 마리아와 결혼했고, 십자가에 달려 돌아가셨을 때 막달라 마리아는 임신 중이었으며, 훗날 마리아는 아기를 낳았고, 그 혈통이 오늘날까지 이어지고 있다고 영화는 이야기합니다. 이 대목이, 즉 예수님이 결혼해서 자식을 낳았다는 이야기가 교회를 참을 수 없게 만들었습니다.

영화에서는 이 혈통을 템플 기사단이 지켜 왔다고 합니다. 이 비밀을 주인공들이 하나하나 풀어 가는데, 마지막에는 첫 장면에서 죽은 소니에르 관장이 템플 기사단의 후신인 시온 수도원의 최고 책임자였고, 살아 있는 예수님의 후손이 '소피'였다고 말합니다. 저는 이 대목에서 실소를 터뜨렸습니다. 너무 황당한 이야기이기 때문이지요.

우리가 믿는 예수는 누구인가?

소설 『다빈치 코드』는 꾸며낸 이야기일 뿐입니다. 소설이 역사적 사실에 부합해야 할 의무나 필요는 없습니다. 아무리 터무니없는 이야기라 하더라도 그렇게 이야기할 권리는 전적으로 작가에게 있습니다. 따라서 왜 소설을 그따위로 썼느냐고 공적으로 비난할 권리는 누구에게도 없습니다. 마음에 안 들면 읽지 않으면 그만입니다.

그런데 하나의 소설이 성공하고 많이 읽혀졌다면 이야기가 그럴듯하다는 의미이고, 가공의 이야기이지만 현실감이 있고 사실인 것처럼 보인다는 뜻입니다. 독자들이 '정말 그럴 수도 있겠다.'라고 생각하게 만들었다는 이야기입니다. 『다빈치 코드』가 성공한 이유는 독자들이 '그럴 수도 있겠다.'라고 생각할 정도로 쓰였다는 데 있습니다. 그리스도교에는 엄청난 비밀이 숨겨져 있을 수도 있다는 잠재되어 있던 의심을 사람들에게서 끌어냈기 때문에 소설은 성공할 수 있었습니다. '음모설'이 소설을 성공으로 이끌었다는 이야기입니다.

교회는 음흉하게 뭔가 중요한 비밀을 감추고 있다, 교회에는 밝힐 수 없는 비밀이 있다, 최고 권력자들만 들어갈 수 있는 깊고 어두운 방에서 아무도 모르는 일들이 꾸며져 왔고, 지금도 꾸며지고 있을지 모른다는 사람들의 의심을 소설이 자극했습니다. 하나님, 성령 운운 하지만 교회가 지금까지 해 온 많은 일들은 하나님과 성령이 하신 일이 아니라 사람이 꾸며낸 일이라는 세간의 의심이 '다빈치 코드 현상'을 만들어낸 것입니다. 이것이 핵심입니다.

더욱이 교회가 신성모독이네, 순교네 하고 펄쩍 뛰지만 않았다면 소설이 이토록 큰 파문을 만들어내지는 못했을 것입니다. 소설의 내용 중에서 교회를 가장 크게 분노하게 만든 부분은 예수님이 막달라 마리아와 결혼해서 자식을 낳았다는 대목입니다. 다른 것은 몰라도 이 부분만은 참을 수 없는 신성모독이라는 것입니다.

교회는 예수님이 완전한 하나님이요, 동시에 완전한 사람이라고 고백해 왔습니다. 이치를 따져 예수께서 완전한 사람이라면 여자와 동침하여 자식을 낳았다는 주장이 무슨 문제가 될까요? 교회는 이를 신성모독이라고 주장했는데, 그렇다면 교회는 예수님의 '인성'을 모독한 것은 아닐까요? 여자와 동침하지 않고, 자식도 낳을 수 없어야 '완전한 사람'이라는 뜻은 아닐 테니 말입니다.

여기서 우리가 믿는 '예수님은 누구인가?'라는 물음과 정면으로 부딪칩니다. 예수님은 사람의 몸으로 태어난 하나님이라고 고백됩니다. 그가 마구간에서 태어났고, 비천한 목수로 살았다는 것은 그분의 신성에 아무 흠집도 내지 못합니다. 하지만 그분이 결혼해서 아이를 낳았다고 말한다면 이야기는 전혀 달라집니다. 그것은 신성모독이라는 것입니다. 그렇다면 그분은 사람의 몸으로 오신 하나님이지만, 진짜 사람은 아니라는 이야기가 되는 것 아닐까요?

예수님이 건강한 남성이었다면…

과연 예수님에게 후손이 있었을까요? 상식적으로, 그리고 논리적으로 보면 있었을 수도 있고, 없었을 수도 있습니다. 예수님이 '건강한 남성'이었다면 후손이 있었을 수 있습니다. 그러나 예수님은 하나님 나라를 위해서 '스스로 고자가 된 사람(eunuchs who have been made eunuchs by men)'도 있다는 말씀을 하신 적이 있습니다(마태 19:12). 예수님이 그랬을 가능성이 있지만, 그에 관한 기록이 전혀 남아 있지 않으므로 확실하게 말할 수는 없습니다. 어떻게 주장하든 '추측'일 따름입니다. 소설에서는 자손이 있었다는 쪽으로 추측하고 이야기를 전개해 나갑니다.

그런데 교회에서는 그동안 예수님에게 '후손이 없다.'라고 주장해 왔다기보다는 '후손이 없어야 한다.'라고 주장해 왔습니다. 곧 예수님은 하나님의 아들이고, 본질상 하나님이기 때문에 여자와 동침했을 리 없고, 따라서 후손이 있을 수 없다고 주장해 온 것입니다. 가난한 목수의 아들로 마구간에서 태어나 비천하게 살았다는 사실은 예수님의 신성에 흠집이 되지 않습니다. 하지만 그분이 여자와 동침해서 자식을 낳았다고 말하면 그것은 신성모독으로 여겼습니다. 남자와 여자가 동침해서 자식을 낳는 일은 창세기 1장 28절의 "생육하고 번성하여 땅에 충만하라."라는 하나님의 명령을 행하는 일입니다. 그런데 유독 예수님은 그래서는 안 된다는 것입니다. 왜? 그분은 하나님이기 때문에!

남녀의 성적 접촉에 대해 교회는 유독 민감합니다. 거기에 과중한 의미를 부여해 왔습니다. 개신교 목사보다 가톨릭 신부들이 더 존경을 받는 것은 다른 이유도 있겠지만, 신부들이 독신인 이유가 큽니다. 어떤 목사에게 여자 문제(여자 목사에게는 남자 문제겠지만)가 있으면 그 목사는 그것으로 끝장이고, 거의 예외가 없습니다. 그래서인지 교회는 하나님의 아들 예수님은 여자와 동침해서는 안 된다고 생각해 왔습니다. 우리는 예수님이 '숫총각'이기 때문에 구세주로 믿습니까? 정말 그렇습니까?

그분은 본래부터 하나님이었다

신약성경의 네 복음서는 이야기를 전개해 나가는 방식이 서로 다릅니다. 마가복음에 따르면 예수님이 메시아임은 비밀에 부쳐집니다. 귀신이 "당신은 하나님의 거룩한 분이십니다."라고 외치며 예수님의 정체를 드러내려 하지만, 예수님은 그들이 아무 말도 못하도록 입을 막아버리셨습니다. 제자들도 처음에는 예수님이 누군지 모르고 오리무중이기는 군중들과 마찬가지입니다. 그러다가 베드로의 고백이 전환점이 됩니다. 그는 예수님을 그리스도로 고백했고, 그때서야 예수님은 당신께서 고난과 죽임을 당하실 것을 제자들에게 드러내놓고 말씀하셨습니다. 그러자 베드로가 이를 가로막습니다. 예수님은 그런 베드로를 '사탄'이라고 부르셨습니다. 예수님의 정체가 완전히 드러난 때는 십자가에 달려 죽으시고, 성전의 휘장이 찢어지자 로마군인 백부장이 예수님을 하나님의 아들로 고백하는 장면에 이르러서입니다. 마가복음은 이렇게 예수님의 정체를 점차적으로 드러냅니다.

한편 요한복음은 마가복음과 다른 방식으로 서술합니다. 요한복음은 처음부터 예수님을 '로고스'요 '하나님'이라고 밝힙니다. "말씀이 육신이 되어 우리 가운데 오셨다!"라고 일찌감치 선언해버립니다. 세상 사람들은 그분을 받아들이는 사람과 받아들이지 않는 사람으로 확연하게 갈라집니다. 요한복음의 제자들과 군중은 예수님을 점차 깨달아 가지 않습니다. 예수님의 정체는 처음부터 드러났고, 그것을 받아들이느냐 받아들이지 않느냐가 문제일 뿐입니다.

마가복음 방식의 서술이 필요하겠지만, 저는 근본적으로 요한복음의 방식에 마음이 기울어집니다. 예수님은 십자가에 죽으시고 부활하셨기 때문에 하나님의 아들이 된 것이 아니라 처음부터 하나님의 아들이기 때문에 그렇게 하셨습니다. 어떤 말이나 어떤 행동이나 기적을 행했기 때문에 그분이 하나님의 아들이 된 것이 아니라 하나님의 아들이었기 때문에 그렇게 말씀했고, 그런 행동을 하셨으며, 그런 기적을 행하셨다는 이야기입니다.

예수님이 하신 말씀과 비슷한 말을 한 사람은 많았습니다. 기적을 행한 사람들도 많았습니다. 남을 위해 죽음을 무릅쓴 사람도 적지 않습니다. 하지만 그 말과 행동과 기적이 그들을 하나님의 아들로 만들어 주지는 않습니다. 남을 위해 죽은 사람들의 희생이 고귀하기는 하지만, 그러한 죽음이 세상을 구원할 수는 없습니다. 예수님의 죽음이 모든 사람을 위한 죽음이 될 수 있었던 것은 죽음 그 자체 때문이라기보다는 죽은 분이 예수님이기 때문입니다.

잘 알아보고 따져 봐서 옳으면 믿겠다는 태도로는 결코 믿음을 가질 수 없습니다. 이치에 타당하면 믿고, 그렇지 않으면 믿지 않겠다는 태도가 때로는 중요하고 필요하지만, 궁극적으로 그런 태도가 사람을 믿음으로 이끌지는 못합니다. 그래서 믿음은 사람이 하는 일이 아니라고 말하는 모양입니다. 올바로 아는 것은 중요하지만 앎이 신앙을 만들어내지 못합니다. 신앙은 궁극적으로 사람의 일이 아닙니다. 신앙은 성령의 일이요, 하나님의 일입니다.

초대교회의 역사는 사도행전이 전부는 아니다

'다빈치 코드 현상'에서 교회가 참지 못하는 또 하나의 측면은 '음모설'입니다. '음모'란 증명하기도 어렵고, 반증하기도 어려운 일에 대해 생기는 법입니다. 『다빈치 코드』가 제기한 의문들은 대체로 그럴듯합니다. 그래서 교회가 더더욱 신경을 쓰고 있습니다. 오죽하면 교인들더러 현혹되지 않기 위해서 아예 책을 읽지도 말고, 영화를 보지도 말라고 권할 정도겠습니까.

교회의 이런 태도에서 '음모설'이 생기고 부풀려집니다. 그동안 교회는 교회가 가지고 있는 문제들을 공개적으로 해결하려 하지 않고, 신자들의 신앙을 보호한다는 명분으로 숨겨 왔습니다. 교회에서는 심지어 질문을 제기하는 것조차 달가워하지 않습니다. 신앙생활을 하다 보면 궁금한 것도 생기고, 의심스러운 일도 있는 법인데 교회는 이런 궁금증이나 의심을 풀어 주려 하지 않고 억압해 왔습니다. 질문하는 것은 곧 의심하는 것이고, 의심은 곧 불신앙으로 이어진다고 가르쳐 왔습니다.

『다빈치 코드』는 초대교회의 역사와 다른 역사적 사건들이 있었다고 말합니다. 그중에는 사실 여부를 확인해 볼 수 있는 것도 있고, 그렇지 않은 것도 있습니다. 『다빈치 코드』는 때론 사실과 다른 이야기를 전개하기도 하고, 때로는 확인할 수 없는 이야기들을 상상력을 발휘해서 서술하기도 합니다. 그러나 분명한 사실은 신약성경 '사도행전'에 기록되어 있는 역사가 초대교회 역사의 전부는 아니라는 점입니다.

사도행전에 등장하는 인물들만 복음을 전하지는 않았습니다. 그들 외에도 수많은 사람들이 복음을 전했지만, 그들에 관한 기록은 거의 찾아볼 수 없습니다. 게다가 사도행전에서는 기원후 2세기 이후의 교회 역사는 찾아볼 수 없습니다. 그때부터 기원후 4세기에 기독교가 로마제국의 공인을 받고 나서 국교가 되기 전까지의 교회는 하나로 통일되어 있지 않았습니다. 온갖 다양한 종류의 교회들이 여러 지역에서 독자적으로 복음을 전파하고 있었습니다. 다양한 종류의 신학이 서로 만나 교류하고 대립하고, 때로는 상대방에게 '이단'의 낙인을 찍기도 했습니다. 이렇듯 다양했던 교회와 신학은 로마제국이 그리스도교를 국교로 삼음으로써 통일되었던 것입니다. 모든 통일 과정에는 힘의 논리가 작용합니다. 교회도 예외는 아니었습니다. 곧 옳기 때문에 살아남고 공인됐던 것이 아니라 힘이 있었기 때문에 살아남고 공인됐던 것입니다.

이러한 시기에 큰 영향력을 발휘하다가 사라져 간 '영지주의 그리스도교' 라는 종파가 있었습니다. 그들은 영지주의에 영향을 받은 그리스도교 종파였습니다. 그들이 남긴 문서들을 보면 그들은 현재의 우리가 믿는 그리스도교와는 다른 종류의 그리스도교를 믿었음을 알 수 있습니다. 결국 나중에는 이단으로 몰려 교회 역사의 무대에서 사라져 갔지만, 그들은 많은 문서를 남겨 놓음으로써 그들이 무엇을 어떻게 믿었는지를 알 수 있게 했습니다.

『다빈치 코드』는 영지주의 문서들에 크게 의존하고 있습니다. 『다빈치 코드』는 영지주의 문서들의 서술을 역사적 사실인 것처럼 다루고 있습니다. 복음서도 역사적 사실을 기록하는 데 목적을 둔 문서가 아니라 신학적 주장을 내세우는 데 일차적인 목적이 있지만, 영지주의 문서들의 역사성은 복음서들의 그것보다도 더 희박합니다. 그런데 『다빈치 코드』는 마치 영지주의 문서들의 서술이 역사적인 사실인 것처럼 이야기를 전개해 나가고 있기 때문에 혼란을 야기했습니다. 하긴 소설을 쓰면서 그것이 허구임을 드러낸다면 소설가는 자기 무덤을 파는 것이나 다름없습니다. 그러니 작가를 탓할 수는 없지요. 잘못은 오히려 교회에 있다고 생각합니다. 왜냐하면 교회가 소설에 모종의 음모가 있다고 주장하기 전에, 자기들과 신학이 다른 분파에게 '이단' 의 낙인을 찍기 전에 교인들에게 초대교회의 다양하고 복잡한 역사를 가르쳐 이해시켰더라면 그깟 소설 한 편에 화들짝 놀랄 필요는 없었다는 생각이 들기 때문입니다.

'역사는 힘 있는 사람의 글' 이라는 말이 있습니다. 역사는 승자의 손에 의해 기록된 승자의 기록입니다. 역사 서술은 제국의 탄생과 더불어 시작되었습니다. 제국을 이룬 힘 있는 사람들은 자기들의 업적을 후대에 전하기 위해 거대한 건축물을 세우고 역사를 썼습니다. 그래서 고대의 역사책은 요즘 역사책과 크게 다릅니다. 고대의 역사책은 신과 왕에 대한 미사여구로 가득찬 찬사가 대부분을 차지합니다. 일어난 사건에 대한 서술은 짧고 간단한데, 그 사건이 어느 신의 도움으로 어느 왕에 의해서 어떻게 기적적으로 일어났는지 장황하게 묘사하는 것이 고대 역사책의 서술 방법입니다.

한편 유목민에게는 역사책이 없다고 합니다. 그들은 역사를 기록하여 후대에 남기지 않았습니다. 칭기즈칸은 단 한 줄의 역사도 남기지 않았습니다. 그와 몽골 유목민에 관한 역사는 모두 남들이 쓴 역사입니다. 그들은 무덤도 남기지 않았습니다. 그들은 칭기즈칸의 무덤조차도 찾지 못하게 감추어 놓았습니다.

북미주 인디언들에게도 몽골 유목민들과 비슷한 성향을 가지고 있었다고 합니다. 그들도 역사를 남기지 않았습니다. 그들은 자기들을 정복한 백인들이 역사를 기록하는 것조차 이해하지 못했다고 합니다. 인디언들은 삶의 중요한 사건들이 그들의 가무의식歌舞儀式 속에 녹아들어 있고, 그들의 기억 속에 기록되어 있다고 믿었습니다. 그래서 글로 남길 이유가 없다고 믿었습니다.

이들이 역사를 쓰지 않았다는 사실은 우리가 '역사'라고 부르는 '관념'이 그들에게는 없었다는 뜻입니다. 우리에게 '역사'라는 관념은 무엇입니까? 우리는 '역사'라고 하면 무엇을 떠올립니까? 역사는 자기들이 이룬 업적이 잊히지 않도록 기록하여 남겨 놓고 후대에 전하려는 목적으로 기록하는 글입니다. 이집트나 중국의 황제들은 죽어서 거대한 무덤이나 썩지 않는 미라mirra로 남고자 했지만, 유목민들은 무덤조차 감추어 두었습니다. 선가禪家의 어떤 승려는 "과거는 지나간 것이니 잡으려고 애쓰지만 않는다면 없는 것"이라고 말했는데, 과연 유목민이나 인디언은 그렇게 생각했던 것 같습니다.

누가 내 어머니요, 형제자매인가?

복음서와 사도행전은 위에서 이야기한 뜻의 역사는 아닙니다. 복음서와 사도행전은 예수와 사도들의 업적을 후대에 전할 목적으로 기록되지 않았기 때문입니다. 영지주의 문서들 역시 '역사'라고 부를 수 없습니다. 그 문서들은 '제국'이 남긴 책이 아닙니다. 그것들은 예수님의 업적을 지워지지 않는 무엇인가로 보존하고 남겨 두려고 기록된 글이 아닙니다. 그것들은 '예수'라는 한 놀라운 분과 강렬하게 부딪쳤고, 진하게 만났던 사람들이 그들의 부딪침과 만남의 경험을 적은 글입니다.

사도행전은 복음을 전하면서 성령과 강렬하게 부딪쳤던 사람들의 부딪침의 경험을 적은 글입니다. 그래서 사도행전을 '성령행전'이라고도 부릅니다. 영지주의 문서들도 마찬가지입니다. 그런데 이것들이 그리스도교가 로마제국의 국교가 된 후 역사가 됐습니다. 그 문서들이 역사로 '만들어졌습니다.' 내용은 바뀌지 않았지만, 의미와 기능이 달라져서 역사가 된 것입니다.

마가복음 3장에서 예수님은 어머니와 형제자매들이 당신을 찾아왔다는 말을 듣고 "누가 부모요 형제자매냐?"라고 물으셨습니다. 그리고 주위에 있는 사람들을 둘러보시고 "하나님의 뜻을 행하는 바로 이 사람들이 내 어머니요 형제자매들이다."라고 말씀하셨습니다.

『다빈치 코드』는 혈통적으로 예수님의 후손을 찾았다고 썼습니다. 소피가 바로 그 예수님의 후손이랍니다. 소피가 '성배'라고 했습니다. 그리고 그것을 '역사'라고 주장합니다. 하지만 저는 예수님의 말씀을 따라서 이렇게 말하고 싶습니다. "하나님의 뜻을 행하는 사람만이 예수님의 어머니요 형제자매다!"라고 말입니다.

이치를 따져서 얻은 지식이 신앙을 만들어내지 못합니다. 신앙을 역사적 사실에 근거 지으려 한다면, 그 근거는 매우 박약할 수밖에 없습니다. 성배가 그저 하나의 잔에 불과하듯이, 성의(예수님이 십자가에 달려 죽으셨을 때 입었던 옷)가 하나의 천 조각에 불과하듯이 예수님의 혈통도, 설령 그것을 추적해 찾아냈다 하더라도 하나의 혈통일 따름입니다. 우리 신앙에서 궁극적으로 중요한 것은 지식이나 역사, 혈통이 아니라 성령의 활동이요 성령의 감화를 받아 하나님의 뜻을 이 땅에서, 그리고 내 삶에서 실천하는 것입니다. 신앙은 이것 외에 다른 것일 수 없습니다!

이런 점들을 다시 한 번 깊이 생각하게 만들어 준 작가에게 고맙다는 말을 전하고 싶습니다. 하지만 그의 역사에 대한 생각, 그리고 아무런 근거 없이 영지주의 문서를 무비판적으로 역사 자료로 사용한 것에 대해서는 유감을 표하지 않을 수 없습니다.

「바람의 화원」

… 요셉과 마리아의 파격

1974년에 세계교회협의회World Council of Churches가 주최한 한 모임에 불교 스님들이 초청되어 연설을 했습니다. 세계 교회의 흐름은 벌써 불교의 스님을 초청해서 이야기를 듣는 수준인데, 우리나라 교회는 아직도 스님에게 십자가 들이대며 '예수 천당, 불신 지옥'을 외치고 있으니 서글픈 마음이 듭니다.

먼저 사람을 바로 잡으라!

그 모임에서 아난다 테라 스님이 이런 이야기를 했습니다. 세계지도를 조각조각 찢어서 한 아이에게 주고 다시 맞춰 보라고 했답니다. 어린 아이에게는 어려운 과제였는데, 우연히 그 아이가 종이 뒷면에 사람 얼굴이 그려져 있는 것을 보았고, 지도를 뒤집어 놓고 그림을 맞췄다고 합니다. 아난다 스님은 이 이야기를 하고 나서 이렇게 말했습니다.

"먼저 사람을 바로 잡아라. 그러면 세상도 바로 잡힐 것이다."

청중들이 감탄하여 우레 같은 박수를 쳤습니다. 그런데 박수소리는 베트남의 틱 낫한 스님이 마이크를 잡자 곧 멈췄습니다. 틱 낫한 스님은 이렇게 말했습니다.

"사람 그림이라고 해서 아무 것이나 맞추면 저절로 세계지도가 되는 것은 아니다. 뒷면에 세계지도가 있는 사람 그림이라야 그것을 맞추면 세계가 맞춰지는 것이다. 세계를 바로 잡으려면 먼저 사람을 바로 잡아야 하는 것은 맞지만, 그 사람은 사회와 역동적 관계에 놓여 있는 사람이지 고립되어 있는 사람은 아니다."

고승高僧들의 말씀이 너무 어려워 마음에 딱 들어오지 않는다면, 이런 이야기는 어떻습니까? 조선 시대의 정조 임금이 김홍도와 신윤복에게 '동제각화同題各畵', 곧 같은 화제畵題로 각자의 그림을 그려오라고 명했습니다. 두 사람은 저자거리로 나가 무엇을 그릴까 고민하다가 선술집에서 낮술을 한 잔 하면서 이야기를 나누었습니다. 먼저 김홍도가 말합니다.

"저 주모 얼굴을 좀 봐라. 밤낮으로 술을 팔아서 얼굴에 피곤이 덕지덕지 붙었지 않느냐? 술장사가 잘 안 되나 보다. 아이고, 저 양반 놈 좀 보게. 대낮부터 불콰하게 취해 가지고 해롱해롱, 아이고 꼴좋다! 저 얼굴 저 표정에 모든 것이 다 들어 있지 않느냐?"

그러자 신윤복이 스승의 말을 받아 이렇게 말했습니다.

"그렇기 때문에 그들이 어디에 있는지를 화폭에 담아야 그들의 마음을 알 수 있는 것 아니겠습니까?"

김홍도는 인물 그 자체만으로도 사람의 성정性情이 다 드러난다고 본 반면에 신윤복은 인물만 가지고는 그 사람을 다 알 수 없고, 그가 놓여 있는 배경을 봐야 그 사람을 알 수 있다고 주장했던 것입니다. 신윤복이 평상 위에 물로 새 그림을 그려놓고 이렇게 말합니다.

"이 새는 이렇게 있으면 그저 새일 뿐입니다. 무엇을 원하는지 이 그림만 봐서는 알 수 없지요. 허나 이렇게 새장을 그려 넣으면 그저 새이기만 했던 이 새가 무엇을 원하는지 그 마음을 알 수 있지 않습니까?"

신윤복을 여자로 그렸다고 해서 문화재위원장까지 나서서 '역사 왜곡'이라고 나무랐던 드라마 「바람의 화원」의 한 장면입니다. 영어로 '팩션faction'은 정당이나 정치단체를 뜻하는 말인데, 우리나라에서는 그 뜻보다는 '사실fact'과 '허구fiction'를 합친 말로 사용되는 모양입니다. '사실에 입각한 허구'를 '픽션'이라고 부른답니다. 영어권에서도 그렇게 쓰이는지는 모르겠습니다.

「바람의 화원」은 그림 이외에는 역사적 기록이 거의 남아 있지 않아서 베일에 싸여 있는 인물 신윤복을 두고 그가 여자일지도 모른다는 가상 하에 쓴 이정명의 동명 소설을 원작으로 하여 만들어진 드라마입니다. 제가 예로 든 에피소드는 배경보다는 인물 그 자체에 더 집중했던 김홍도와 배경을 자세하게 그려 넣음으로써 배경 안에 담겨 있는 인물의 마음을 담아내고자 했던 신윤복의 차이를 잘 보여주고 있습니다.

빈자리를 메우는 상상력

따지고 보면 대부분의 소설은 모두 '팩션'입니다. 어느 정도 사실에 입각하지 않으면 소설이 만들어지지 않으니 말입니다. 말도 안 되는 황당한 공상과학소설조차 짧게는 수 년, 길게는 수십 년이 지나면 현실이 되는 세상입니다.

그럼에도 불구하고 '팩션'이라는 새로운 장르가 만들어진 이유는 역사의 기록에 눈에 띠는 '빈자리'가 있기 때문일 것입니다. 역사가 누락시킨 자리를 작가의 상상력이 추리 형식으로 메웠을 때 '팩션'이 탄생합니다. 「바람의 화원」에서 묘사한 신윤복의 경우가 그렇습니다. 신윤복의 그림은 적지 않게 남아 있지만, 그에 관한 역사 기록으로는 그가 도화서의 화원이었다가 술과 여자, 그리고 '난잡한' 그림 때문에 도화서에서 쫓겨났다는 등의 단편적인 기록 밖에 남아있지 않습니다. 그 빈자리를 작가가 상상력으로 메워 소설이 탄생한 것이지요.

복음서가 전하는 예수님의 생애에도 많은 빈자리들이 있습니다. 공관복음서에 따르면 예수님의 공생애가 3년이었다지만, 복음서는 예수께서 십자가에 달리기 전 마지막 한 주일에 집중되어 있으므로 나머지는 모두 빈자리라고 불러도 되겠습니다. 가장 큰 빈자리는 예수님의 유년 시절입니다. 신약의 네 복음서는 예수님의 유년 시절에 관한 이야기를 거의 전하지 않습니다. 고작해야 예수님 가족이 성전에 올라갔다가 요셉과 마리아가 어린 예수를 잃어버려 하마터면 미아迷兒가 될 뻔 했는데, 다시 성전에 갔더니 예수가 학자들과 토론을 하고 있더라는 누가복음 2장의 이야기가 전부입니다.

이 빈자리를 메우려고 예수의 어린 시절 이야기를 기록으로 남긴 사람들이 있었습니다. 하지만 그들이 남긴 기록은 하나도 성서에 포함되지 않았습니다. 어린 예수가 눈빛만으로 날아가는 새를 떨어뜨렸다는 등 '팩션' 이라고 부르기에도 황당하고 조잡한 내용이었기 때문입니다.

제가 생각해 보려는 것은 요셉의 '빈자리' 입니다. 요셉은 예수님의 아버지이자 마리아의 남편입니다. 물론 성서의 기록에 따르면 요셉은 생물학적으로 예수님과 상관이 없습니다. 마리아가 성령으로 아기 예수를 잉태했으니 말입니다. 그런데 마태복음은 예수님의 족보를 전하면서 "야곱은 마리아의 남편 요셉을 낳았고, 마리아에게서 예수가 나셨는데 이 분을 그리스도라고 부른다(마태 1:16)." 라고 기록함으로써 예수님을 요셉 가문의 족보에 포함시켰습니다. 복음서는 이 족보와 하나의 에피소드를 제외하면 요셉에 대해서 아무 이야기도 남겨 놓지 않았습니다.

마리아에게도 빈자리가 있지만 복음서는 그녀가 관련된 몇 가지 이야기들을 전함으로써 어느 정도는 빈자리를 메우고 있습니다. 그녀의 빈자리는 훗날 가톨릭교회가 많은 이야기들로 메워 주었지만, 요셉의 빈자리는 아무도 메워 주지 않았습니다. 그래서 제가 그 빈자리를 조금이라도 메우고 싶습니다. 이 이야기는 예수의 아버지 요셉에게 헌정하는 이야기라고 하겠습니다.

배경을 조금만 바꾸어 보면

마가복음에는 '요셉'이라는 이름이 한 번도 나오지 않습니다. 마가는 요셉을 몰랐을까요? '그럴 리가 있나?'라고 생각할 수도 있겠지만, 그럴 수도 있습니다. 마가는 예수님의 탄생이나 어린 시절 이야기에 관심이 없어서 아무런 기록도 남기지 않았으니, 그가 요셉을 몰랐거나 알았더라도 기록할 이유를 찾지 못했을 가능성이 큽니다. 마가복음은 세례자 요한과 예수님의 하나님 나라 선포로 시작됩니다.

한편 요한복음은 사람들이 예수님을 가리켜 "이는 요셉의 아들이 아니냐? 우리가 그 부모를 아는데 어찌 하늘에서 내려왔다고 하느냐?(요한 6:42)"라고 말할 때 요셉의 이름을 딱 한 번 언급합니다. 그러나 엄밀히 말하면 이는 요셉에 대한 관심의 표현은 아닙니다. 마태복음과 누가복음의 족보에 요셉의 이름이 언급된 것을 제외하면, 그의 이름은 마태복음 1장 18절 이하에 딱 한 번 나올 뿐입니다. 요셉은 신윤복처럼 '팩션'이 만들어질 조건을 완벽하게 갖추고 있다고 말할 수 있겠습니다.

그렇지만 제가 요셉에 관한 '팩션'을 쓸 자신은 없습니다. 제게는 그런 글을 쓸 만한 작가적 상상력이 없습니다. 다만 저는 팩션을 쓸 사람을 위해 관점 하나를 제공하려고 하는데, '배경을 바꾸어 보는 일'이 바로 그것입니다.

갈릴리에 요셉이라는 청년이 있었습니다. 그는 가난한 목수지만 동네의 예쁜 처녀 마리아와 약혼하였고, 결혼식 날이 오기를 기다리고 있었습니다. 그러던 어느 날, 마리아가 임신했다는 소문이 들려왔습니다. 자기와는 상관없는 마리아의 혼전 임신은 그를 혼란에 빠뜨렸습니다. 자기 약혼녀의 부정을 떠들고 다니고 싶지도 않았지만, 그렇다고 해서 아무 일도 없었다는 듯이 그녀와 결혼하고 싶지도 않았습니다. 곧 동네 사람들이 알아버릴 터이니 말입니다.

그래서 그는 아무 말도 하지 않고 조용히 파혼하기로 했습니다. 이때 천사가 요셉의 꿈에 나타나 두려워하지 말고 마리아를 아내로 맞으라고 말했습니다. 그녀는 부정한 짓을 저질러서 임신한 것이 아니라 성령으로 잉태했고, 태중의 아기는 백성들을 죄에서 구원할 구세주가 되리라는 이야기였습니다.

이 그림에 배경을 넣는다면 그것은 갈등이 엿보이기는 하지만, 대체로 목가적이고 평화스러운 그림이 되겠지요. 요셉이 무릎을 꿇고 천사의 이야기를 듣는 광경을 상상해 볼 수 있겠습니다. 하늘에서는 은은한 빛이 비추고, 흰옷을 입은 날개 달린 천사가 요셉을 안심시키며 말하고 있고, 요셉은 그를 우러러보며 이야기를 듣고 있는 장면 말입니다. 아무 문제도 없어 보이고, 갈등도 없어 보입니다. 이런 배경을 그려 넣으면 누구나 요셉이 했던 대로 할 것 같습니다.

여기서 배경을 바꿔 봅시다. 요셉은 혼전 임신한 부정한 여자를 내치지 않고 받아들였다고 사람들에게 조롱과 손가락질을 당합니다. 심지어 아이들에게도 놀림을 당하고, 돌팔매질까지 당합니다. 그가 겪는 고초는 사람들에게 조롱을 당하는 것에 그치지 않았습니다. 그는 마리아를 받아들임으로써 율법을 어긴 사람이 되고 말았습니다. 부정한 여자와 혼인하는 것은 율법을 위반하는 것이었기 때문입니다. 그는 율법을 어겼다고 해서 집안 대소사에 참여하지도 못했고, 성전 예배에도 참석하지 못합니다.

요셉에 대해 아무런 기록도 남아 있지 않으므로 상상력에 의존할 수밖에 없습니다. 적지 않은 학자들은 당시의 갈릴리 사람들이 반로마 저항운동을 거세게 벌였다는 것에 착안해서 아마 요셉도 저항운동 단체에 가입해서 집을 떠났거나 로마 군대와 싸우다 죽었으리라고 추측합니다. 그런 이유로 복음서에는 요셉에 관한 이야기가 남아 있지 않다는 것이지요. 확고한 증거는 없지만 충분히 있을 수 있는 이야기입니다.

요셉에게 어떤 배경을 그려 넣느냐에 따라서 아주 다른 팩션이 만들어질 수 있습니다. 거기에 천사로부터 이야기를 듣는 장면을 그려 넣느냐, 아니면 사람들의 손가락질을 받고 어린아이들에게까지 조롱을 당하는 그림을 그려 넣느냐, 그것도 아니면 무기를 들고 반로마 저항운동을 벌이는 그림을 그려 넣느냐에 따라서 요셉은 달리 이해될 수 있습니다. 새에 새장을 그려 넣느냐, 흐드러지게 활짝 핀 꽃나무를 그려 넣느냐에 따라 새의 마음이 달리 읽히는 것처럼 말입니다.

저는 배경을 그려 넣어야 새가 원하는 것이 무엇인지 알 수 있다는 신윤복의 말에 공감합니다. 새의 표정만으로는 새가 무엇을 원하는지 아는 데 한계가 있다고 봅니다. 하지만 그 말에 동의하면서도 한 가지 분명히 하고 싶은 점은 새가 새장에 갇혀 있으면 거기서 나와 푸른 하늘을 훨

훨 날아다니고 싶어 할 것이고, 꽃이 흐드러지게 피어 있는 꽃나무 가지에 앉아 있으면 한가하게 꽃을 감상하는 것이겠지만, 그럼에도 불구하고 변하지 않는 사실은 '새는 새이고 싶어 한다'는 사실입니다.

배경을 바꾸어도 바뀌지 않는 것

요셉은 왜 천사의 말에 순종했을까요? 단순히 천사가 한 말이기 때문에 그랬을까요? 천사의 말은 자신에게 엄청난 희생을 요구하는데도 불구하고 단순히 천사의 말이기 때문에 순종할 수 있을까요? 요셉의 배경 그림이 천사의 말을 듣는 것에서 사람들의 손가락질을 받는 것으로 달라지고, 더 나아가서 저항운동을 벌이다가 죽임을 당하는 것으로 변했다고 합시다. 무엇이 요셉으로 하여금 미혼모를 아내로 삼게 했고, 사람들의 조롱을 감수하게 했으며, 저항운동을 벌이게 했습니까? 그것은 사람으로서의 온전한 가치를 인정받고 성취하면서 살고 싶어 하는 그의 열망이었으리라고 저는 생각합니다.

새가 새이고 싶어 하듯이 사람은 사람이고 싶어 합니다. 사람답게 살고 싶어 하고, 사람으로서 가치를 성취하고 싶은 법입니다. 이는 배경 그림이 바뀐다고 해도 달라지지 않습니다. 사람이고 싶어 하는 열망을 가슴에 품고 있는 한 그는 배경 그림이 어떻게 달라진다고 해도 결코 배경에 굴복하지 않을 것입니다. 그래서 제가 만일 요셉에 관한 팩션을 쓴다면 변하는 배경 그림과 더불어 변하지 않는 하나, 사람이고 싶어 하는 그의 열망, 사람답게 존엄하고 자유롭게 살고 싶어 했던 그의 기도를 그려 넣을 것 같네요.

브라질 출신의 소설가 파울로 코엘료Paulo Coelho의 작품 『흐르는 강물처럼』에 이런 이야기가 나옵니다.

강사는 강의를 시작하기 전에 20달러짜리 지폐를 손에 들고 물었습니다. "이 지폐를 갖고 싶은 분 있습니까?" 여러 명이 손드는 것을 보고 강사가 말했습니다. "지폐를 드리기 전에 할 일이 있습니다." 그는 지폐를 꾸깃꾸깃 구겨 뭉치고는 말했습니다. "아직도 이 돈을 갖고 싶은 분이 있습니까?" 사람들이 여전히 손을 들었습니다. "이렇게 해도요?"라고 묻고 강사는 그 구겨진 돈을 벽에 던지고 발로 밟고 거기에 대고 온갖 욕설을 퍼부었습니다. 지폐는 더러워졌고 너덜너덜해졌습니다. 그는 같은 질문을 반복했고, 사람들은 이번에도 손을 들었습니다. 그러자 강사가 말했습니다.

"여러분, 이 장면을 잊지 마십시오. 내가 이 돈에 무슨 짓을 했든 그것은 상관없습니다. 이것은 여전히 20달러짜리 지폐니까요. 우리도 살면서 이처럼 자주 구겨지고 짓밟히고 부당하게 욕을 먹고 억울한 대우를 받습니다. 그러나 이 모든 것에도 불구하고 우리의 가치는 변하지 않습니다."

「마리포사 Lengua De Las Mariposas ; Butterfly Tongues」

··· '현실'이라는 이름으로

1930년대 내전이 일어나기 직전 스페인의 한 시골 학교에 어린 아이들을 가르치기에는 나이가 많은 '돈 그레고리오 Don Gregorio'라는 선생님이 있었습니다. 그는 단 한 번도 큰소리로 아이들을 야단치지 않았습니다. 물론 아이들을 때리는 일도 없었습니다. 그러면서도 그는 아이들에게 문학과 과학을 멋지게 가르쳤습니다. 봄이 되면 아이들을 데리고 들로 나가서 살아 있는 자연을 보여주며 직접 경험할 수 있게 해주는 좋은 선생님이었습니다. 그런데 마을에는 이 선생님이 '좌파'라거나 '공화주의자'라는 소문이 나 있어서 교회 신부를 비롯해서 부자들과 보수적인 사람들은 그를 좋아하지 않았습니다.

「마리포사(La Lengua De Las Mariposas ; Butterfly Tongues), 2000년
감독 | 호세 루이스 쿠에르다
주연 | 페르난도 페르난 고메즈, 마누엘 로자노, 욱시아 블랑코, 곤잘로 M. 어리아트

"프로보시스! 틸로노린코!"

그레고리오 선생님 반에 '몬초Moncho'라는 아이가 있었습니다. 첫날 선생님이 그에게 이름을 묻자 그가 대답하기도 전에 아이들이 그를 '참새'라고 부르며 놀렸습니다. 참새는 몬초의 별명이었습니다. 선생님도 별 생각 없이 그를 '참새'라고 부르자 가뜩이나 긴장했던 몬초는 선채로 오줌을 쌌고, 그 순간 아이들이 놀리자 밖으로 뛰어나갑니다. 온 동네 사람들이 다 동원되어서 몬초를 찾아야 했습니다. 선생님은 몬초의 집을 찾아가 잘못을 인정하고 정중하게 사과했습니다. 몬초의 부모는 선생님

의 진지하고 겸손한 태도에 감동했고, 양복장이인 아버지는 선생님에게 양복 한 벌을 만들어 선물합니다.

선생님은 스펀지가 물을 빨아들이듯 가르치는 모든 것을 잘 깨우치는 몬초가 기특하기만 합니다. 그는 몬초가 궁금하게 생각하는 것들에 대해 아이가 알아들을 수 있도록 명쾌하게 답을 줍니다. 몬초의 아버지는 공화주의자로서 교회와 그리스도교 신앙에 별 관심이 없는 무늬만 신자였지만, 어머니는 보수적이고 진지한 가톨릭 신자였기 때문에 두 사람은 가끔 신앙 문제를 놓고 옥신각신하곤 했습니다. 어린 나이지만 그런 와중에서 신앙 문제로 나름 고민하고 갈등하던 몬초가 하루는 선생님에게 지옥이 있느냐고 묻습니다. 그는 죽은 다음에 가는 지옥은 없고, 남을 미워하고 괴롭히는 마음이 지옥이라고 가르쳐 줍니다.

내전에서 공화파가 패하자 몬초네 마을에 이념 탄압의 광풍이 불어닥쳤습니다. 보수파들이 총을 들고 마을을 휩쓸고 다니면서 평소에 미운털이 박혔던 사람들을 마구 때리고 잡아가면서 마을은 온통 공포 분위기에 빠졌습니다. 몬초의 어머니는 공화파였던 남편을 입단속 시키느라 정신이 없습니다. 그녀는 남편에게 좌파라고 의심받던 돈 그레고리오 선생에게 양복을 선물한 적이 없다고 잡아떼도록 주의시킵니다.

마침내 몬초가 사는 마을에도 한밤에 군인들이 들이닥쳐 공화파 사람들을 모두 체포해 한 집에 가두었습니다. 아침이 되자 마을 사람들은 그 집 앞에 모여 붙잡힌 사람들이 끌려가는 광경을 구경했습니다. 한 사람씩 집에서 나와 트럭에 오를 때마다 사람들은 "빨갱이", "무신론자"라고 욕설을 퍼부었습니다. 몬초의 어머니도 욕을 하면서 남편과 아들에게도 어서 욕을 하라고 옆구리를 찌릅니다. 마음씨 좋은 마을 촌장이 끌려나오고, 몬초의 형을 취직시켜 준 악단의 단장도 끌려 나왔습니다. 몬초의 가장 친한 친구 아버지도 끌려 나왔습니다. 몬초의 아버지는 머뭇거리다가 남의 눈을 의식해서 "빨갱이"라고 그들을 욕했습니다. 처음에는 잘 들리지 않는 작은 목소리였지만, 두려움 때문에 목소리는 점점 커져만 갑니다.

드디어 돈 그레고리오 선생이 문밖으로 나왔습니다. 그는 몬초의 아버지가 만들어 준 양복을 입고 있었습니다. 몬초가 걱정했던 일이 벌어진 것입니다. 잠시 동안 아무도 그를 욕하지 않았습니다. 하지만 그가 몬초 가족 앞을 지나갈 때 몬초의 어머니가 남편을 윽박지릅니다. 아버지는 떠밀려서 "무신론자", "빨갱이"라고 그를 욕했습니다. 하지만 그의 얼굴은 말할 수 없이 일그러져 있었고, 눈물범벅인 채로 울부짖고 있습니다. 어머니는 몬초에게도 어서 욕을 하라고 다그치는데, 이때 놀라운 광경이 벌

어집니다. 몬초는 일곱 살짜리 아이의 얼굴이 어떻게 저럴 수 있나 싶을 정도로 일그러지고 분노에 가득 찬 표정이 되더니 큰 소리로 외칩니다.

"이 빨갱이 무신론자야! 지옥에나 가라!"

그렇게 좋아하던 선생님에게 일곱 살짜리 아이가 이렇게 외쳤습니다.

잡혀 가는 사람들이 다 올라타자 트럭이 서서히 움직이기 시작했습니다. 아이들이 트럭을 따라가며 돌을 던지면서 욕을 퍼부었습니다. 그들 중 많은 아이들이 그레고리오 선생님의 학생입니다. 아이들은 "빨갱이! 무신론자!"를 외치고, 돌멩이를 던지며 트럭을 따라갔습니다. 몬초도 다른 아이들처럼 트럭을 따라가면서 외쳤습니다. 그런데 그의 외침은 다른 아이들의 그것과 달랐습니다.

"프로보시스Proboscis! 틸로노린코Tilonorinco!"

몬초는 이렇게 외쳤습니다. '프로보시스'는 돈 그레고리오 선생이 몬초에게 가르쳐 준 나비의 이름입니다. '틸로노린코' 역시 몬초가 선생님에게서 배운 새의 이름입니다. 이 새는 좋아하는 여자 친구가 생기면 가장 비싼 난초를 선물한다는 새였습니다. 몬초는 선생님의 은근한 부추김을 받아 좋아하는 여자 아이에게 들꽃을 선물한 적이 있었습니다. 모두가 빨갱이요, 무신론자라고 욕할 때 몬초는 선생님에게 배운 나비와 새의 이름을 외쳤던 것입니다. 스페인 영화 「마리포사」는 그렇게 끝납니다.

미래의 행복을 위해 지금 행복을 유보하라고?

부모들 가운데 좋은 부모가 되고 싶지 않은 사람은 아무도 없습니다. 모두들 좋은 부모가 되고 싶어 합니다. 그런데 어떻게 해야 좋은 부모가 되는지 확실하게 알고 있는 부모는 아마 한 사람도 없을 것입니다. 그래서 아이들을 생각하면 마음이 참 복잡해집니다.

우리나라나 미국이나 대학입시 경쟁은 상상을 초월합니다. 미국은 조금 덜 하다지만 미국 역시 만만치 않습니다. 고등학생 자녀를 둔 부모라면 모두가 피부로 느낄 것입니다. 우리나라에서 진보적인 교육운동을 하는 어떤 분에게 한 학부모가 이렇게 물었답니다.

"선생님의 교육관은 존중하지만 학원에 안 보내는 아빠 때문에 아이가 '희생' 되어서는 안 되지 않습니까? 어느 정도는 '현실적' 이어야지요."

이 말을 한 사람도 상당히 진보적인 생각을 가지고 있는 사람이었답니다. 그래서인지 그는 학부모가 말한 '희생' 이란 말과 '현실적' 이란 말이 끝내 마음에 걸리더랍니다. '나는 정말 내 아이를 내 생각과 이념 때문에 희생시키고 있는가?', '나는 정말 비현실적인가?' 라는 물음이 사라지지 않더라는 것이지요.

학부모의 이야기는 아버지의 교육에 대한 생각과 이념 때문에 아이를 학원에도 보내지 않아서 남들보다 뒤처지게 만들고 있으니, 그것은 아이를 '희생' 시키는 것 아니냐는 이야기입니다. 그렇게 해서 아이가 좋은 대학에 가지 못하고, 좋은 직장에 취직하지 못하면 부모가 책임져야 하지 않느냐는 이야기입니다. 아마 이 말에 대해 100% 아니라고 부정할 사람은 없을 것입니다. 한국과 미국을 막론하고 좋은 대학을 나오지 못하면 좋은 직장에 들어가거나 좋은 직업을 갖는 것이 '현실적' 으로 어려우니, 자녀가 좋은 대학을 나와서 좋은 직장에 취직하여 좋은 직업을 갖도록 도와주는 것이 부모의 책임이라면 그는 아버지로서의 책임과 사명을 저버렸다고 해야 할 것입니다. 만약 자녀의 앞날이 그렇게 될 줄 알면서도 아이를 학원에 보내지 않고 방치했다면, 그는 아이를 '희생' 시켰다고 해도 지나친 말이 아닙니다. 대부분이 그렇게 생각할 것입니다.

하지만 이런 교육운동가 같은 사람을 주위에서 거의 찾아볼 수 없습니다. 반대의 경우가 훨씬 더 많습니다. 대부분의 부모들은 아이들을 '방치' 하기는커녕 학원이다 운동이다 특별활동이다 해서 이리저리 실어 나르며 아이들을 들들 볶고 있습니다. 이 모든 일들이 '아이를 위해서!' 라고 말하지만, 솔직하게 속을 들여다보면 부모의 욕심이 자리 잡고 있음을 부인할 수 없습니다. '나는 공부도 못했고 좋은 직업도 갖지 못했으니까 너라도 어떻게……' 라거나 '우리 부모가 나를 지금의 나처럼만 잘 키웠으면 오늘날 이 꼴은 아니었을 텐데……' 라고 한탄하면서 아이를 들들 볶아댑니다. 엄밀히 말하면 이것도 아이를 '희생'시키는 것이지요.

교육운동가가 '이념'이라는 이름으로 아이를 희생시킨다면, 이 경우는 '현실'이라는 이름으로 아이를 부모 욕심의 희생양으로 만드는 것이 아니라고 말할 수 있을까요? 부모가 들들 볶고 다그치다가 잘못되는 아이에 관한 이야기를 간혹 듣습니다. 들들 볶아서 성공하고 출세는 했지만, 나중에 더 심각한 문제를 갖게 되는 경우가 있다는 이야기도 듣습니다. 그러나 대부분의 부모들은 '내 아이만은 그렇게 되지 않을 것'이라는 근거 없는 자신감과 확신을 가지고 있습니다. 이런 확신을 갖는 부모들은 전혀 '현실적'이지 않습니다. 현실에서 엄연히 일어나는 일을 부인하고 있으니까 말이지요.

많은 부모들이 아이에게 이렇게 말합니다. "지금 하고 싶은 일이 많겠지만, 조금만 참고 열심히 공부하면 나중에 훨씬 더 행복해질 수 있어."라고 말입니다. 저는 제 아이에게 그렇게 말하기는 싫고, 어떻게 하면 좀 더 멋있게 말할 수 있는지를 고민하다가 이렇게 말하곤 했습니다.

"지금 열심히 공부하면 나중에 훨씬 더 많은 것들 중에서 네가 하고 싶은 일을 선택할 수 있다. 그러니까 지금은 하고 싶은 일이 있어도 조금만 참고 공부해라."

크게 바뀐 것은 없고 '행복'을 '선택'과 바꿔치기했을 뿐인데, 사실은 그게 그거지요. 이런 말을 했을 때는 아버지 체면을 세우면서 말 잘했다고 생각했지만, 지금은 그런 말을 했었다는 사실이 얼마나 부끄러운지 모르겠습니다.

지금 행복하지 않은 아이가 나중에 어떻게 행복해질 수 있겠습니까? 지금 행복해질 수 있는데, 나중을 위해 유보한다면 나중에는 정말 행복해질 수 있습니까? 지금 행복해지는 법을 못 배운 아이가 무슨 수로 나중에 행복해질 수 있겠습니까? 자라면서 사랑을 해보고 사랑을 받아 본 아이가 커서도 사랑하고 사랑받을 줄 안다는데, '행복' 이라고 예외일 수 있겠습니까?

이상하게도 다른 일에는 이성적인 사람도 자녀 교육만큼은 이성적이지 않은 사람이 많습니다. 다른 일에는 '이상적' 인 사람이 자녀 문제에는 너무 '현실적' 으로 되는 경우도 많습니다. 이성적이거나 이상적인 사람도 자녀 문제만큼은 '현실이 그렇지 않은가……', '현실은 어쩔 수 없지 않는가……' 라고 되뇌면서 이른바 그 '현실' 이라는 것을 그대로 따라간다는 말씀입니다.

'현실' 이란 무슨 현실을 말하는가?

그러면 '현실' 이라는 것은 도대체 무엇입니까? '현실' 을 자주 말하는데, 그 현실이라는 녀석이 도대체 어떤 녀석이냐는 이야기입니다. 솔직히 말해 봅시다. 우리가 흔히 말하는 '현실' 이라는 것, '현실적이 된다' 는 말은 사회의 다수가 하는 것을 그대로 따라가는 것을 가리키지 않습니까? 아무 생각 없이 세상을 좇아가는 것 아니냐는 이야기입니다. 그러니까 현실적이 되는 데는 많은 생각이 필요하지 않습니다. 별 생각 없이 세상이 하는 대로 따라서 하면 되니까 말입니다. 아무 생각도 없거나 아니면 혼자 힘으로는 세상을 바꿀 수 없다는 이유로 문제가 있는 줄 알고, 또한 잘못 가고 있는 줄 알면서도 능동적으로 때로는 수동적으로 세상이 가는 대로 따라가는 것, 그것을 우리는 '현실적'이라고 말합니다.

우리는 모두 충분히 현실적으로 살고 있습니다. 현실을 '거스르는' 경우도 가끔 있지만, 대부분의 경우 우리는 현실을 '따라서' 살고 있습니다. 그러면서도 남들이 너무 현실적으로 살아가는 것을 보면 별로 기분이 좋지 않습니다. 그 '남들'은 내가 너무 현실적으로 산다고 생각할지 모르지만 말입니다.

예수님은 '현실적'이었을까요? 많은 사람들이 예수를 '이상주의자'라고 생각합니다. 이상주의자는 현실을 제대로 모르거나 현실과는 무관한 생각을 하고, 현실과 동떨어진 삶을 사는 사람을 가리킵니다. 예수는 그런 의미에서 이상주의자였습니까? 하기는 "무엇을 먹고 무엇을 마실까 걱정하지 말라……, 아버지께서 다 먹여주신다."라거나 "들에 핀 꽃을 보라. 수고도 하지 않고 길쌈도 하지 않지만 아버지께서 다 입혀 주신다."라고 하신 말씀을 보면 예수는 현실이 얼마나 냉혹한지를 모르는 이상주의자 같기도 합니다.

하지만 만일 예수가 이상주의자였다면 현실적인 권력을 추구하는 가장 현실적인 사람들에 의해 죽임을 당하지 않았을 것입니다. 현실의 권력자는 현실을 모르는 이상주의자 따위는 눈곱만큼도 두려워하지 않습니다. 이상주의자에게는 현실적인 힘이 없기 때문입니다. 만일 예수가 현실적이 아니었더라면, 그리고 권력자들이 예수에게서 현실적인 힘을 보지 않았더라면 그들은 예수를 죽이지 않았을 것입니다. 그들은 예수에게서 그 어떤 현실적인 힘을 보았기 때문에 그를 죽였던 것입니다. 예수를 따라다니던 사람들의 머릿수에 그치지 않는 그 어떤 현실적인 힘을 그분에게서 보았기 때문에 그들은 예수를 죽였습니다.

마가복음 2장에는 침상에 들려 온 중풍병자를 예수께서 고쳐 주신 이야기가 나옵니다. 여기서 우리는 예수가 생각한 '현실'은 어떤 것이었는지를 엿볼 수 있습니다. 병자를 고치면서 예수는 "너는 죄를 용서받았다."라고 말씀했습니다. 그러자 가뜩이나 예수를 미심쩍어 하던 율법학자 몇 사람이 수군거렸습니다.

"이 사람이 하나님을 모독하는구나. 하나님 말고 누가 죄를 용서할 수 있단 말인가?"

이때 예수께서는 이들의 생각을 알아채시고 이렇게 말씀하셨습니다.

"어찌하여 너희들은 악한 생각을 품고 있느냐? '네가 죄를 용서받았다.'라고 말하는 것과 '일어나서 걸어가라.'라고 말하는 것과 어느 편이 더 쉽겠느냐? 이제 사람의 아들이 땅에서 죄를 용서하는 권한이 있음을 보여주겠다."

이렇게 말씀하시고는 중풍병자에게 "일어나 네 침상을 들고 집으로 가라."라고 말씀했습니다. 이 광경을 보고 무리는 두려워하며 "사람에게 이런 권한을 주신 하나님을 찬양하였다."라고 했습니다.

예수에게 쉬운 길은 병자에게 그저 "일어나 네 침상을 들고 집으로 가라."라고 말하는 일이었습니다. 그렇게 했다면 율법학자들을 자극했을 리가 없고, 적어도 이 경우에는 그들이 예수를 적대하지 않았을 지도 모릅니다. 하나님 나라의 복음을 전하는 일이 꼭 누구와 척을 지고, 누구를 적으로 삼아야 하는 일이 아니었다면 가급적 많은 사람을 내편으로 끌어들이고, 적이 될 만한 사람 숫자를 줄이거나 중립적으로 만드는 편이 유리합니다. 하지만 예수께서는 "일어나 네 침상을 들고 집으로 가라."라고 말씀하지 않고, 굳이 "너는 죄를 용서받았다."라고 말함으로써 율법학자들을 적으로 만들었습니다. 쉬운 길을 버리고 어려운 길을 택한 것입니다. 그 까닭은 어려운 길이 '현실적'인 길이었기 때문입니다. 어려운 길이 현실적이라니, 이것은 무슨 뜻일까요?

이런 현실은 어떤가?

중풍병자를 고치는 일도 중요합니다. 병마에 시달리는 사람에게 그보다 더 큰일은 없습니다. 하지만 그 병자 한 사람만 보지 말고 수많은 다른 병자들을 생각하면 이야기는 달라집니다. 예수가 무슨 수로 그 많은 병자들을 다 찾아다니며 고쳐 주시겠습니까? 그렇게 할 수는 없습니다. 게다가 예수가 보기에 중풍이든 다른 어떤 병이든 병자에게는 병 그 자체보다 더 중대한 문제가 있었습니다. 그것은 병에 걸린 것을 죄에 대한 하나님의 징벌이라 믿고, 하나님 외에는 아무도 그를 구원할 수 없다고 믿는 잘못된 믿음이었습니다.

하나님 외에는 아무도 죄를 사할 권한이 없다고 믿는 믿음은 사실 믿음이 아닌 절망이나 마찬가지입니다. 게다가 하나님과 병자(또는 죄인) 사이에는 '종교 전문가'를 자처하는 율법학자들이 있었습니다. 그들은 병이 낫지 않는 한 그 병을 초래한 죄도 용서받지 못한 것이라는 가르침을 고수하고 있었습니다. 병마 못지않게, 아니 오히려 병마보다 더 무겁게 사람들을 짓누르는 현실은 '용서받을 수 없다는 절망감'이었음을 우리는 어렵지 않게 짐작할 수 있습니다. 하나님 전문가를 자처하는 율법학자들이 사람들의 마음속 깊이 심어 놓은 절망감, 이것이 몸의 병 못지않은 아니 그보다 더 중한 병이었던 것입니다. 예수께서는 바로 이 점을 드러내 보였습니다.

"땅에서 죄를 용서하는 권한이 사람의 아들에게 있다!" 여기서 '사람의 아들'은 묵시록적 인자 또는 구세주를 가리키는 말이 아니라 일반적으로 보통 사람을 가리키는 말입니다. 그러므로 '땅에서' 죄를 용서하는 권한은 하나님이 아니라 사람에게 있다고 예수께서 선언하신 셈입니다. '하늘에서' 그 권한이 누구에게 있는지는 말하지 않았지만 하나님께 그 권한이 있음을 전제한 것 같습니다. 하지만 땅에서만큼은 그렇지 않다는 이야기입니다! 땅에서만큼은 죄를 용서하는 권한이 사람에게 있다는 말씀입니다. 그것이 예수가 바라본 '현실'이었습니다. 이것이 예수께서 드러낸 현실, 즉 사람이 마땅히 그 안에서 살아가야 하는 '현실'이었습니다. 이 에피소드는 우리가 이런 현실을 만들어내야 함을 잘 보여줍니다.

영화 「마리포사」의 마지막 장면이 제 기억에 남아 있습니다. 몬초는 몇 분에 불과한 순간에 현실과 이상 사이에서 극심한 갈등을 겪습니다. 마을의 모든 사람들, 어머니는 말할 것도 없고 아버지까지 그레고리오 선생님에게 "빨갱이", "무신론자"라고 욕설을 퍼붓는 '현실'에서 그가 선택할 수 있는 길이 무엇이었을까요? 그 자리에서 "우리 선생님은 빨갱이도 무신론자도 아니야!"라고 외칠 수 있었겠습니까? 그랬으면 좋았겠지만 '현실적'으로 그럴 수는 없었습니다. 이제 겨우 일곱 살짜리 아이가 아닙니까!

결국 몬초가 '현실' 속에서 최대한으로 할 수 있었던 일은 선생님이 가르쳐 준 나비와 새의 이름을 외치는 것이었습니다. 그것은 자기와 선생님만 알아듣는 암호였습니다. 비록 자기가 현실적인 상황 때문에 선생님을 욕하기는 했지만, 마음만은 그렇지 않음을 보여주고 싶은 몸부림이었습니다. 선생님의 가르침을 기억하고 있다는 것을 알려 주려는 우렁찬 외침이었습니다. 영화는 그레고리오 선생님의 얼굴을 비춰 줍니다. 그의 표정은 몬초의 외침을 듣고도 아무 변화가 없습니다. 미소를 보여주지도 않고 슬퍼하지도 않습니다. 그저 무표정하게 바라만 볼 뿐입니다. 저는 이것 또한 '현실'이라는 생각을 했습니다.

영화를 보면서 최근에 읽은 시 한 편이 생각났습니다. 정일근 시인의 「목수의 손」이라는 시입니다.

> 태풍에 무너진 담을 세우러 목수를 불렀다. 나이가 많은 목수였다. 일이 굼떴다. 답답해서 일은 어떻게 하나 지켜보는데, 그는 손으로 오래도록 나무를 쓰다듬고 있었다. 그리고 그 자리에 못 하나를 박았다. 늙은 목수는 자신의 온기가 나무에게 따뜻하게 전해진 다음 그 자리에 차가운 쇠못을 박았다. 그때 목수의 손이 경전처럼 읽혔다. 아하, 그래서 木手구나. 생각해 보니 나사렛의 그 사내도 목수였다. 나무는 가장 편안한 소리로 제 몸에 긴 쇠못을 받아들이고 있었다.

이 목수는 현실주의자입니까, 이상주의자입니까? 그도 나무에 못을 박아야 하는 목수임에 분명합니다. 하루에도 수백 번 못을 박아야 하는 목수입니다. 하지만 목수는 그 일을 하기 전에 먼저 손으로 나무를 정성껏 쓰다듬으며 나무에 자기의 온기를 전합니다. 그렇게 나무를 자기 체온으로 데우고 나서 그는 나무에 차가운 쇠못을 박습니다. 이 목수에게 '현실'은 어떤 것입니까? 시인이 '나사렛의 그 사내'를 언급한 것은 결코 우연이 아니라고 생각합니다. 이들은 모두 '따뜻한 현실주의자'였던 것입니다.

저는 네 가지 현실에 대해 생각해 봤습니다. '어느 정도는 현실을 따라가야지……'라고 말할 때의 현실, 몬초가 "빨갱이", "무신론자"를 외치는 대신 "프로보시스! 틸로노린코!"를 외치며 극복하려 했던 현실, 예수로 하여금 "일어나 걸어가라!"가 아니라 "네 죄를 용서받았다!"라고 선언하게 만든 현실, 그리고 마지막으로 한참동안 나무를 쓰다듬고 나서야 못을 박는 목수의 현실이 그것입니다.

이러한 네 가지 '현실' 중에서 어느 현실을 따라가고, 어떤 현실을 거스를 것인가를 결정하는 일은 전적으로 우리의 몫입니다. 현실에 의해 수동적으로 결정되는 삶을 살 것인지, 아니면 능동적으로 현실을 결정하고 만들어 나가며 살 것인지를 결정하는 것은 우리의 몫입니다.

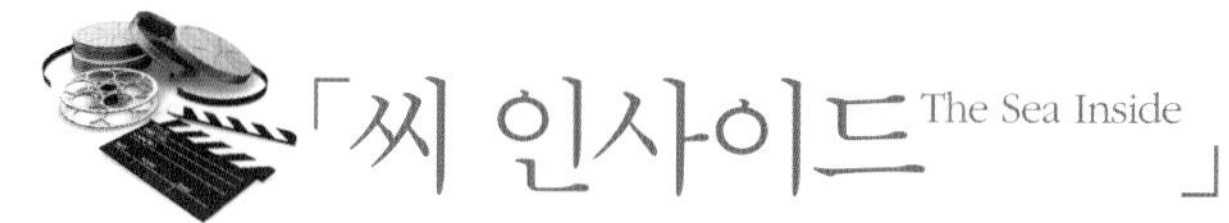

「씨 인사이드 The Sea Inside」

… 존엄하게 죽기

한 여자아이가 울면서 골목에서 뛰어나옵니다. 엄마로 보이는 사람은 무엇 때문에 그렇게 화가 났는지 아이의 손을 거칠게 잡아챕니다. 한 할머니가 덜컹거리는 경운기 뒷자리에 앉아 있습니다. 짚단을 가득 실은 경운기를 모는 사람은 아들 같기도 하고, 지나가다가 힘겹게 걸어가는 할머니에게 친절을 베푼 동네 아저씨 같기도 합니다. 앳된 소년과 소녀가 수풀 속 어딘가로 걸어갑니다. 소녀의 손을 잡고 앞장서서 어색하게 걸어가는 소년의 걸음걸이와 긴장한 얼굴 표정이 숲속으로 들어가 소녀에게 첫 입맞춤을 할 각오라도 단단히 한 것처럼 보입니다.

내게는 당연한 일이 남에게는 꿈같은 일이라면…

도심을 조금 벗어난 시골에서 흔히 볼 수 있는 이 풍경이 라몬 삼페

「씨 인사이드(The Sea Inside), 2004년
감독 | 알레한드로 아메나바르
주연 | 하비에르 바르뎀(라몬 삼페드로), 벨렌 루에다(줄리아)

드로에게는 무척 새롭고 멀리 있습니다. 그는 28년 동안 남의 도움 없이는 1cm도 움직이지 못하고 침대 위에 누워서 생활해 온 전신마비 환자이기 때문입니다. 그는 28년 만에 바깥 세상에 나왔습니다. 판사 앞에서 인간답게, 존엄하게 죽을 권리를 주장하기 위해 법원을 향하고 있습니다.

내게는 너무도 당연한 일이 다른 사람에게는 꿈에서나 할 수 있는 불가능한 일일 수 있습니다. 라몬 삼페드로는 자기 손으로 먹고, 자기 발로 걷지 못하고, 사랑하는 사람의 머리칼을 손가락으로 쓰다듬지도 못합니다. 글을 쓰다가 마음에 안 들면 찢어버리는 일도 그는 할 수 없습니다.

라몬은 젊은 날 얕은 바다에서 다이빙을 하다가 모래바닥에 머리를 부딪쳐 전신이 마비됐습니다. 목 위로만 감각이 살아 있는 그는 보고 듣고 생각하고 말하는 데는 문제가 없지만, 그 외에는 아무 것도 혼자 힘으로 할 수 없습니다.

라몬은 특수 장치를 통해 나무 막대기를 입에 물고 글을 쓰는 것 외에는 조금도 움직이지 못하는 상태로 침대에 누워 28년을 지냈습니다. 젊은 시절 선박 기술자로 세계를 누비고 다녔지만, 지금은 사진 속의 추억으로만 남아 있습니다. 오직 꿈과 환상 속에서만 육체적으로 자유로운 라몬에게 하루하루는 무기력하고 고통스러운 시간이며, 인간으로서의 존엄성을 잃어버린 시간이었습니다. 그래서 그는 존엄하게 죽기를 원하지만, 그것조차 혼자 힘으로 할 수 없습니다. 죽기 위해서도 누군가의 도움을 받아야 합니다.

한 사건에 대해서 자기 이야기만 하기는 어렵지 않습니다. 또 그 사건을 관련된 여러 관계들로부터 떼어내서 이야기하면 옳고 그름을 판단하는 것이 어렵지 않습니다. 하지만 같은 일에 대해서 남의 이야기까지 듣게 되면 판단을 내리기가 쉽지 않습니다. 더욱이 그 사건과 연결되어 있는 수많은 관계들까지 따져보면 옳고 그름을 쉽게 판단할 수 있는 일이 세상에는 많지 않습니다.

라몬의 소원은 단순합니다. 그는 인간답게 존엄하게 죽고 싶을 뿐입니다. 안락사를 원하는 것입니다. 그는 자기 삶이 더 이상 존엄하게 느껴

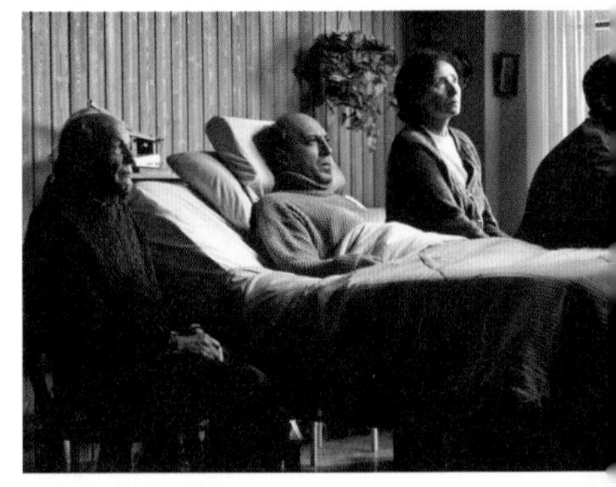

지지 않을 때 스스로 존엄한 죽음을 선택할 수 있어야 한다고 주장합니다. 그는 절망과 공포에 몰려 순간적이고 충동적으로 안락사를 원하는 것도 아니고, 가족들의 무관심과 방치에 절망해서 안락사를 원하는 것도 아닙니다. 그에게는 가끔 정신이 오락가락하지만 진정으로 아들의 행복을 빌어 주는 나이 많은 아버지가 있고, 헌신적으로 자기를 돌봐 주는 형과 형수가 있습니다.

라몬의 형은 꼬장꼬장한 가톨릭 신자여서 자기 집에서 자살 같은 것은 절대로 허락할 수 없다고 강경한 태도를 보입니다. 라몬의 소원에 대해 가타부타 말이 없는 형수는 28년을 하루같이 그를 먹여 주고, 씻어 주고, 욕창이 나지 않게 돌아눕혀 주었습니다. 그에게는 친구들도 있습니다. 안락사를 도와주겠다고는 하지만, 사실은 라몬이 살아주기를 간절히 원하는 친구가 있습니다. 그에게는 사랑하는 여인도 있습니다. 라몬의 존엄한 죽음은 혼자만의 일이 아니라 이들 모두와 관련되어 있습니다.

서로 다른 옷을 입고 있는 사랑

라몬의 안락사와 관련된 법률적 문제들을 해결하기 위해 변호사 훌리아가 그를 찾아옵니다. 그런데 훌리아도 퇴행성 질환을 앓고 있어서

하루가 다르게 몸이 망가지고 있고, 기억도 잃어 갑니다. 그녀는 원치 않는 죽음의 위협 속에서 하루하루를 살아갑니다. 그녀는 라몬과는 달리 죽음을 원치 않고 두려워합니다. 그녀는 죽고 싶어 하는 라몬을 처음에는 이해하지 못했지만, 얼마 지나지 않아 그의 생각을 이해하게 됩니다. 그리고 이해는 공감으로 발전하고, 공감은 사랑으로 발전해 나갑니다. 두 사람은 눈빛과 말로밖에는 사랑을 표현할 수 없지만, 진정으로 서로를 깊이 사랑합니다. 이 사랑은 보는 이를 안타깝게 만들어 눈물짓게 합니다.

한편 라몬에게는 캔 공장에서 일하며 두 아이를 키우는 가난한 싱글맘 로사가 있습니다. 그녀는 어느 날 TV에서 라몬의 이야기를 보고 무작정 그를 찾아왔습니다. 처음에 그녀는 라몬을 설득해서 죽기를 포기시키려 하지만, 만남이 지속될수록 그를 통해 비참하고 미래가 없는 삶을 살고 있던 자신이 삶의 의욕을 찾아가고 있음을 깨닫고 라몬에게 사랑을 느낍니다.

이들의 사랑은 각각 다른 옷을 입고 있습니다. 라몬에게 사랑은 형사

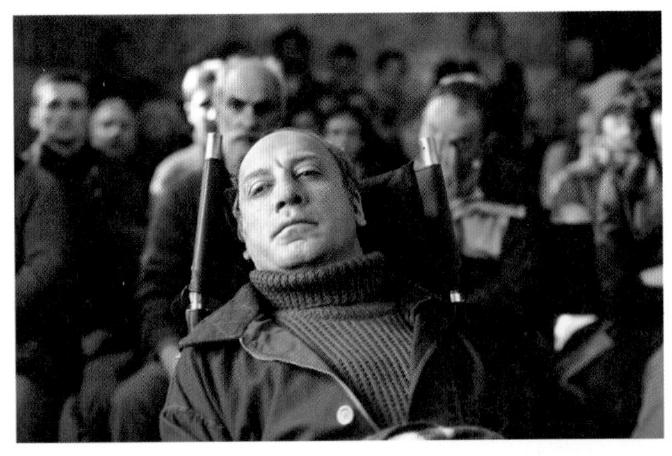

상의 책임을 감수하고라도 자신의 죽음을 도와주는 것을 의미합니다. 라몬의 가족에게 사랑은 끝까지 그를 책임지고 돌봐 주는 것입니다. 훌리아의 라몬에 대한 사랑은 그가 쓴 아름다운 글들을 책으로 출판해서 그가 얼마나 간절하게 죽음을 원하는지를 세상에 알리고, 그것을 통해서 법원을 설득하는 일입니다. 로사는 라몬의 삶에 대한 의지를 회복하도록 돕는 것이 사랑이라고 생각했지만, 점차 그를 진정으로 사랑하는 길은 그가 원하는 것을 해주는 것임을 깨닫습니다.

라몬은 28년 만에 세상에 나와 법정에 갔지만, 한 마디 말도 해보지 못합니다. 존엄하게 죽겠다는 그의 권리 주장은 법원에 의해 기각당합니다. 그는 결국 로사가 준비해 준 약을 먹고 죽습니다. 친구가 이 소식을 훌리아에게 전했을 때 그녀는 그에게 되묻습니다. "라몬? 라몬이 누구죠?" 훌리아의 병이 그동안 더 깊어져서 그녀는 라몬을 기억하지 못합니다. 이 장면을 마지막으로 영화는 끝납니다.

죽는 모습을 보면 살아온 모습이 보인다

10여 년 전 스페인 사회에 안락사 논쟁을 불러일으켰던 사건을 바탕으로 알레한드로 아메나바르Alejandro Amenabar 감독이 만든 영화 「씨 인사이드」의 스토리입니다. 인간에게는 자신의 삶을 선택할 권리만큼이나 자신이 원하는 죽음을 선택할 권리도 중요하다는 매우 무거운 주제를 이렇게 아름답고 우아하게, 이렇게 유머러스하게 만들 수 있을까 싶어 감탄이 절로 나오는 걸작입니다. 더욱이 감독이 이 영화를 만들었을 때의 나이가 서른두 살이었답니다! 이 사실을 알고 '나는 서른두 살에 무엇을 했나……' 하는 생각이 들어서 부끄러웠습니다.

오래 전 신참 목사 시절 서울의 한 대학병원 원목으로 일하던 선배 목사님에게 "사람이 죽는 모습을 보면 그 사람이 살아온 삶이 보인다."라는 말을 들은 적이 있습니다. 솔직히 그때는 이 말이 무슨 뜻인지 몰랐는데, 이제 조금은 이해할 것도 같습니다. 존엄하게 잘 죽는 것은 존엄하게 잘 사는 것과 뗄 수 없는 관계로 연결되어 있습니다. 존엄하게 잘 살아야 존엄하게 잘 죽을 수 있습니다.

어떻게 사는 것이 존엄하게 잘 사는 삶일까요? 하고 싶은 일을 마음대로 하면서 제멋대로 사는 것이 존엄하게 잘 사는 것일까요? 권력과 돈으로 남을 내 마음대로 부리면서 쾌감을 느끼며 사는 삶이 잘 사는 삶일까요?

구약성서는 어떻게 사는 것이 존엄하게 잘 사는 삶인가에 대해 현대인이 납득하고 공감할 만한 답을 주지 않는 것 같습니다. 구약성서는 하나님의 명령에 순종한 사람들을 높이고 기리기는 하지만, 복잡다단한 21세기를 살아가는 우리들에게 공감을 주는 면은 아무래도 약합니다. 하지만 '바로 이거다!'라는 답은 없지만 '이것은 아니다!'라고 말하는 대목이 있다는 점에서 구약성서가 우리 질문에 대해 침묵하는 것만도 아닙니다. 전도서가 바로 '이것은 아니다!'를 말하는 책입니다. 전도서는 하고 싶은 일을 마음대로 하고, 권력과 돈으로 남을 내 마음대로 부리며 살았던 사람(솔로몬)이 그 모든 것이 헛되다고 결론을 내렸으니 그런 삶이 전도서, 아니 구약성경이 생각하는 존엄한 삶이 아님에 분명합니다.

한편 존엄하게 잘 죽는 일에 대해서도 구약성서에서 특별한 이야기를 찾기 어렵습니다. 창세기 49장에 나오는 야곱의 죽음처럼 자녀들을 축복하는 유언을 남기고, 가족들에 둘러싸여 평안히 죽어 가는 것 정도가 구약성경이 생각하는 잘 죽는 것이라 하겠습니다.

반면에 신약성서는 존엄하게 잘 살고 잘 죽는 것에 대해서 많은 이야기를 합니다. 베드로를 비롯한 열두 제자들의 삶과 죽음, 그리고 바울의 삶과 죽음은 그중에서 대표적인 예라 하겠습니다. 전해지는 바에 따르면, 베드로는 박해를 피해 로마를 떠나 피신하다가 예수를 만나 "주여,

어디로 가십니까?(Quo Vadis, Domine?)"를 외친 후 다시 로마로 돌아가 십자가에 거꾸로 못 박혀 죽었습니다.

바울은 "나의 간절한 기대와 희망은 내가 무슨 일에나 부끄러움을 당하지 않고 늘 그러했듯이 지금도 큰 용기를 가지고 살든지 죽든지 나의 삶을 통해서 그리스도의 영광이 드러나는 것입니다. 나에게는 그리스도가 전부입니다. 그래서 죽는 것도 나에게는 이득이 됩니다(빌립보 1:20-21)."라는 목표를 가지고 살다 죽었습니다.

이것뿐만이 아닙니다. 예수를 배반한 가롯 유다의 죽음도 우리에게 많은 것을 이야기합니다. 그의 삶과 죽음을 어떻게 말해야 할까요? 오늘날 많은 그리스도인들은 그를 '일고의 가치도 없는 배신자'로 낙인찍습니다. 그러나 실제로 유다와 함께 숨 쉬고 살았던 초대교회 신자들의 생각은 그렇지 않았던 모양입니다. 물론 그들 중에는 오늘날의 그리스도인들처럼 그를 배신자로 낙인찍은 사람들도 있었지만, 달리 본 사람들도 있었습니다. 이들은 유다가 한 짓을 잘 했다고는 보지 않았지만, 그를 한마디로 배신자로 낙인찍지 못하게 만드는 그 무엇인가를 유다에게서 보았습니다. 그들에게 유다는 '목에 걸려 넘어가지 않는 가시' 같은 존재였습니다. 그를 제대로 이해할 수 없었기에 받아들일 수도 없었고, 내칠 수도 없었습니다. 네 복음서 중에 유다의 죽음을 전하는 복음서는 마태복음 밖에 없습니다. 그 외에 사도행전이 있는데, 사도행전은 유다를 대신해서 열두 번째 사도로 맛디아를 뽑을 때 마태의 이야기를 그대로 받아 그의 죽음을 짤막하게 언급하는 정도로 그칩니다.

여기서 유다의 배신과 죽음에 대해서 가급적 말하려 하지 않는 분위기가 초대교회에 있었음이 느껴집니다. 게다가 신약성경에는 '당연히' 포함되지 않았지만, 그의 이름이 붙어 있는 「유다복음서」라는 복음서도 있습니다. 이 사실은 유다와 그가 한 일을 긍정적으로 이해하고 인정하는 흐름이 초대교회에 있었음을 보여줍니다. 그런 의미에서 그의 죽음에 대해서도 생각해 볼 여지가 있습니다.

존엄하게 죽기

젊은 사람이나 늙은 사람이나 죽음에 대해서 이야기하기를 싫어합니다. 늙은 사람은 죽음이 가까이 왔다고 느끼기 때문에 그렇고, 젊은 사람은 그것이 언제 닥쳐올지 모르는 불안감 때문에 그렇겠지요. 사람들이 제발 걸리지 말았으면 하고 바라는 질병 중에 중풍과 치매는 늘 선두를 다툰다고 합니다. 더 아프고 더 고통스러운 심각한 질병들이 수두룩하지만, 중풍과 치매가 그토록 두려운 이유는 그것들은 '내가 나를 통제할 수 없는' 질병이기 때문이랍니다. 공감이 가는 이야기입니다.

'죽음이란 내가 통제할 수 없는 것인가?'라는 질문을 던져 봅니다. 반드시 그렇지는 않다고 생각합니다. 왜냐하면 죽음이란 내가 전혀 모르는 어떤 것, 또는 한 번도 생각해 보지 않았던 어떤 것이 아니기 때문입니다. 죽음은 전혀 모르다가 느닷없이 닥치는 것이 아닙니다. 사람은 죽음이 무엇인지 알고 있고, 그것이 결국 내게 오리라는 사실도 알고 있습니다.

1994년 1월에 미국 로스앤젤레스 인근의 노스리지에 큰 지진이 일어났습니다. 그 당시는 미국에 온지 3개월 밖에 안 됐기 때문에 저는 그것이 지진인지도 몰랐습니다. 멀지 않은 곳에서 폭탄이 터졌다고 생각하고, '역시 미국은 위험한 나라야. 너도나도 총을 들고 다닌다더니 총뿐만 아니라 폭탄도 자유롭게 사용하는 모양이군!' 하고 생각했습니다. 그때까지 큰 지진을 한 번도 경험해 보지 못했기 때문에 막상 지진이 왔는데도 그것이 지진인 줄 몰랐던 것이지요. 물론 지금은 웬만한 지진에는 눈도 깜짝하지 않지만 그때는 그랬습니다.

남가주에 사는 사람들은 언젠가 큰 지진이 올 줄 알고 있습니다. 소위 '빅원(대지진)'이 올 가능성은 95%가 넘는다고 해서 사람들은 이런저런 방법으로 지진에 대비하여 준비하고 있습니다. 물론 사전에 준비한다고 해서 올 지진이 안 오지는 않겠지만, 준비가 되어 있으면 아무래도 덜 놀라고 더 침착하게 처신하겠지요.

죽음은 지진과 비슷하다는 생각이 듭니다. 지진처럼 죽음도 우리가 모르는 것이 아닙니다. 지진에 대비한다고 해도 언젠가는 지진이 오는 것처럼, 죽음을 미리 준비한다고 해도 죽음은 옵니다. 하지만 미리 준비가 되어 있으면 아무래도 덜 당황하고, 더 침착하게 죽음을 맞이할 수 있겠지요. '빅원'이 올 가능성이 95%가 넘는다고 하는데, 죽음이 올 가능성은 100%입니다.

존엄하게 잘 사는 삶이 무엇일까요? 개인마다 큰 차이가 있기 때문에 한 마디로 말하기는 어렵습니다. 한 사람에게 존엄한 삶이 다른 사람에게는 그렇지 않을 수도 있습니다. 그래도 보편적으로 말해 보면, 존엄하게 잘 사는 삶은 내가 생각하는 대로 사는 삶, 더 정확하게는 내가 그렇게 살아야 한다고 생각하는 대로 사는 것이라고 말할 수 있겠습니다.

사람마다 누구나 자기가 바람직하다고 생각하는 삶의 모습이 있습니다. 양심이 '너는 이렇게 살아야 해!'라고 명령하는 삶의 모습이 있습니다. 물론 이 명령 그대로 사는 사람은 별로 없지만, 반대로 이 명령을 완전히 무시하고 사는 사람도 별로 없습니다. 한 사람의 삶의 존엄성은 양심의 명령과 실제 삶의 간격이 결정한다고 말할 수 있지 않을까 생각합니다. 둘 사이의 간격이 넓지 않은 사람은 존엄하게 잘 사는 사람이고, 넓은 사람은 그렇지 않은 사람입니다.

존엄한 죽음도 이와 비슷합니다. 존엄하게 잘 죽는 사람은 자기가 생각하는 대로 죽는 사람입니다. 모름지기 그렇게 죽어야 한다고 생각한 대로 죽는 사람은 존엄하게 잘 죽은 사람일 것입니다.

숨을 거두는 마지막 모습은 그리 중요하지 않다고 봅니다. 사고로 죽든 병으로 죽든 아니면 늙어서 죽든 겉으로 나타나는 모습이 그 사람이 맞이한 죽음의 존엄성을 결정하지는 않습니다. 타살이냐 자살이냐 여부도 죽음의 존엄성을 결정하는 결정적인 요소는 될 수 없습니다. 존엄하게 죽기를 원하는 라몬의 죽음이 그것을 잘 보여줍니다. 결국 존엄한 죽음의 결정적인 요소는 그 사람이 어떻게 존엄하게 잘 살았는가에 달려 있습니다. 존엄하게 잘 산 사람은 존엄하게 잘 죽게 되어 있다고 말해도 틀리지 않다고 생각합니다.

사람은 젊든 늙었든 죽음을 향해 가고 있습니다. 결국은 맞이할 죽음이라면 존엄하게 죽고 싶습니다. 그러기 위해서 우리는 존엄하게 살아야 하겠습니다. 양심의 목소리라고 부르든 하나님의 음성이라고 부르든 우리 영혼의 가장 깊은 곳에서 울려 나오는 목소리에 귀 기울이고, 거기에 맞추어 존엄한 삶을 살았으면 좋겠습니다. 그러면 존엄하게 죽을 수 있겠지요.

「굿'바이 Good & Bye」

… 누군가는 해야 할 일

저는 서울의 대형 종합병원에서 원목으로 일하다 은퇴하신 세 분의 목사님을 알고 있습니다. 그분들은 짧으면 20년, 길면 40년 가까이 원목으로 일하셨습니다. 병원은 병을 고쳐 주는 곳이기도 하지만 사람이 죽어 나가는 곳이기도 합니다. 병을 고쳐 건강한 몸으로 병원 문을 나서는 사람도 많지만, 죽어서 시신이 되어 영안실로 옮겨지는 숫자도 상당히 많을 것입니다. 그러니 그분들이 평생 원목으로 일하면서 목격한 죽음이 얼마나 많겠습니까. 그분들은 모두 하나같이 이렇게 말씀했습니다.

"사람이 죽는 모습이 얼마나 다양한 줄 아나? 자네가 생각하는 것보다 훨씬 다양하다네. 그리고 한 사람이 죽어가는 모습을 보면 그가 어떤 삶을 살아왔는지 짐작할 수 있지."

또한 세 분 모두 이구동성으로 은퇴하면 당신이 목격한 죽어가는 사람들의 다양한 모습에 대해 책을 쓰겠다고 했는데, 제가 알기로는 아직 책을 쓰신 분은 한 분도 없습니다. 죽어가는 사람의 모습에 대해 글을 쓰는 일이 그리 쉽지 않으리라는 짐작은 합니다.

생의 마지막 시간을 어떻게 보낼까?

저는 원목이 할 일은 죽어가는 사람을 기적적으로 살려내는 일이라기보다는 죽음을 맞이한 사람과 그의 가족에게 신앙을 통해서 죽음이란 현실을 있는 그대로 받아들이고 생을 잘 마무리하도록 도와주는 일이라고 생각합니다. 죽음을 앞둔 사람이 갖기 쉬운 아쉬움과 집착, 그리고 죄책감과 허무함을 깨끗이 털어버리고 이생의 모든 것을 놓을 수 있게 돕는 일, 이것이 원목이 할 일이란 말씀입니다.

또한 원목은 사랑하는 사람을 보낸 후 남은 가족들이 떠나간 사람과 영적인 교류를 계속하면서 평화롭게 살 수 있도록 도울 수 있습니다. 그래서 저는 병원에는 원목이 꼭 필요하다고 생각합니다. 물론 병원이 한 종교만 고집하지 말고 다양한 종교의 성직자들이 같이 일하도록 한다는 전제를 가지고 하는 이야기입니다. 이 일은 누군가는 꼭 해야 하는 일입니다.

이별을 도와주는 사람

누군가는 꼭 해야 할 일에 대해 말하려니까 떠오르는 영화가 한 편

「굿' 바이」(Good & Bye), 2008년
감독 | 다키타 요지로
주연 | 모토키 마사히로(다이고), 히로스에 료코(미카)

있습니다. 2009년에 아카데미 외국어영화상을 수상한 「굿' 바이」(일본판 제목은 「おくりびと(떠나는 사람)」, 미국판 제목은 「Departures(떠남)」)라는 일본 영화입니다. 이 영화는 독일, 프랑스, 이스라엘 등의 쟁쟁한 영화들을 물리치고 수상작에 선정되는 영광을 안았습니다.

도쿄의 한 오케스트라에서 첼로를 연주하던 다이고Daigo는 재정난으로 오케스트라가 해산되는 바람에 하루아침에 실업자가 됩니다. 음악적 재능이 그리 뛰어나지 않았던 그는 첼리스트로 오케스트라에 재취업하

기를 포기하고 아내와 함께 고향집으로 내려갔습니다. 돌아가신 어머니가 남겨 놓은 집에서 살기로 한 것입니다.

막상 고향에 내려왔지만, 그곳에서도 취업은 만만치 않습니다. 하루는 다이고가 신문의 구인광고를 보다가 '떠남을 도와줄 사람assisting departures'을 구한다는 광고를 보고 그 회사 사무실을 찾아갑니다. 여행 가이드를 구하는 줄 알고 갔는데, 막상 가서 보니 광고에 오자誤字가 나서 '떠남을 도와줄 사람'이 아니라 '이별을 도와줄 사람assisting departed'을 구하는 광고였습니다. 제가 일본어를 몰라서 일본어로 어떻게 오자가 났는지는 모르겠지만, 어쨌든 그 회사는 사람이 죽으면 시신을 관에 넣기 전에 깨끗이 씻은 후 화장하고, 옷을 입혀 주는 일을 맡아서 하는 회사였고, 광고는 염습사를 구하는 광고였습니다.

일본 사회도 한국 사회와 마찬가지로 시신 만지는 일을 천시하는 경향이 있어서 사람들은 염습사 일을 기피한다고 합니다. 다이고도 이 일을 하지 않으려 했지만, 사장이 높은 보수를 약속하면서 일단 며칠 동안 일해 보고 나서 결정해도 된다고 제안하는 바람에 일단 일을 하기로 합니다. 아내에게는 결혼식 같은 행사를 기획하고 대행해 주는 이벤트 회사에 취직했다고 거짓말을 했습니다.

다이고가 처음으로 한 일은 회사의 광고 DVD에 시신으로 출연하는 일이었습니다. 그는 그 일이 하기 싫었지만 어쩔 수 없었습니다. 며칠 동안 사장이 일하는 걸 옆에서 지켜보기만 했던 다이고가 처음으로 일을 맡아 혼자 처리한 시신은 죽은 지 2주가 지나서 발견되어 시신이 많이 부패한 상태의 독거노인이었습니다. 그런데 이상하게도 다이고는 일을 하면 할수록 염습사 일이 의미 있는 일이라는 생각을 하게 되었습니다. 영화는 다이고가 이 일에 애정을 갖기까지 다양한 죽음의 모습들을 보여줍니다. 사랑하는 사람을 잃은 가족과 친지들이 슬퍼하는 가운데 다이고는 그 사랑하는 사람의 시신을 정성껏 씻고, 최고의 예의를 갖추어 옷을 입히고 화장을 해줍니다. 그러는 동안 가족들은 그와 이별하는 시간을 갖습니다. 가족들은 고인에게 말을 걸기도 하고, 쓴 글을 읽어 주기도 합니다. 어떤 가족들은 예쁘게 화장을 마친 할머니의 이마와 볼에 입을 맞추기도 합니

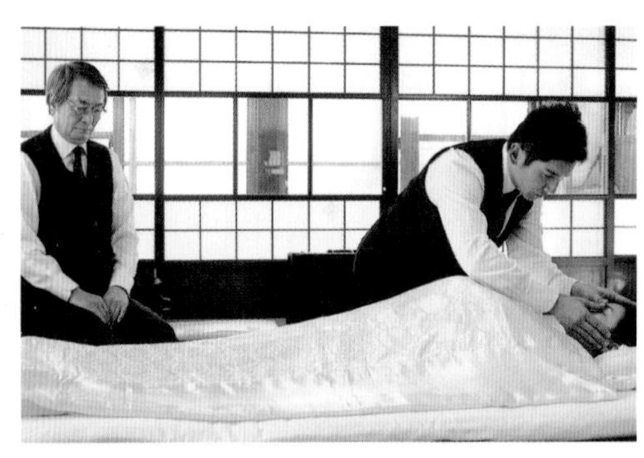

다. 가족들은 다이고가 정성껏 일을 마치면 그렇게 고마워할 수가 없습니다. 그래서 그는 점점 더 염습사 일에 의미를 부여하게 되었고, 자신의 일을 좋아하게 되었습니다.

하지만 일이 이렇게 순탄하게만 흘러간다면 영화가 안 되겠지요. 그는 곧 주위 사람들에게 손가락질을 당합니다. 염습사의 일을 천시하는 사회였기 때문입니다. 길에서 만난 다이고의 친구는 그를 외면하면서 그런 일을 그만두고 '번듯한 직업'을 가지라고 충고합니다.

그러던 어느 날 아내 미카가 TV를 보다가 남편이 시신으로 출연한 광고를 봅니다. 그녀는 기겁을 하고 놀라서 그 일을 그만두지 않으면 다이고의 곁을 떠나겠다고 선언합니다. 하지만 그때는 이미 다이고가 염습사 일에 애정을 가지고 열심히 일하고 있었기 때문에, 그는 그만둘 수 없다고 말합니다. 이에 미카는 자기를 붙잡으려는 남편의 손을 뿌리치면서 "더러운 손으로 날 붙잡지 마!"라고 말하고는 친정으로 떠납니다.

가족 중에 누군가가 죽으면 평소에 사이가 좋고 가까이 지내던 가족들뿐만 아니라 사이가 나빠서 얼굴도 보지 않던 가족들까지 한 자리에 모이게 마련입니다. 그러다 보면 당연히 좋지 않은 일도 벌어지고, 심지어 싸움이 일어나기도 합니다. 염습사는 일을 하면서 그런 모습들을 모두 보게 되어 있습니다. 다이고도 일을 하면서 다양한 사람들의 모습을 봅니다. 그러면서 인생을 배워 간다고 할까요?

30년 만에 이루어진 화해

그러던 어느 날, 아내가 기별도 없이 돌아왔습니다. 아이를 가졌다는 반가운 소식과 함께 말입니다. 그녀는 태어날 아기를 위해서라도 그 일을 그만두라고 남편에게 다시 한 번 간청하는데, 그 순간 전화벨이 울립니다. 길에서 다이고에게 핀잔을 주며 '번듯한 일'을 찾으라고 말했던 친구의 어머니이면서 오랫동안 동네 공중목욕탕을 운영해 온 할머니가 돌아가셨다는 소식이었습니다.

이 할머니는 다이고는 물론이고 미카도 아는 사람이었습니다. 다이고는 아내와 함께 할머니 집으로 갑니다. 가 보니 친구가 그를 기다리고 있었습니다. 다이고는 친구의 가족과 아내가 보는 앞에서 정성껏 할머니의 시신을 씻고 화장한 후 옷을 입혀 입관했습니다. 그런 모습은 엄숙함을 넘어서 거룩해 보이기까지 합니다. 이를 본 가족들은 물론이고, 미카까지도 다이고가 하는 일에 대해 다시 생각하게 됩니다.

마지막 에피소드는 역시 가족과 관련된 이야기입니다. 다이고의 아버지는 그가 어렸을 때 가족을 버리고 떠난 후 30년 동안 아무 연락도 없었습니다. 그런데 어느 날 아버지가 별세했다는 전보가 날아왔습니다. 너무 어렸을 때 집을 떠나서 다이고는 얼굴조차 기억하지 못하는 아버지를 내내 원망하며 살아왔습니다. 그는 아버지에게 가지 않으려고 했지만, 그러면 나중에 후회할 것이라는 직장 동료의 말을 듣고 아내와 함께 아버지에게로 갑니다.

칠십 평생을 살아온 아버지가 이 세상에 남겨 놓은 것은 작은 상자 하나뿐이었습니다. 다이고는 아버지의 시신을 염하러 온 염습사들이 서툰데다 무례하게 시신을 마구 다루는 것을 보고는 화가 나서 그들을 쫓아내고 자신이 직접 아버지 시신을 염습합니다. 염습하다가 아버지의 손을 펴는 순간 손에서 작은 조약돌 하나가 떨어졌습니다. 그 돌은 다이고가 어렸을 때 아버지에게 보낸 조약돌 편지였습니다. 아버지는 죽는 순간까지 아들에게 받은 조약돌을 손에 꼭 쥐고 있었던 것입니다. 그때서야 다이고는 아버지를 생각하고 울음을 터뜨립니다. 영화는 장례식을 마친 후 다이고가 조약돌을 아내 미카의 임신한 배에 갖다 대는 것으로 조용히 끝납니다.

누군가 해야 할 일이라면

글의 제목이 '누군가는 해야 할 일'입니다. 세상에는 누군가 반드시 해야 할 일들이 있습니다. 그 일들은 그 일을 하는 사람이 누가 됐든 반드시 해야 합니다. 지금 우리는 누군가는 해야 할 일들 중에서 특별히 죽음과 관련되어 있는 일들에 대해서 이야기하고 있습니다.

병원에서 죽어가는 사람과 그의 가족들을 돌보는 원목의 일은 누군가가 반드시 해야 하는 일입니다. 사람이 한평생 살아가는 모든 시간들이 귀중하지만 죽음이 임박한 시간, 죽음을 눈앞에 둔 마지막 시간이 그 어느 시간보다 더 귀중하다는 사실은 누구나 인정할 것입니다. 마지막 시간에 길든 짧든 살아온 인생을 마무리하고 나누어 온 사랑을 정리하며, 나아가서 죽음 너머를 바라보고 희망하도록 돕는 일은 누군가는 반드시 해야 하는 일입니다. 그런 뜻에서 목사님이든 신부님이든 스님이든 병원의 성직자들이 하는 일은 참으로 의미 있는 일이 아닐 수 없습니다.

그 다음에 누군가가 반드시 해야 하는 일은 염습입니다. 죽은 이의 시신을 깨끗이 닦고, 옷을 입히고, 예쁘게 화장을 해서 입관하는 일도 누군가는 반드시 해야 할 일입니다. 이 일은 결코 천시할 일이 아닙니다. 요한복음 19장에도 예수님을 염습하는 이야기가 적혀 있습니다. 부자였던 아리마대 사람 요셉은 빌라도의 허락을 받아 숨을 거둔 예수님을 십자가에서 내려 시신을 찾아왔습니다. 그리고 과거 한밤중에 예수님을 찾아왔다가 예수께서 거듭 나지 않으면 하나님 나라를 볼 수 없다고 말씀하시자 "어떻게 사람이 어머니 뱃속에 들어갔다가 다시 태어날 수 있겠습니까?"라고 물었던 니고데모가 침향을 섞은 몰약 1백 근을 가져왔다고 했습니다. 이 두 사람이 유대인의 장례 풍속에 따라 예수의 시신에 향료를 바르고, 고운 베로 감아 아직 장사지낸 적이 없는 새 무덤에 예수의 시신을 안치했다고 했습니다. 두 사람이 예수님의 시신을 염습한 다음에 무덤에 모셨다는 이야기입니다.

영화를 보니까 염습사가 하는 일은 시신을 닦고 입히고 화장하는 데 그치지 않았습니다. 사실 그는 눈에 보이는 시신만 어루만지는 것이 아니었습니다. 제 눈에는 그가 고인의 영혼을 어루만지는 것으로 보였습니다. 게다가 그는 고인뿐만 아니라 가족을 비롯해서 모여 있는 모든 사람들의 영혼까지 어루만지고 있었습니다. 그가 하는 일은 사실 '떠나보내는 일'이 아니었습니다. 그가 하는 일은 '이어주는 일'이었습니다. 그가 하는 일은 떠난 사람과 살아남은 사람들을 이어주는 일이었고, 나아가서 떨어져 지내던 가족들까지도 이어주는 일을 하고 있었습니다. 시신은 더 이상 시신이 아니었습니다. 시신은 염습사가 닦아 주고 입혀 주고, 예쁘게 화장해 주니 더 이상 시신이 아니었습니다. 그는 새로운 생명을 부여받은 사람처럼 보였습니다. 이런 일은 누군가가 반드시 해야 하는 일이었습니다.

기독교인들이 부활을 믿는다면서 죽음에 대해서 너무 생각 없이 말하고 대하는 것 같아 마음이 아픕니다. 육신의 죽음은 자연스러운 현상입니다. 그것은 죄의 결과도 아닙니다. 성경이 죄로 인해 세상에 들어왔다고 말하는 죽음은 자연적인 육신의 죽음을 가리키는 말이 아닙니다. 그것은 영적인 죽음을 가리키는 말입니다. 육신의 죽음은 자연스러운 일이지만, 영적인 죽음은 그렇지 않습니다. 육신의 죽음을 축복이라고 말할 수는 없지만, 그렇다고 해서 형벌도 아닙니다.

육신의 죽음을 하찮게 여겨서는 안 됩니다. 육신의 죽음은 분명 끝은 아니지만, 그렇다고 해서 하찮게 넘어갈 일도 아닙니다. 육신의 삶에만 집착해서 그것을 피하거나 늦추기 위해 써서는 안 될 방법까지 동원하는 모습은 보기에 좋지 않지만, 그렇다고 해서 '난 어차피 부활할 텐데 아무렇게나 죽으면 어때!'라고 생각하여 죽음을 가볍게 여기는 태도 또한 옳지 않습니다.

죽음을 소중하게 여긴다는 뜻에서 원목과 염습사가 하는 일은 모두 중요한 일이고, 누군가가 반드시 해야 하는 일들입니다. 그것은 생명이 반드시 거쳐야 하는 하나의 주기cycle를 마무리하는 일입니다. 이 일이 잘 마무리되어야 새로운 주기를 잘 시작할 수 있다고 저는 믿습니다.

예수님은 생명이 반드시 거쳐 가는 하나의 주기를 마무리하고 새로운 주기를 시작하도록 문을 열어 주신 분입니다. 이 일도 누군가가 반드시 해야 하는 일이었습니다. 이 일은 예수님 때문에 비로소 생겨난 일이 아닙니다. 헤아릴 수 없이 오랜 과거에서부터 인류가 가지고 있던 중요한 숙제였습니다. 누군가는 반드시 해야 할 일이었다는 이야기입니다. 이 일은 원목이 하는 일과도 관련되어 있고, 염습사가 하는 일과도 연결되어 있습니다. 하지만 예수님은 그들이 하는 일을 넘어서서 한 걸음 더 나아갑니다.

죽음은 결코 가볍게 여길 일도 아니지만, 그렇다고 해서 끝도 아닙니다. 죽음은 피조물에 대한 창조주의 마지막 말이 아닙니다. 창조주는 피조물과 죽음 너머로까지 관계를 맺고 계십니다. 한 생명은 육신의 죽음으로 막을 내리지 않습니다. 그것은 단지 하나의 사이클을 마감하는 것일 뿐입니다. 죽음 너머로 새로운 사이클이 시작됩니다. 예수께서는 생명 있는 모든 존재가 육신의 죽음 너머 새로운 생명의 사이클을 시작할 수 있도록 문을 열어 주셨습니다. 예수께서 영원한 생명을 창조하신 것이 아니라 본래부터 있던 생명의 영원성을 볼 수 있도록 우리 눈을 열어 주셨고, 그것의 소중함을 일깨워 주셨습니다. 예수님은 유한한 이 땅에서의 삶을 영원한 하나님 나라에서의 삶과 연결시켜 주셨습니다. 이 일을 한 개인의 차원도 아니고, 한 집단의 차원도 아닌 전 인류의 차원에서 실현하신 것입니다.

「씨 인사이드The Sea Inside」